人大重阳学术作品系列

货币主权：
金融强国之基石

MONETARY SOVEREIGNTY:
the Cornerstone of a Leading Financial Power

中国人民大学重阳金融研究院

王文　周洛华　等著

中国金融出版社

责任编辑：张怡姮
责任校对：张志文
责任印制：张也男

图书在版编目（CIP）数据

货币主权：金融强国之基石／中国人民大学重阳金融研究院，王文，周洛华等著. —北京：中国金融出版社，2020. 5
ISBN 978 – 7 – 5220 – 0472 – 3

Ⅰ.①货…　Ⅱ.①中…　Ⅲ.①国家—货币—主权—研究　Ⅳ.①D992
②D996. 2

中国版本图书馆 CIP 数据核字（2020）第 018938 号

货币主权：金融强国之基石
Huobi Zhuquan：Jinrong Qiangguo zhi Jishi

出版
发行　中国金融出版社

社址　北京市丰台区益泽路2号
市场开发部　（010）66024766，63805472，63439533（传真）
网上书店　http://www.chinafph.com
　　　　　　（010）66024766，63372837（传真）
读者服务部　（010）66070833，62568380
邮编　100071
经销　新华书店
印刷　保利达印务有限公司
尺寸　165 毫米×230 毫米
印张　16
字数　230 千
版次　2020 年 5 月第 1 版
印次　2020 年 5 月第 1 次印刷
定价　48.00 元
ISBN 978 – 7 – 5220 – 0472 – 3
如出现印装错误本社负责调换　联系电话(010)63263947

➤ 前　言

货币主权，21世纪20年代的重大战略课题

21世纪20年代，大国竞争将日趋白热化。金融与经济，犹如血脉与肌体，当货币本身成为金融博弈的焦点，国与国之间的竞争就将成为"主权血统之争"。这是21世纪第三个十年开端之际中国智库界需要密切关注的重大战略课题。

金本位时代，一国货币的发行能力是由其黄金储备决定的。20世纪70年代，布雷顿森林体系崩溃，美元不再跟黄金挂钩，金本位时代彻底结束，"美元以黄金为锚，各国货币以美元为锚"的国际货币体系正式终结。然而，美元依赖其背后强大的国家实力，成为事实上的世界货币，其他国家货币跟美元挂钩，美元成为其他货币的"锚"。

2008年以来，经历了国际金融危机、欧洲债务危机和大宗商品价格危机之后，美国的霸权地位受到动摇。特朗普执政以来，对外推行"美国优先"的外交政策，重创美国的国家形象与战略信用，全球格局的重大变化正在悄然发生。在大国间军事大战爆发可能性几近为零的背景下，各个国际行为体争相围绕以利益定

价权为重心而展开：美元试图捍卫其在支付、清算、计价与储备领域的绝对领先地位，欧元则在谋求与美元制衡的全球强势扩张，人民币、日元、英镑正在壮大其次区域国际货币的地位，多国法定数字货币的发行跃跃欲试，连一些商业公司也试图模拟主权货币架构发行"数字货币"。显然，对于主要国际行为体而言，货币主权的确立与捍卫，将成为这轮竞争的重中之重。

从法律上讲，发行法定货币是一个国家主权范畴内的事情。衡量一国的货币发行体制是否独立、货币主权是否完整，标准是看该国央行的资产负债表两端是否都实现了本币化。环顾全球，不少国家实际上都将外汇作为发行本币的储备，"买入外汇，投放本币"是这些国家央行主要的货币投放渠道。从某种程度上讲，这些国家的央行并没有完整的货币主权，它们的货币发行机制一般不能完全独立于美元或欧元。

货币主权意味着一国央行在发行货币的时候，可以独立于贵金属和外汇储备的限制；在制定货币政策的时候，可以独立于国外条件的束缚；在应对金融危机的时候，可以不受外部势力的干扰。只有当一个国家拥有完整的货币主权时，该国央行才能建立一个独立的货币发行体制，才能拥有全部的货币工具，才能将这些工具组成货币政策去实现该国的经济社会发展目标。

与此同时，拥有完整货币主权的国家，也拥有了更强的抵御金融危机的能力，具体表现形式是，当发生金融危机的时候，该国央行可以用扩张资产负债表的方法来挽救陷入困境的金融机构，防止危机在体系内蔓延。需要指出的是，央行拥有的这种能力和特权，源于该国人民对其国家体系的信任，以及对其国家前景的信心。

中国要完成货币发行机制的独立化，重要一环在于人民币汇率的稳定不能依赖于外汇储备规模。改革开放初期，中国为了促进外向型经济的发展，营造一种稳定的出口营商环境，使人民币兑美元的汇率长期保持在一个相对稳定的水平上，这在当时无疑是正确的。

改革开放 40 多年来，中国经济已经取得了长足的进步，不仅经济体量成倍增长，成为世界第二大经济体，而且中国的国家治理模式也日益现代化，拥有足够的韧性，能够抵御各种金融风险。在这样的大背景下，人民币的货币发行机制就不应该再受制于外汇储备的规模，而是应该建立一个"以我为主"、根据中国自主国情和政策目标来决定货币的投放量和投放方式，不再受制于外汇储备规模。

这就意味着我们需要让市场对人民币的信心建立在对于我国体制充分自信的基础上，而不是把信心建立在外汇储备规模的基础上。如果市场主体对中国的政治体制、行政机制、市场环境、资产价格、估值体系、交易架构、公司治理、执法环境、立法架构和司法保障等一系列国家治理体系和治理能力有充分的信心，产生了信任，我们就能够独立于美元或贵金属而建立一个货币发行机制。

从某种程度上讲，中美经贸摩擦为人民币带来了一个独立连通中国市场上所有主体的历史契机，也是在世界上树立"中国拥有强大货币主权"这一信念的绝好时机。中国的国家治理体系不仅是符合中国国情的，也是符合新时代特征的，以"制度自信""理论自信""道路自信"和"文化自信"为代表的四个自信体现了人民对中国国家治理体系的信任和信心，这必然带来人民对这个体系所发行的货币的信任，即"货币自信"。

当今世界，新一轮科技革命和产业变革不断推进，中国在其中跻身"并跑"和"领跑"行列。当数位空间成为经济发展的新疆域，拥有世界1/5人口和最大规模中等收入人群的中国也拥有了世界上最广阔的未来发展空间。数字空间中的资产数量正在呈几何级数增长，应该用什么样的货币为它们标价并使其能够交易？这实际上已经成为当今世界的一大时代之问。对这一问题，各国央行不去回答的话，跨国公司就会抢先去回答。如果让跨国公司以数字货币名义发行的虚拟商品抢占了数位空间中的商品定价权，各国货币主权都将受到严重冲击。在此背景下，中国推出的主权数字货币凸显出巨大的时代意义，它将使人民币在人类文明的数位新疆域中展示出主权影响力，为中国乃至世界树立开辟数字与人工智能时代的坚定信心。

货币自信的建立是一个漫长的过程，需要反复验证和巩固，并抓住时代机遇。新中国成立70多年来，回望我们走过的道路、战胜的困难、取得的成绩、赢得的赞誉，我们完全有理由建立一种"货币自信"，从某种程度上讲，货币自信就是对我国治理体系的信心和金融强国的基础。

我们理解任何一种新的货币发行机制都需要不断接受市场的验证，这包括贸易顺差、国际收支、国内稳定、人民对政府的支持以及创造美好未来等一系列因素。14亿人民对我们体制的信心是人民币发行机制的根本保障，毕竟，使用者绝大多数还是国内的人民。当然，我们不能以唯心主义的态度对待货币发行机制。信心不是空穴来风，不是无本之木，而是建立在真抓实干的基础上的。为此，笔者与所在机构的同事们在2020年伊始便推出这本

《货币主权：金融强国之基石》，梳理了五个方面的改革，涉及国有企业改革、金融机构改革、地方财政改革、多层次资本市场建设和央行建立明确的货币发行机制。我们相信，随着这五大方面的改革推进，我们能够建立更为强大与独立的货币发行机制，拥有更符合国家利益与民族发展的货币主权。

（作者系中国人民大学重阳金融研究院执行院长、丝路学院副院长、教授）

王　文
2020 年 4 月

目　录

第一篇　当代货币制度：理论依据与全球案例

第三篇　国家治理现代化与货币主权

第一篇

当代货币制度： 理论依据与全球案例

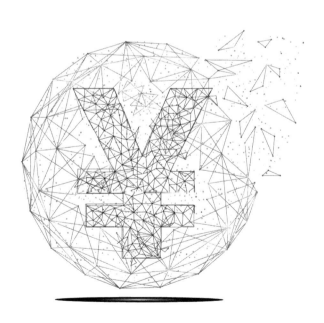

1 货币主权：国家治理现代化的重要组成

布雷顿森林体系瓦解以后，世界各主要经济体的货币发行机制都脱离了固定数量和约定条件的束缚，转而形成了一个以经济政策目标为导向的货币发行机制。这并非意味着各国的中央银行由此获得了独立自主的货币发行权，而是意味着各国的中央银行在投放货币时，受到的制约条件反而更多，其投放货币不足或者过度，都有可能损伤市场信心，阻碍经济发展，甚至引起资本市场的波动。

1.1 货币之锚

金本位时期，人们认为一个国家的货币发行量是由该国的黄金储备量决定的，并将黄金视为该国货币发行机制的"锚"。其实，在大多数情况下，金本位国家的实际货币发行量远大于其实际黄金储备量，所谓的金本位其实是指，当投资人不信任该国货币时，可以去发钞银行要求兑换成实物黄金，该国中央银行保证予以兑付。金本位是政府对人民的保证，是人民对政府的信任，这种"保证和信任"的互动，构成了一种被称为"锚"的机制，而黄金并不是纸币的锚。

在布雷顿森林体系中，各国货币以美元为"锚"，美元以黄金为"锚"。作为该体制的设计者之一，凯恩斯十分了解黄金和美元在这个体系中的作用并不是货币稳定机制，而是给那些不理解现代货币发行机制的普通人一种信心。当人们一想到本国货币和美元挂钩，而美元和黄金挂钩时，人们就会心安理得地持有并使用本国货币，这是在战后废墟中重建经济的必要条件之一。

因此，货币发行的基础并没有什么锚，而是一种政治安排，一种国家治理方式，所谓"货币的锚"，从某种程度上讲，其实就是货币为了赢得使用者的信心而做的宣传。在布雷顿森林体系里，各国只要保持对美国的贸易顺差就能够赚取美元，然后各国中央银行就以美元为储备发行本国货币。各国的美元储备量和本币发行量之间并没有严格的一一对应关系。该体系只是要求，当本币持有人要求兑付成美元的时候，各国中央银行有责任提供相应的美元，执行兑付保证。相应地，当各国中央银行向美国提出用美元储备兑付黄金的要求时，美国有责任收下它发行的美元，兑付相应数量的黄金。

从披露的数据来看，各国发行的货币（如前西德马克和英镑）数量远超其本国中央银行的外汇储备量，但并没有引起恐慌和挤兑；而且直到1971年尼克松总统宣布与黄金脱钩之前，美元的发行量已经长期超过美国的黄金储备量，也没有引发各国中央银行挤兑黄金。究其原因，还在于布雷顿森林体制在战后很长一段时间内能够给人提供信心：只要投资人看到各国维持对美国出口产生的贸易顺差，且该国的财政赤字没有失控，就可以放心地认为该国未来有能力捍卫本币兑换美元的保证，因为这个国家的治理是健康可靠的，经济运行是有效率的，贸易顺差是增加的。只要投资人看到美国继续维持科技和军事霸权，且同时美国的财政赤字没有恶化，就可以相信美元的购买力只会增强不会削弱，就可以放心持有美元。

整个货币体制是基于"承诺—信心"的，无论是黄金还是美元，都是整个"承诺—信心"体制的"晴雨表"和"温度计"，而并不是这个货币体系所依赖的"锚"。任何一个货币体系都需要不断地验证才能增加投资人的信心。

民主选举、对外战争的胜利、主动披露黄金数量、不断增长的贸易顺差、经济增长、稳定的财政盈余和先进的国家治理模式都为货币体系提供了可资验证的背书。

其中，国家治理模式是整个货币体系的基础，如果一个国家的人民能够积极参与国家治理，能够享受到国家进步带来的繁荣，能够安居乐业，能够实现自己的理想，能够获得个人的发展，国家能够为个人创造新的机会，个人能够创造新的财富，这个国家的治理模式就是成功的，它的货币体系一定是稳定可靠的。

1.2 货币主权

从法律上讲，发行法定货币是一个国家主权范畴内的事情。但是，从实际情况来看，绝大多数国家并没有拥有完整的货币主权，它们的货币发行机制一般不能完全独立于美元或者欧元，从某种意义上讲，这些国家也就没有拥有完整的货币主权。

脱离了布雷顿森林体系以后，现代货币制度已经完全进入了所谓的"纸币时代"，由央行发行法定货币，不承诺兑现任何实物的黄金和外汇，也不依据任何条约将本币和数理化的指标挂钩。从某种程度上讲，只有当布雷顿森林体系垮台以后，欧洲各国的央行才真正获得了完整的货币主权，此前它们的角色更像是一个"见票即付"的出纳。

本书中讲到的货币主权是纸币时代一个国家所拥有的全部主权的一部分，是国家主权在货币发行领域的体现。货币主权意味着该国的央行在发行货币时，可以独立于贵金属和外汇储备的限制；在制定货币政策时，可以独立于有约束力的国际条约；在应对金融危机时，可以不受外部势力的干扰。

从某种程度上说，2013 年以来，中国人民币汇率的波动幅度已经和外汇储备规模变化的关联度越来越低。但是，不可否认的是，市场仍然将外汇储备规模和外债余额视作人民币汇率稳定的重要指标。这就意味着，我们即便建立了一种独立于美元或黄金的货币发行体系，中国人民银行投放货币的渠道多样化，且不完全依赖于外汇储备规模，但是，外汇储备规模在心理上仍然影响着人民币的汇率稳定，从而间接地影响人民币的发行机制。

究其原因，中国的外汇储备规模和中国的外债余额都是影响人民币汇率稳定的重要因素。这对于一个国家来说，意味着独立的货币发行机制受到了某种程度的制约。要打破这种"市场期待"，即只有在中国的外贸顺差扩大、外资流入增加、外汇储备规模扩大的情况下，市场才认同人民币的购买力，才接受人民币作为支付手段，才能保持人民币汇率的稳定。这是一个巨大的误区，也是中国在崛起的路上必须跨越的一道门槛。

这就意味着我们需要让市场对人民币的信心建立在对于我们体制的基础上，而不是把信心建立在外汇储备规模的基础上。如果市场上的投资人对我国的政治体制、行政机制、市场环境、资产价格、估值体系、交易架构、公司治理、执法环境、立法架构和司法保障等一系列国家治理体系建立了信心，产生了信任，我们就能够独立于美元或贵金属而建立一种货币发行机制。

从某种程度上讲，2018 年开始的中美贸易摩擦对我们来说，是一个很好的验证货币发行机制的机会，也是一个宣示我们货币主权的机会。我们需要用明确的白皮书形式宣示中国的货币主权，并明确披露中国人民银行发行人民币的机制，引导市场信心从关注中国的外汇储备和外债余额，转而关注中国的国家治理和经济运行基本面。

1.3　货币自信

中国的国家治理体系不仅是符合中国国情的，也是符合新时代特征的，以"制度自信""理论自信""道路自信"和"文化自信"为代表的四个自信体现了人民对中国国家治理体系的信任和信心，这也必然带来人民对这个体系所发行的货币的信任，这就是"货币自信"。

货币自信的建立是一个漫长的过程，需要反复验证和巩固。新中国成立 70 多年来，回望我们走过的道路，战胜的困难，取得的成绩，赢得的赞誉，我们完全有理由建立一种"货币自信"，从某种程度上讲，货币自信就是对我们国家治理体系的信心。

一个发展中国家，它的汇率水平往往是其本币发行的"原因"；而一个发达国家，它的汇率水平则往往是其本币发行的"结果"。这两者有着巨大的差别。中国经历了 40 多年的改革开放，现在到了这种转变的历史性时刻。

任何一种新的货币发行机制都需要不断接受市场的验证，包括贸易顺差、国际收支、国内稳定、人民对政府的支持等一系列因素。14 亿人民对我们体制的信心是人民币发行机制的根本保障，毕竟使用者绝大多数还是我们国内的人民。当然，我们不能以唯心主义的态度对待货币发行机制。信心不是空穴来风，不是无本之木，而是建立在真抓实干的基础上的，为此，我们梳理了五个方面的改革，涉及国有企业改革、金融机构改革、地方财政改革、多层次资本市场建设和央行建立明确的货币发行机制。我们相信，随着这五大方面的改革推进，我们能够建立独立的货币发行机制，拥有完整的货币主权。

市场对货币信心的基础往往不是什么高深的金融学理论和模型，事实上，迄今为止在有关货币发行方面的金融理论只有两项获得过诺贝尔经济学奖，一是莫顿·米勒和弗兰柯·莫迪格利亚尼在《股利政策、增长及股份估价》一文中对 M&M 定理的进一步阐述，二是蒙代尔的"不可能三角"理论。本书对这两项理论均有涉及。

我们认为，央行建立独立的货币发行体系的基础是人民对国家的信心。我们还发现，央行扩张资产负债表的行为同时创造了本币的资产和负债，这种负债不仅是会计学意义上的，更是政治学意义上的，央行创造基础货币的行为是用稀释本币持有人当期购买力的方法投放更多本币，如果在未来不能实现更高效的经济增长，这种做法就为将来本币的稳定埋下了隐患，因此，央行扩张资产负债表（印钞）相当于央行向本币持有人借入了用于改革的时间，这就是央行印钞的融资成本。我们认为，基于人民对中国现有体制的信心，我们完全可以拥有完整的货币主权，中国人民银行可以建立独立于外汇储备的货币发行机制，但是，巩固这种信心需要我们具有真抓实干、勇闯禁区的改革勇气，用全面深化改革的成就，用更高效绿色的经济发展模式，用更合理公正的资本市场来巩固人民对我们体制的信心，这就是捍卫人民币的货币主权。

1.4 M&M 定理

我们试图从 M&M 定理出发理解央行资产负债表的变动。

早在 1958 年，弗兰柯·莫迪利亚尼和莫顿·米勒就提出了资产负债表两端互不相关的原理，简称 M&M 定理，该定理的第一推论指出了融资方式对于投资对象的估值没有任何影响。在有效金融市场上，一个公司的价值是由其资产负债表的资产一栏里的盈利能力决定的，而与该公司的负债一栏里的融资方式以及股本结构无关。由于资产盈利能力表现为资产负债表的左栏（资产），而股本结构和融资方式则属于资产负债表的右栏（负债），故又称："公司价值由左栏决定，而与右栏无关。"具体表现为公司派发红利的水平、公司增发股票的数量、公司资产和债务的比例等，这些融资活动都发生于公司资产负债表的右栏，因而都与公司的盈利能力和资产状况无关，所以对公司的价值不会有任何影响。

M&M 定理的第二推论则指出了融资成本由投资对象的风险收益决定。资金成本取决于资金的运用，而不是取决于资金的来源。如果一家公司在金融市场上为某个投资项目融资，那么，该公司为该项目获得的融资成本，只取决于投资人对于该项目盈利能力和风险水平的预期，而不取决于资金来源。如果该公司投资的这个项目被市场认为是有利可图而又风险较低，那么，该公司将轻易从市场获得低成本的资金。如果该公司从事的投资项目被市场认为是高风险和低收益的项目，那么，该公司将不得不为这个项目承担高额的融资成本，甚至无法获得资金。

过去，M&M 定理主要用于为企业估值，尤其是将其债券和期权组合成交易策略时才被提及。对于一个国家的央行来说，很少有人直接应用 M&M 定理来解释央行的资产负债表以及央行的"估值"。但是，M&M 定理作为有效金融市场的前提，对我们分析央行的发钞行为还是有许多值得借鉴思考的地方。

M&M 定理告诉我们，印钞不创造任何价值。货币根本不是资产，就连金属货币也不是资产，货币从根本上讲，是一种制度，这种制度对经济体内的个人和企业提供了激励和约束，只要努力勤奋工作就有可能获得回报，只要承担风险就有可能获得回报，只要勤俭节约就有可能获得回报，这些都是货币制度对人的约束和激励。但是，与此同时，我们也应该看到，货币作为一种制度，本身需要人的参与、信任和捍卫。脱离了人的制度，根本就毫无价值。

米勒教授曾经在获得诺贝尔经济学奖之后，应采访他的记者的要求，用最通俗的话解释一下他的获奖理论，他思考了一下说："无论你把一块比萨饼分成 4 份还是 8 份，那仍然只是一块比萨饼。"据说当时采访他的记者们听之哗然，心里纷纷犯嘀咕，其中胆子最大的一个记者结结巴巴地反问道："你就是凭着这个发现拿了诺贝尔奖？"

这个有关比萨饼的故事并没有就此结束，米勒教授当时并未注意到记者们的愕然，他进一步阐述自己理论的重要性："我们严格地证明了这仍然还是一块比萨饼。"结果招致记者们的更多惊讶：这样显而易见的简单常识还需要严格证明？

在米勒教授看来，比萨饼的价值取决于这块比萨饼本身的大小和馅料的多少，这就类似于企业创造价值的行为；而怎么切割这块比萨饼则属于融资范畴。无论分割成几份，无论分配给银行还是股东，都对比萨饼本身的大小和馅料没有影响。因此，企业的管理层应该关注于如何投资创造出新的价值（制造出更大的比萨饼），而不是考虑如何融资（如何分配比萨饼）。

本书建议全面推进五大改革的目的就是要做出馅料更好、火候更准、配方更佳的好"馅饼"，而不是仅纠缠在如何切馅饼的问题上。要意识到，央行在投放货币的时候，同时创造了资产和负债。央行创造的资产（基础货币）可以用于挽救陷入困境的金融机构，可以用于改善财政状况，可以用于纾解国有企业困境，但是，归根结底，这些投放下去的基础货币一定要在改革的环境中才能取得良好的回报，才能产生更高的效益，才能使央行的资产负债表不贬值。否则，央行的负债（增发货币相当于稀释全体人民币持有人的当期购买力）是对全体人民的，资产如果不产生效益，负债就会相应恶化，我们好不容易建立起来的独立的货币发行体系，很可能得而复失。

从 M&M 定理出发，一个国家的央行如果大量印钞丝毫不创造新的价值，资产负债表的负债端都是本币，这也就意味着央行在资产端投放基础货币的同时，在负债端增加了自身的负债。而且这个负债并不是会计学意义上的负债，而是具有政治意义的"负债"，它意味着对人民的"责任"（在英语中，"责任"与"负债"是同一个词，都是"Liability"）。根据 M&M 定理的第二推论，央行增加自身负债的融资成本绝对不是由所谓的"印钞成本"决定的，而是取决于央行资产端的资产质量，即央行投放了那些货币以后形成的资产的质量，包括其所取得的回报和所承担的风险。因此，我们不能简单地把货币视作资产，货币同时也是负债、责任、制度和秩序。中央银行确实可以随意创造出基础货币，但它创造货币的同时，也实实在在地创造了负债，这两者是同时发生的，而且都具有现实的政治意义和深远的社会影响。

1.5 货币发行机制与国家治理

货币史上有著名的"黄金之问"：给你两个情景的选择权，情景一，世界上只有你有黄金，其他人都没有黄金；情景二，世界上只有你没有黄金，其他人都有黄金。你选择哪一个呢？如果你选择情景一的话，你首先要去建立一个金本位的货币制度，然后才能让自己手里的黄金变得有价值；选择情景二的话，你只要努力工作就能够积累财富。因此，选择情景二才是正确的，这也意味着，货币的主要职能是为整个社会提供一种正确的激励机制。

脱离了人类社会，货币根本就不是什么财富，没有任何价值。货币从根本上来说，是一种制度、一种秩序、一种激励、一种约束，是国家治理机制的一部分。人们接受一种货币，也就意味着人们接受了一种国家秩序，因此，货币制度的建立主要取决于人民对国家的信心，要赢得这种信心就要加强和改善国家治理机制：扶贫攻坚让更多人享受经济发展的成果；保卫环境让人们的生活环境更美好，生活质量更高；全力推进改革使国有企业焕发蓬勃的创造力并产生巨大的收益，这些都是货币发行机制的基础。

因此，对于没有独立货币发行机制的经济体来说，其央行很难直接投放货币，因为市场不相信该经济体的国家治理模式，市场需要给该国的货币体系增加一个约束条件：外汇储备。只有用外汇储备来限制该国央行的货币发行，才能帮助市场建立对该国货币的信心。如果该国央行投放的货币超过了外汇储备，市场就会对其汇率稳定产生质疑并作出反应，汇率的大幅贬值又会促使资金外逃，甚至可能形成严重的危机。

而对于有独立货币发行机制的经济体来说，它的国家治理机制已经得到了市场的普遍认可，因此可以自主投放货币。但是，自主投放货币的代价、风险和成本也是巨大的。美国黑石公司董事长弗林特曾经说过，美元的国际地位来自这样一个现实：当世界上绝大多数国家都印钞解决财政赤字的时候，美国宁可背负天量的财政赤字。由此可见，美元的国际地位与其财政纪律是分不开的。

由于一个主权国家的央行无法被资本市场估值，而其发行的货币却又被资本市场交易，形成与汇率有关的衍生品交易。所以，我们暂且把一国央行发行的全部货币的购买力视作市场对该国央行的"估值"。即便对于拥有独立货币发行权的央行来说，投放大量基础货币也是有巨大融资成本的，这种成本就是对本币的信誉和汇率稳定的威胁。央行扩张资产负债表（俗称"印钞"）看似能够直接解决某些现实的、眼前的问题，但这种做法本身也会带来更长远和更深层的问题。发行更多的纸币，就相当于把现有纸币的持有人（绝大多数情况下是本国居民）在未来一段时间的购买力稀释了。因此，央行印钞的核心是向本国居民借入了"时间"，印钞只为解决短期和眼前的困难赢得了时间，央行和有关政府机构一定要在这段向民众借来的时间内，推动改革，鼓励创新，实现经济增长方式的转变，否则，一味依赖"印钞买时间"，民众就会逐步丧失对货币购买力的信心，长此以往，民众就不再愿意为国家承担经济转型的痛苦。一旦出现这种情况，实体经济就会出现通货膨胀，资产价格就会出现泡沫，金融活动就会脱离实体经济而空转，最终，即便是拥有独立货币发行权的国家也将无可逆转地形成危机。

1.6 美元发行机制浅析

美元是由美联储和财政部发行的吗？是，也不是。从纸面上看，美元是由财政部发行的。但是从实际货币投放的角度来看，美联储才是美元流动性的提供者。

但是，以美元标价的资产绝大多数情况下是在华尔街完成交易的，在这个过程中，并没有现金的参与。而且交易量远远超过美联储的资产负债表，也就是说，美联储并没有发行过足够的货币去表现相应的交易和资产。

从某种程度上讲，华尔街才是美元真正的发行者。以亚马逊公司为例，该公司的市值从1000亿美元涨至10000亿美元的过程中，美联储并没有投放9000亿美元来表现这多出来的财富。但是，凡是对亚马逊公司新估值持怀疑态度的投资人都可以选择抛出股票，美国的金融体系确保了投资人在抛售之后一定会获得现金流动性。一般情况下，美联储不需要提供窗口贴现，只有在极端情况下，美联储才向华尔街的银行提供流动性，这就是备用借款人的由来。向那些不放心的投资人提供流动性反而使其他投资人可以安心地持有美元资产。

一般来说，美国的市场最希望吸引全世界最好的公司去上市，美国对上市公司的治理要求是非常高的，尽管对其盈利水平可以放松，但是各种针对管理层和创始人的约束使得公司治理非常透明，也非常有利于中小投资人。好公司上市的根本好处是，它的股价一路上涨，相当于为美国创造了财富，而且也不用投放大量的基础货币。在俗称"401K"退休金改革法案颁布以后，美国人更乐意持有股票类的资产作为退休金的主要来源。

为什么资产价格下跌会造成巨大的恐慌？因为下跌的时候反而会引发人们的兑现冲动，而市场没有足够的流动性去接纳抛出的筹码，从而进一步导致股价下跌。华尔街股价经常涨过头也经常跌过头，这不仅是情绪的宣泄，更是一种"重启游戏"的模式，只有当股价跌到足够低，甚至低于合理价值，人们才会重拾信心，重新开始买入并持有。也就是说，上涨阶段是不断锁定流动性的阶段，并不需要投入大量的基础货币；而下跌阶段则是消耗流动性的阶段，需要投放基础货币。这就是为什么我们总是看到，美联储在股市创造大量财富的时候，不仅没有投放货币，反而在缩表或者加息，而在美国股市大幅下跌、估值严重缩水的情况下，美联储反而需要投放基础货币，因为只有在下跌的时候，兑现的冲动才特别强烈，华尔街的交易清算系统无法提供足够的流动性承接客户抛出的股票，这时候才需要美联储出面。

美国的货币发行机制给我们一些重要的提示：

首先，拥有完整货币主权的国家能够抵御金融危机的风险。美国在2008年国际金融危机中，通过财政部发行国债收购银行业资产并注资金融机构，通过美联储扩张资产负债表向金融体系注入了现金，从而挽救了本国的金融行业，并顺利地走出了金融危机的泥潭。危机开始时，人们普遍预计这是一场百年不遇的金融危机，但实际情况恰好相反，美股从2009年2月就开始复苏，两年多的时间里，美国的总市值就恢复到危机前的水平。这主要是因为2008年美国已经实行了法定货币制度，而不像1929年那样实行金本位制度。这就给了美联储足够的灵活性，用印钞票的办法来挽救陷入困境的金融机构。这足以说明，拥有货币主权的国家能够应对金融危机。

绝大多数情况下，金融危机就是债务危机，而根据 M&M 定理，一个拥有货币主权的国家，不可能在负债端发生危机。当然，美国在印钞票应对危机的同时，也非常认真地推进了金融系统的改革，推出了多项法律制约金融机构转嫁风险，限制金融机构高管的薪酬等，这些措施有利于恢复市场信心，也有利于通过加强公司治理来提高资产端的质量。

反观金融危机中一些东南亚国家的央行，则没有这么幸运了。这些国家的央行一旦投放基础货币，就会立即引发市场恐慌，导致汇率下跌，进一步刺激资金逃离，从而引发更大的危机。这就是拥有货币主权的核心要义。

其次，建立一个多层次的资本市场有利于捍卫货币主权。美国资本市场上的交易品种特别丰富，这些交易品种帮助投资人管理其资产的风险，投资人几乎可以从美国资本市场上购买到他需要的任何头寸，对冲掉任何风险，其结果就是持有美元资产的风险极大地降低，使人可以安心持有美元标示的资产，不需要在市场波动时期抛出兑现，这样就不需要投放巨大的基础货币流动性。从某种程度上讲，流动性被冻结在了资产上。

最后，美联储向市场注入的不是流动性而是时间。美联储虽然在金融危机时期扩张了资产负债表，但是，它向市场注入的并不是基础货币和流动性，而是时间。美联储的扭转操作从表面上看是向市场注入了流动性，但就其深层次的原因来看，是将美国国债的波动率压得极低，这就相当于宣布美国国债是一项波动率极低的资产，可以供投资人融券做空。即便短期出现波动也不要紧，长期来看，由于国债波动率低，可以融券做空，去做多其他类别的资产，这样投资人就不用担心被"轧空"的风险。而且美联储在危机以后，逐步开始缩表，将原先投放的多余的流动性注销，这相当于给市场提供了时间，而不是基础货币。

美国货币发行机制更多地依赖市场交易体系，并由此对公司治理提出了更高的要求，而这些高标准的公司治理又反过来给投资人带来保障和信心。在出现金融危机以后，美联储能够用扩张资产负债表的方法来挽救陷入困境的金融机构，但是，这种挽救更多的是向市场提供时间，以便恢复投资人信心，一旦市场得到恢复，美联储仍然会收回多余的流动性。这样就保持了美元的信誉，并为下一次潜在的危机做好了准备。

2　日元：独立货币发行机制下的金融稳定启示

　　19 世纪中下叶，中日两国几乎面临同样的挑战和危机，曾经具有相似文化背景的中日两国作出了不同的反应，这导致了中日两国在 19 世纪后期发生了分流：近世货币主权实践的差异、制度性的遗产继承及主权观念的缺位和集体无意识导致 19 世纪后期的危机更加严重，而日本却因势利导逐步走向富强。随着货币主权意识的增强，国家主权意识也越来越明确。日本有过三次企业勃兴，其中前两次勃兴与金融制度的逐渐完善，尤其是与货币主权的确立有密切关系。随着《日本银行条例》的颁布以及强有力的中央银行的成立，日本政府牢牢地掌握了货币主权，资金供应能力大大增强，为日本产业的高速发展提供了保障。与此同时，随着中央银行的成立彻底解决了以上问题，国家牢牢掌握了货币主权。

　　日本较早且较顺利地对接上现代的货币制度，为后来的繁荣奠定了基础①。

　　明治维新尽管已经过去了 150 年，但是其给日本经济金融界留下的精神遗产一直在影响着这个国家的经济金融运行体系，那就是对货币主权的执着追求以及让国民树立起"金融自信"。2019 年是日本平成时代的最后一年，也是令和时代元年，当我们总结平成时代的时候，各种"失去的三十年"是绕不开的一套叙事，而这一套话语的背后都要追溯至让日本泡沫破碎的"广场协议"。

　　1985 年的"广场协议"是"二战"以来国际货币合作方面最重要的

---

　　①　邱永志、仲伟民 . 2014 年中国经济史学会年会暨"经济转型与社会经济持续发展"国际学术研讨会论文集：第八卷 [J]. 清华大学人文学院历史系 . 2014.

范例，其直接目的是扭转美元汇率大幅上升的局面。美元汇率在此前的 5 年间升值了一倍，美国的贸易逆差也因此被推到了前所未有的高点。美国商品价格竞争力的下降在国会中引发了规模空前的保护主义，全球贸易体系面临崩溃的威胁。因此，"广场协议"的最终目的是避免一场可能对世界经济造成毁灭性影响的贸易摩擦。

从结果来看，中国是"广场协议"的主要受益者，其经济改革始于 20 世纪 70 年代末，并自 80 年代非常成功地融入世界经济。五国集团国家间失衡的加剧，尤其是其他四国对美国贸易保护主义的反弹，原本可能会扰乱世界贸易体系，从而限制甚至破坏中国对世界的开放，而开放在中国飞速发展中扮演了关键角色。此外，日元的大幅升值，以及作为汇率调整一部分的韩圆及新台币的后续升值，都有助于中国相对一些主要竞争对手提升竞争地位。因此，"广场协议"纠正的这些失衡，尤其是成功遏制贸易保护主义，对中国而言至关重要。然而与这些看得见的"中国收获"相比，实际上日本正是通过这样一纸协议，暗度陈仓地完成了又一次独立货币发行机制的建立，而这或许对当今之中国更具有借鉴意义。

2.1 日本"广场协议"是一场完败吗

当解读货币政策和汇率时，日本"失去的十年"甚至是"失去的三十年"常常被用以警示。1985 年 9 月 22 日，美国同包括日本在内的 G5 国家签订的"广场协议"，被视为日本经济泡沫的成因。过往，对该协议的解读常常停留在单一的因果关系解读，认为"广场协议"直接导致了日本 20 世纪 90 年代的泡沫经济以及泡沫破裂之后"失去的十年"。但是这样的结论忽略了 1985—1995 年日本政策上的内因和国际局势上的外因，更忽略了日本 30 年来保持金融市场基本稳定的成就。

2.1.1 "不得不"签订的"广场协议"

如今对"失去的十年"的普遍认知为"广场协议"直接导致了日本经

济的迅速下滑。但这样的判断是对美国动机的过度简化，同时也并不理解日本签订"广场协议"背后的经济考量。在当时的历史条件下，日本如何看待"广场协议"？从协议本身来说，"广场协议"的确是美国提出希望借多边力量缓解美国贸易赤字的一份约定。然而，一份协议的诞生不仅需考量美国自身的政治和经济环境，同时更需要思考日本签订的动机。

对美国而言，经济是签订"广场协议"最直接的动机。20世纪50年代的朝鲜战争和60年代的越战使美国军费开销剧增，美国黄金储备量减少，美元信誉开始动摇。而这一系列动荡加剧了美国的通货膨胀和美元危机，最终导致了布雷顿森林体系的崩塌，这也进而加剧了美国的经济问题和国内矛盾。不仅如此，美国还出现了政府预算和贸易双赤字。[①] 1984年，美国对外贸易赤字已高达1 600亿美元，占当年GNP的3.6%。此外，美元币值在"广场协议"签订前便已经居高不下。1980—1982年，美联储主席沃尔克的紧缩货币政策和1981—1984年里根总统的扩张性财政政策相结合，目的在于吸引资本流入，推高长期利率，却反倒使货币升值。[②] 为了缩小贸易逆差，美国一方面采取贸易保护主义的政策立场，另一方面督促日本放松金融市场的资本管制，从而吸引美国资本向日本流动，促使日元对美元升值，继而减轻国内制造业的压力。

反观日本在经济上，"二战"后的半个世纪，美元一直都是日本和东亚地区的主要货币。而政治上，与美元挂钩也有助于战后日本的经济复苏。此外，虽然20世纪80年代的日本已经具备经济大国的实力，但时任首相中曾根康弘提出的"战后总决算"和"政治大国"等口号都无疑需要美国的支持。因此，日本签署"广场协议"的一个重要意图是以美日贸易摩擦中经济上的让步换取政治地位的提升。[③]除此之外，20世纪中的东亚地区正值冷战两大阵营对抗之时。因此，日本在东亚的安全利益也使日美联

---

① King Michael. Who Triggered the Asian Financial Crisis？ ［J］. *Review of International Political Economy*，2001.

② King Michael. Who Triggered the Asian Financial Crisis？ ［J］. *Review of International Political Economy*，2001.

③ 韦民. 中日关系与亚太经合 ［M］. 北京：中国财政经济出版社，2016.

手,并形成了日本对美国安全承诺的依赖。日本对美国经济上和安全上的依赖使日本难以摆脱对美元的依赖。

"广场协议"并非只是广场酒店签订的一纸文书,而是长期政策结果的集中体现。继 1985 年詹姆斯·贝克担任美国财政部部长开始,美国的政治变化便决定了"广场协议"终会发生。1984 年,在"日元—美元委员会"上,美国便已经开始给日本施加压力。[1] 这也说明了"广场协议"并非一个起点或是一个终点,而是一个过程,抑或是一种货币政策的代称。哈佛学者 Frankel 通过对"广场协议"三十年后的数据再整理和文献再分析得出,"广场协议"实质上是 1985 年发生的一系列有关美元的政策变化,正如"大宪章",或者是"布雷顿森林体系"一样,它们都标志着一个时期的政策变化,而并非一个单一的时间点或起始点。[2]

2.1.2 看得见的"失败"与看不见的"胜利"

日本看得见的"失败"往往指日本 20 世纪 80 年代末到 90 年代初的泡沫经济时期,以及泡沫破碎后经济缓慢发展的时期,而这也是日元变化最剧烈的时期。那一时期日本银行为了抵销日元升值而给本国出口商带来的影响,开始实施一系列政策,并由外转内,开始重视进口和国内经济发展,向国内经济注入大量流动性资产。

此外,日本的制造业在经济问题上有很大的话语权。因此,每次日元升值的时候,制造业就大力发声。在"广场协议"签订之后,日本制造业强烈要求政府采取措施,实行宽松的金融政策。在这之后的十多年,日本出现了虚假的"欣欣向荣"景象。民间过于活跃的投资促使了房地产行业的不断扩大。[3] 显然,此举也导致了日本资产泡沫的形成,并在 20 世纪 90

---

① Frankel Jeffrey. Plaza Accord, 30 years after [J]. *Harvard University Kennedy School*, September, 2015.

② Frankel Jeffrey. Plaza Accord, 30 years after [J]. *Harvard University Kennedy School*, September, 2015.

③ Katada Saori. From a Supporter to a Challenger? [J]. Review of InternationalPolitical Economy, *Vol.* 15, *No.* 3, 2008, *p.* 399 – 417.

年代初泡沫破裂后，极大影响了此后日本经济的快速发展。

虽然日本在经济泡沫破碎时受到冲击，但其金融体系自 90 年代以来，从未遭遇金融危机。因此，日本不仅有看得见的"失败"，同时也有看不见的"胜利"。而这一切可归功于同一时期日本央行实行的政策。在签订"广场协议"后，日本开始由外而内大量提升自己的进口行业竞争力，经济导向由外部逐渐转向内部。也正因为如此，日本放松了其对美元的依赖。而同一时期，美元和 IMF 在亚洲地区的货币霸权则直接导致了 1997 年的亚洲金融危机。

2.1.3 "广场协议"与"日元独立"

日本自 1886 年起开始采用金本位制，并发行可以兑换金币的日本银行券。到了"一战"时，日本废除了金本位制，1964 年日元成为国际流通货币。同时，美国对外贸易赤字不断累积，1971 年 8 月 15 日，尼克松总统发表了声明，宣布取消美元与黄金之间的挂钩。从 1973 年开始，日本已由原来的固定汇率（钉住美元）制转变会浮动汇率，1998 年日本修改了《外汇和外贸法》，进一步开放外汇市场。

当过于依附于美元时，日本货币主权就难以独立。显然，"广场协议"的签署已经说明了日本货币主权的缺失。根据"不可能三角"（Impossible Trinity），日本如果想要重获货币主权就必须放弃资本的自由流通或者汇率的稳定。如果没有有效对冲汇率风险，则国际资本流动对货币供应量必将造成巨大冲击，从而极大地削弱宏观政策效果。[①] 从图 2-1 日本货币发行量来看，日本的货币供应在 1985 年以前都是根据自身国家需求稳定缓慢的增长，然而到了 1985 年"广场协议"之后，日本为了降低美国的利息，货币供应大量增加。也就是说，日本宏观政策因美国而"被动"，并最终使自己的汇率稳定受到冲击。众所周知，过大的货币发行量必然会造成货币动荡和金融危机。意识到问题后的日本便在 1987 年签订了"卢浮协

---

① 刘秀光. 解析货币主权在汇率变动过程中的作用 [J]. 西方经济学，2008（6）.

定"，由此开始减少发行货币的数量。因此，日本在"广场协议"后作出的政策回应并没有从宏观上克服"不可能三角"。

1985—1991 年，日本银行金融政策大致可分为两个阶段，第一阶段是广场—卢浮两个协议签订之间的阶段。那一时期，日本银行由于政治和经济因素，收紧"窗口指导"政策，并将基准利率维持在 2.5%。"窗口指导"起源于英国，是金融政策手段的辅助手段，简而言之就是"日本银行通过与商业银行的日常接触，对其进行资金周转和融资方面的指导"。第二阶段是 1989—1991 年，日本泡沫经济因日本银行提高基准利率而破裂的时期。①

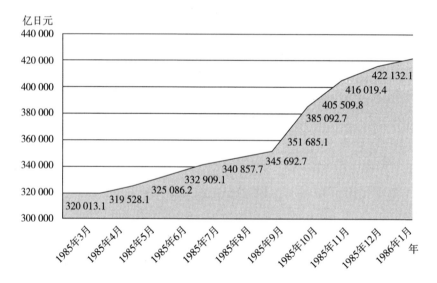

图 2-1 日本货币供应变化

资料来源：CEIC Data, 2019 年 6 月。

在这一系列央行和日本政府政策转型时期，最激烈的一次转型发生在日元币值甫一出现剧烈变化之后。日本政府颁布了日本新经济计划（1988—1992 年）和税制改革等措施以刺激社会消费。如图 2-2 所示，从 1986 年开始，日本开始了 3.6 万亿日元刺激内需的计划，通过低利率政策

———————————

① 周仪. 广场协议后日本央行金融政策 [D]. 南开大学, 2012.

和刺激房地产业等以刺激内需鼓励消费。但是由于刺激措施是以债券的形式推动的，这种战略调整反而刺激了日本的证券市场。总体来说，日本作出了从出口导向型经济向内需主导型的战略调整。

面对1991年泡沫消失后带来的通货紧缩，日本政府和银行采取了三种措施。第一，政府资金注入基础设施建设领域来刺激经济。第二，实施宽松的货币政策，日本银行将利率从1996年的0.5%追减降至1999年的0，从而带来了外汇交易的黄金机会。第三，日本试图刺激其经济复苏，以便在协议后大力推动日元外国直接投资、银行贷款和债券投资。[①]

同时，日本政府希望通过增强中央银行的独立性和透明度，重新获得国内和国际市场参与者的信心，以此作为日本政府在恢复金融和经济活力方面接受国际标准的证据。在独立性更强的日本央行的政策指导之下，日本在泡沫经济破裂后的三十年里虽然经济增速较低，但却也成功管控了金融风险，没有发生系统性金融危机。

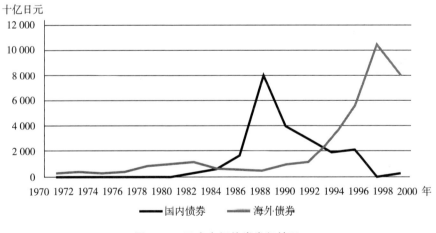

图 2-2　日本市场债券发行情况

资料来源：野村资本市场研究所，2010年4月。

从治理的角度来看，日本"失去的十年"的根本原因在于，烟道式的

---

① 沈联涛. 亚洲金融危机的根源在日本［OL］. 载经济观察网，2007年6月26日，http://www.eeo.com.cn/2007/0626/73050.shtml.

官僚主义壁垒阻断了有利于国家长期利益的全面最优解决方案，是止步于次优选择（参见：日本重建基金会《审视日本失去的十年》，2015）。可以说，日本最大的失败在于，在需求侧没有采取最佳的财政和货币政策组合，而且在支持供给侧方面也没有鼓励结构改革措施。"广场协议"并不是问题之源。[①]

2.2 日元独立发行体系与"金融自信"

2.2.1 日本央行职能的强化

央行独立性在概念上包含：人员独立性，即政府能在多大程度上影响央行人员的任命、央行负责人的任期和离职、解职程序；经济独立性，即多大程度上央行和政府在财政和预算上是否分开；职能独立性或政策独立性，指央行制定和执行货币政策的自治权，其中包括制定政策的目标的独立性和完成政策目标的手段的独立性。[②] 本部分将讨论日本央行的历史沿革，并介绍 1997 年的日本《银行法》如何帮助日本央行强化其独立性。

20 世纪 80 年代到 90 年代末，各国相继推行了央行改革措施，改革的主要内容是增强中央银行的独立性和透明度。[③] 1997 年 6 月 11 日，日本政府通过了新的《银行法》，并于 1998 年 4 月 1 日开始施行。新的法案赋予了日本央行更高的独立性，并增强了其运行透明度[④]。

日本央行建立于 1882 年，1912 年，日本央行曾进行过一轮改革，到

---

① 船桥洋. 管理美元：广场协议和人民币的天命 [M]. 北京：中信出版社，2018：205.

② Pempel, T. J., "Transitional Torii: Japan and the Emerging Asian Regionalism", in P. Katzenstein and T. ShiraishiIthaca, eds., *Network Power: Japan and East Asia*, Cornell University Press, 1997, p. 47 – 81.

③ PosenA., "Introduction: Financial Similarities and Monetary Difference", inRyoichi Mikitani and Adam Posen, eds., *Japan's Financial Crisis and Its Parallels to U. S. Experiences*, WashingtonDC: Institute for International Economics, 1995, p. 1 – 26.

④ DwyerJ. H., "Explaining Central Bank Reform in Japan", *Social Science Japan Journal*, Vol. 7, No. 2, 2004, p. 245 – 262.

1942 年，日本军政府增强了对央行的控制，并要求日本央行协助军政府筹集战争经费。1949 年，日本宪法修正案进一步改组了央行，并设立了政策委员会（Policy Board）作为央行的最高决策机构。在此之后，日本央行和日本政府之间就央行的独立性问题展开反复博弈。在这个过程中，以日本财政部为代表的官僚系统和以日本自民党为首的政党系统达成一定的默契，从而对抗以日本央行为代表的日本财团、银行等经济界势力。然而，由于日本经济长期低迷，以及世界各国央行改革的潮流，日本国内民众转而要求政府进行央行改革。这一民意变化让自民党各领袖认识到，如果他们不能在 1996 年的下院改组选举前展现其作为改革者的形象，自民党将在这次选举中损失惨重[1]。因此，自民党提出了改组财政部和日本央行的政策意见。自民党的这一转变极大地扭转了官僚系统和经济界之间的力量对比，使日本央行的改革成为可能[2]，日本 1997 年的《银行改革法案》正是在这个背景下形成的。

日本《银行改革法案》规定，日本央行的最高决策机构为政策委员会（Policy Board），政策委员会有权决定和指导日本的货币政策及央行的其他政策性和商业性行为。政策委员会由央行行长、两位副行长和六位行政主管组成。他们均由内阁任命，并经由议会表决通过。政策委员会通过多数表决的形式通过决议，日本央行下属的 32 个机构及委员会和 14 个地方办事单位均向政策委员会直接负责。1997 年通过的《银行法》第 25 款规定，虽然央行政策委员会的成员均由政府任命，但是如果他们同政府意见不同，政府无权免去其职务。第 19 款规定，在央行的政策委员会中，不应含有政府官员。但是政府代表可以代表政府列席政策委员会的会议，并且有权要求政策委员会延缓表决某个议案。但是政府代表无权投票，并且政策委员会拥有否决政府代表要求的权威。此外，第 19 条款和第 51 条款规定，

[1] Dwyer J. H., "Explaining Central Bank Reform in Japan", *Social Science Japan Journal*, Vol. 7, No. 2, 2004, p. 245 – 262.

[2] Cargill T. Hutchison M. and Ito T., *Financial Policy and Central Banking in Japan*, Cambridge MA: MIT Press, 2000, p. 92.

日本央行需要和政府就货币和经济政策交流意见，从而保持两者在经济方略上基本一致，而且央行需要每年向议会汇报两次。[①]

综合对比日本银行改革前后，可以发现央行在政策和目的独立性、人员设置的独立性、经济独立性上都有所增强。但是，央行并没有完全摆脱政府的影响，而是同政府保持一定程度上的联系，并维持两者在宏观经济政策上的协调。根据新版的《日本银行法》的规定，日本央行的主要职责是通过货币政策维持物价稳定以及保证支付和货币系统的有效和流畅运行。换言之，日本央行致力于维持日本金融系统的稳定，从而为日本经济的成长提供必要的基础。鉴于日本过去三十年没有发生严重的金融危机，日本央行在完成这一目标上的表现并没有让人失望。

在日本进行央行改革的同时，日本的金融实力也不断增强。"广场协议"签订以后的五年中，日元长年保持兑美元5%以上的升值。日元的强势吸引了大量外国资本进入日本市场，进一步提升了日元的估值。同时，日本进行"大爆炸"式的金融改革，试图推动东京成为世界金融中心之一。在此背景下，日本开始挑战美元的地位，并推动日元国际化。

2.2.2 美元信心的动摇

在"二战"结束后的50年里，美元一直是日本和其他东亚以及东南亚国家进行国际贸易的"主要"货币，以日本为例，日本与美国和世界其他国家的对外经济关系是通过美元运作的。在战后日本经济重建阶段，美元起到了将日本经济重新融入世界的重要政治作用。一方面，日本在战后的数十年中，严重依赖美国的安全和经济，使得日本对美元的依赖在某种程度上不可避免。另一方面，布雷顿森林体系下稳定的汇率体系有利于日本出口的增加。[②] 因此，长期以来，日本虽然金融实力不断上升，但是并

---

① Gerdesmeier D., Mongelli F. P., Roffla B., "The Eurosystem, the U. S. Federal Reserve, and theBank of Japan: Similarities and Differences", *Journal of Money*, Vol. 39, No. 7, 2007, p. 1786 – 1818.

② KojoY., *Economic Interdependence and the Nation*, Tokyo: Bokutaku sha, 1996, p. 152 – 155.

没有挑战美元的地位，但20世纪90年代末，各种条件的变化促使日本转而寻求推动日元国际化，挑战美元的地位。

第一，1997年亚洲金融危机爆发之前，亚洲国家倾向于将本国货币和美元挂钩，但随着金融危机的爆发，各国不得不解除其货币和美元的固定汇率，实行浮动汇率。随着金融危机的平息，各国开始寻求新的汇率制度，以更好地处理本国在国际市场中的位置。此外，美国和国际货币基金组织也被指责要为东亚经济动荡负责①，这也促使亚洲各国寻求美元之外的储备货币。

第二，保持大量的美元作为储蓄货币本身对于外汇盈余国家来说既昂贵又具有风险。仅就日本而言，日本货币当局自20世纪90年代末（约3 000亿美元）至2006年（超过8 000亿美元）以来积累主要以美元计价的外汇储备的速度令人印象深刻。由于中央银行通常以短期美国国债的形式持有这些储备，其收益率远远低于其他国内或国际资产，因此持有如此大规模的美元外汇是昂贵的；另外，由于可能出现不利于美元的汇率变动，美元储备的累积也具有一定风险②。此外，对可能的美元崩溃导致的"全球金融系统失衡"的担忧，也促使日本和其他东亚国家考虑减持美元。

第三，欧元的出现强烈地冲击了美元的地位，欧元迅速成为世界各国重要的储备货币。根据国际货币基金组织（IMF）的统计，1980年，美元占据全世界货币储备的68.6%，1999年，美元占据的比例降至55%，而同时欧元占据了世界货币储备的13.9%。到2003年，美元的储备货币的地位进一步降至48.8%，欧元则上升到18.3%。欧元成功地动摇了美元过去的强势地位，也促使日本开始考虑推动日元的国际化进程。

第四，在国际结算中使用日元可以降低跨境交易中出现汇率失调的风险。在国际贸易中，汇率失调会导致国内和国际市场价格混乱，从而产生

---

① Higgott R. , "The Asian Economic Crisis: A Study in the Politics of Resentment," *New Political Economy*, Vol. 3 , No. 3 , 1998 , p. 333 – 356.

② Rodrik D. , "The Social Cost of Foreign Exchange Reserves," *NBER Working Paper*, 2006 , p. 11952.

劳动、资本等生产要素的错误配置,进而增加失业率,降低投资收益,增强通货紧缩的压力。并且汇率失调和资源错误配置一旦发生,市场通常需要较长的周期才能完成资源的重新分配,极大地降低了经济的运作效率。1998年,日本36%的出口和21.8%的进口是以日元结算的。而美国以美元结算的进出口贸易则在比例上大得多,大约96%的出口和85%的进口(1988)是用美元结算的。而德国77%的出口和56%的进口是使用德国马克结算的(1992)。因此,为了增强抵御经济风险的能力,日本也需要致力于推动日元国际化。

此外,日本成为世界最大债权国的事实也促使日本决定推行日元国际化,以保持日本海外资产的价值稳定。1998年,日本拥有约11 520亿美元的海外资产。1980年以来,日本大量购买美元资产和美元兑日元的贬值,导致日本遭受了巨大的资产损失。世界最大的债权国的主要海外资产均为世界最大的债务国的货币结算,这是前所未有的。这也导致了世界金融体系的不稳定。此外,日本老龄化严重也意味着日本可能无法维持较高的储蓄率,也就意味着日本未来可能需要越来越多的外部资金。日本政府已经发行了大量的国债用以弥补其巨额财政赤字,日元成为国际货币将有利于降低日本政府的还款压力。同时,日本进行了激进的自由化改革。1998年4月,日本新修改的《外汇和对外贸易控制法》(*Foreign Exchange and Foreign Trade Control Law*)开始生效,同年12月开始对金融体系进行改革。这一改革的目的在于将东京变为继伦敦和纽约之后的世界金融中心。出于这一目的,日本当局必须实现日元国际化。

2.2.3　日元信心的建立和日元国际化进程

日本金融管理局(Japanese Monetary Authority)试图在东亚战胜美元主导地位的直接反应是推动日元国际化(其旨在增加日元在东亚的使

用）。① 考虑到该国在 1996 年刚刚开始所谓的"大爆炸"金融改革，这一举措可以说是水到渠成。日本的金融改革通过增加外资进入东京金融市场的机会，增加在海外使用日元等方式，推动东京成为世界金融中心。在此背景下，日本央行于 1999 年 4 月 20 日发表了一份报告，强调日本面临的外汇挑战，报道称：

最近影响日本的经济和金融环境表明，日元需要进一步国际化。在国际方面，亚洲货币危机的一个原因是对美元的过度依赖，而欧元的出现（可能对目前以美元为基础的国际货币体系产生重大影响）则要求日本重新考虑日元的汇率问题。在国内方面，在日本的"大爆炸"金融改革下，日本采取了激进的金融和资本市场自由化措施，旨在推动东京成为一个与纽约和伦敦相当的国际金融市场②。

为了使日本的资本和货币市场更具吸引力，日本政府和央行采取了一揽子国内和国际政策，包括对非本国居民和外国公司免除预扣税，以及改善日元结算系统，促进跨境日元交易等。

继日元升值政策之后，日本政府还启动了所谓的区域货币一体化，筹划成立亚洲货币联盟（Asian Monetary Union）。作为迈向亚洲货币联盟的第一步，亚洲经济学家和政策制定者与欧盟（两者共同组成了"神户研究小组"）进行了一项联合研究，该研究小组于 2002 年 7 月发表报告，并建议将区域货币一体化分为三个阶段。第一阶段，筹备进行货币一体化体系的机制准备（2010 年完成）；第二阶段，进行发行单一货币的准备工作（将于 2030 年完成）；第三阶段，在 2030 年开始推出单一货币。

此外，日本还设立了亚洲货币单位（Asian Currency Unit）。亚洲货币单位最初在时任亚洲发展银行（ADB）区域经济合作办公室（Office of Re-

① Katada S. N., "From a Supporter to a Challenger? Japan's Currency Leadership in Dollar - Dominated East Asia," *Review of International Political Economy*, Vol. 15, No. 3, 2008, p. 399 - 417.

② Council on Foreign Exchange and Other Transactions, "Internationalization of the Yen for the 21st Century: Japan's Response to Changes in Global Economic and Financial Environments," 1999, Available at: www. mof. go. jp/english/if/elb064a. htm.

gional Economic Integration) 主任 Masahiro Kawai 和新任亚洲发展银行主席 Haruhiko Kuroda 的领导下,由亚洲发展银行下属的区域经济合作办公室提议成立。亚洲货币单位模仿了欧洲货币单位（ECU）的模式。欧洲货币单位是欧盟在欧元正式使用之前建立的一个以一篮子货币的加权平均值为基础的兑换单位。2006 年 5 月,最初是由"东盟 10 + 3"在财政部部长会议上提出了亚洲货币单位的想法,与会的 13 个参与国政府都同意对其可行性进行深入研究。

日本推动日元国际化的努力也体现在清迈倡议（Chiang Mai Initiative）中。2000—2001 年设立"共同外汇储备基金"时,日本和中国同意将双边货币纳入总额为 350 亿美元的货币储备中。2006 年 2 月,韩国和日本同意扩大两国之间的货币使用,并在日本和韩国的双边贸易中增加本国货币的使用。一些日本专家指出,在一定程度上拥有货币市场机制的清迈倡议也可以承担货币结算所的职能,发挥类似于欧洲货币联盟自 1979 年成立以来作为国际国币结算银行的作用①。

同时,日本政府与央行联合推出了亚洲债券。日本经济学家认为,在该地区建立长期的金融工具对推动日元国际化至关重要。② 区域债券市场的建立被认为有助于区域货币市场的发展。而且,东南亚诸多国家在货币合作方面表现出一定的积极性,日本政府也表示愿意挑战美元在东亚的主导地位。尽管如此,该地区对美元的依赖性仍在持续增长。最显著的迹象即美元在各国外汇储备中的大量积累。根据国际清算银行的数据,截至 2006 年 7 月,亚洲国家的外汇储备总额已经接近 2 万亿美元,加上日本,则外汇储备接近 3 万亿美元。③ 可见,由于日本出口产业对美国市场的高

---

① Lee, "Surveillance, Reserve Eligibility, Size of Commitment, Borrowing Quota and Activation Mechanism," 2006, Available at: http://www. mof. go. jp/jouhou/kokkin/frame. html.

② Grimes W. W., "East Asian Financial Regionalism in Support of the Global Financial Architecture? The Political Economy of Regional Nesting," *Journal of East Asian Studies*, Vol. 6, 2006, p. 353 – 380.

③ Mohanty M. S., Turner P., "Foreign Exchange Reserve Accumulation in Emerging Markets: What are the Domestic Implications?" *BIS Quarterly Bulletin*, September 2006, p. 39 – 52.

度依赖，根据表2-1，日本在20世纪90年代以后"去美元"的进程进展缓慢，日元作为储备货币，其在各国的外汇储备中的比例进展也并不乐观。

表 2-1　　　　各主要货币在世界市场作为储备货币所占份额

	1980 年	1985 年	1990 年	1996 年	2001 年	2003 年
US dollars	68.6	55.3	49.4	48.5	55.7	48.8
Pound Sterling	2.9	2.7	2.8	2.1	2.1	1.9
Deutsche Mark	14.9	13.9	17.0	11.5	0	0
Japanese Yen	4.4	7.3	7.9	5.3	4.1	2.8
ECU	0	11.6	10.1	5.5	0	0
Euros	0	0	0	0	14.3	18.3

数据来源：IMF 年度报告。

日本的这一系列举措确实提高了日元作为国际结算货币的地位。根据表2-2的数据，1983年，日本的进口贸易中只有3%是由日元结算的，其中和东南亚国家的进口贸易只有2%是由日元结算。1989年，这一比例迅速上升到了14.1%，其中和东南亚国家间贸易的比例上升到19.5%。到1998年，在日本的进口贸易中，由日元结算的比例上升到了21.8%，而和东南亚国家的进口贸易中，由日元结算的比例上升到了26.7%。总体来看，日本开始于20世纪90年代的日元国际化进程有利于降低日本的金融风险，增强日本企业的竞争力以及提高日本的经济运行效率。

表 2-2　　　　　　　日元结算在日本对外贸易中的占比　　　　　　单位:%

	1983 年		1989 年		1992 年		1998 年	
	日元	其他	日元	其他	日元	其他	日元	其他
出口								
世界	40.5	59.5	34.7	65.3	40.1	59.9	36.0	64.0
北美	14.0	86.0	16.4	83.6	16.6	83.4	15.7	84.3
东南亚	48.0	52.0	43.5	56.5	40.3	59.7	48.4	51.6

续表

	1983 年		1989 年		1992 年		1998 年	
	日元	其他	日元	其他	日元	其他	日元	其他
进口								
世界	3.0	97.0	14.1	85.9	17.0	83.0	21.8	78.2
北美	5.0	95.0	10.2	89.8	13.8	86.2	16.9	83.1
东南亚	2.0	98.0	19.5	80.5	23.8	76.2	26.7	75.3

数据来源：Katada, S. N., "From a Supporter to a Challenger? Japan's Currency Leadership in Dollar‐Dominated East Asia"。

2.3 日本金融稳定及对中国的启示

2.3.1 日本金融稳定的"道"（货币主权是王道）与"术"（稳定金融的政策）

当前世界面临百年未有的大变局，中国经济也进入了新常态，而金融安全是经济平稳发展的重要基础。维护金融安全是关系到经济社会发展全局的战略性、根本性大事，因此央行提出坚决守住不发生系统性金融风险的底线。[①] 而日本在 20 世纪 80 年代分别经历了"广场协议"的签订与泡沫经济的破灭，进入了所谓的"失去的十年"。从泡沫经济破碎至今，在近三十年的时间内，日本虽然经历了长时间的经济衰退，但并未遭受到大规模金融危机的打击，金融行业保持了相对稳定。

以 2010 年以来部分欧洲国家发生的主权债务危机为例。与爆发危机的欧洲国家相比，日本在 2013 年的政府债务远超其他发达国家，高居世界第一位（见表 2 - 3），但政府债务情况最严重的日本却没有爆发危机。

---

① 人民银行党委开展"不忘初心、牢记使命"主题教育集中学习研讨 ［EB/OL］. (2019 - 06 - 27). http://www.pbc.gov.cn/goutongjiaoliu/113456/113469/3851865/index.html.

表 2 – 3　　　　　　　政府债务率超过 100% 的发达国家[1]

国家	日本	希腊	意大利	爱尔兰	比利时	美国
排名	1	2	3	4	5	6
债务率（%）	225.7	174.9	127.9	123.3	104.5	103.5

引用国外某学者的观点，日本以经济陷入长时间的低增长（经济衰退）为代价守住了不发生金融危机的底线。[2] 因此日本在后广场协议时期维护金融稳定的努力与政策值得中国借鉴与学习。

2.3.2 货币主权对于日本金融稳定的作用

货币主权[3]对一国金融稳定的重要作用可从日本身上窥知一二。"二战"后，日本经济以对美出口为导向，以赚取美元为目标，逐步实现了经济的高速增长。然而，在 20 世纪 70 年代石油危机的冲击下，美元放弃维持固定汇率制，改为浮动汇率制。同时战争的巨额开支使美国从债权国变为债务国，美国开始实施弱势美元策略，即单边贬值以刺激出口降低贸易逆差、减少美元计价的债务，而拥有大量美元资产的日本则首当其冲。日本通过出口赚取美元后购买美国国债积累了大量的美元资产。1976 年日本购买的美国国债为 1.97 亿美元，但在 1985 年一年中，日本就购买了 535 亿美元美国债券，占当年日本对外投资总额的 65.4%。随着日本购买美国国债数量的日益增加，日本经济对美国的单方面依赖程度也在不断加深，货币主权也在逐渐下降。

---

① Japan Statistical Bureau, "Chapter 5 Public Finance," *Japan Statistical Yearbook*, Available at: http://www.stat.go.jp.

② MacLean B. K., "Avoiding a Great Depression but Getting a Great Recession", *International Journal of Political Economy*, Vol. 35, No. 1, 2006, p. 84 – 107.

③ 货币主权强调的是国家对于货币权力的自主管理权，是国家主权在货币领域中的体现。目前，学界倾向于认为货币主权应该由以下几个权力所构成：确定货币制度权、货币铸造发行权、确定货币币值权、调控货币升值或贬值权、实行外汇管制权、建立货币储备权等。货币主权的维系对一国金融稳定有着至关重要的作用，它的丧失常常伴随着对本币币值或者货币政策控制力的下降。例如，在 1997 年亚洲金融危机中，泰国、印度尼西亚、韩国等国家由于"国际炒汇"的攻击，放弃固定汇率制，实行浮动汇率制，致使货币大幅贬值。

最终，"广场协议"的签署说明日本无法独立自主地决定日元的汇率，也印证了日本货币主权的缺失。由此引发日元的强力升值，极力紧缩了日本国内的日元供给，造成了经济增长的巨大压力。为此，日本出台的积极财政政策和低利率政策，却将日本的资金引入了房地产和股市，最终导致经济增长的泡沫程度大大加深。① 从日本的例子中我们可以看到，只要日本过于依赖美国，其想要真正得到货币主权就无从谈起。

2.3.3 稳定金融的相关政策

日本在 20 世纪 90 年代陷入了经济衰退，经济增长缓慢、通货紧缩和产出缺口② 转向负值。③ 为刺激经济摆脱困境，日本压低名义利率和提高通胀预期，旨在压低实际利率，进而推动经济主体的投资和消费需求，带动信贷增速缺口、产出缺口和通胀缺口向零值收敛。④

20 世纪 90 年代初，为了刺激经济复苏，日本政府扩大公共事业投资，年年增发国债，导致中央政府和地方政府负债累累，财政濒临崩溃的边缘，国家几乎无法运用财政政策调节经济。为了防止经济进一步恶化，刺激经济需求，日本银行于 1999 年 2 月开始实施零利率政策。

日本央行是全球货币政策宽松的鼻祖。自 20 世纪 90 年代初开始不断下调政策基准利率，到 1999 年 2 月执行"零利率"（Zero Rate Policy, ZRP），到 2001 年 3 月引入"量化宽松"（Quantitative Easing, QE），再到 2013 年 4 月升级至"量化质化宽松"（Quantitative and Qualitative Easing, QQE），2016 年 1 月推出"QQE + 负利率"，并于 2016 年 9 月进一步升级

① 邢天添. 反思日本泡沫经济——从国际金融协调视角看中国的选择 [J]. 中央财经大学学报，2015（11）：91 – 93.
② 产出缺口 =（实际产出 – 潜在产出）/潜在产出. 产出缺口衡量了经济实际产出与潜在产出的占比关系。如果为负值，表明潜在资源利用不足，造成产能利用率低下、失业高企、通缩风险加大等；如果为正值，表明实际生产供需向好，潜在资源利用更加充分，要素资源出现紧缺，通货膨胀风险加大等。
③ Leigh, D., "Monetary Policy and the Lost Decade: Lessons from Japan," *Journal of Money, Credit, and Banking*, Vol. 42, No. 5, 2010, p. 833 – 857.
④ 蔡喜洋. 日本央行货币政策框架演变与当前进展 [J]. 国际金融，2017（11）：48.

至"QQE＋收益率曲线控制"（Yield Curve Control，YCC）的货币政策框架（见表2－4）。

在近30年时间里，日本央行持续与挥之不去的通缩风险做斗争。而其丰富的"零（负）利率＋量（质）化宽松＋通胀目标承诺"的货币政策组合实践，一度成为2008年国际金融危机之后美联储、欧央行、英央行等国际大型央行的效仿榜样。[①]

表2－4　　　　　　　　　日本央行货币政策演化[②]

时间	主要内容
1999年2月	零利率（ZRP），执行到2000.08
2001年3月	量化宽松（QE），执行到2006.03
2006年3月	发布日本央行物价稳定审视
2009年12月	发布对于"理解中长期物价稳定"的解释
2010年10月	引入综合货币宽松（CME）
2012年12月	发布中长期物价稳定目标
2013年1月	明确中长期物价稳定靶值（Target）为2%
2013年1月	日本政府与央行发布对"客服通缩和达成经济稳定增长"的联合声明
2013年4月	质化量化宽松（QQE）
2014年10月	QQE加强版
2016年1月	QQE和负利率
2016年9月	QQE和收益率曲线控制（YCC）

2.3.4　日元独立发行机制[③]建立对日本的影响

日本银行自成立以来，一直与代表政府的财务省有着密切的关系。这种关系导致日本银行长期以来缺乏独立性，无法实施独立的货币政策。日本在战后经济发展的历史上因货币政策失误曾多次导致严重的经济后果。

---

① 蔡喜洋.日本央行货币政策框架演变与当前进展［J］.国际金融，2017（11）：47－48.

② 资料来源：日本央行历次议息声明，中国银行。

③ 本书中独立货币发行机制的标志是央行的资产负债表上，资产、负债均为本币占多数份额。

1998 年新《日本银行法》生效后，日本银行的独立性不断增强，最终确定了以稳定物价为最终主导的货币政策。

"广场协议"签订前，日本采取的是"外汇—货币"发行机制。基本上是在一段时间、一定范围内钉住美元的货币政策，即每收到一美元，就发行 100 日元。这个政策的效果短期很稳定，而长期则导致国内积累巨大的外汇储备。[①] 这种以外汇为标的物发行本国货币的制度会使本币面临贬值的压力，虽有利于出口，但一方面部分丧失了货币主权，另一方面也容易面临其他国家操纵汇率的指责。[②] 日本就是最好的例证，长期的贸易顺差积累起来的外汇储备成为"广场协议"的导火索，日元最终被迫升值。而这说明这种制度本身不符合可持续发展的要求，不利于金融系统和经济的长期稳定发展。

"广场协议"签订后，日本逐渐转向了更具独立性的"基金—货币"发行机制。日本设立了由财务大臣负责的"外汇基金专项账户"（Foreign Exchange Fund Special Account, FEFSA），在外汇市场进行公开操作以维持汇率的稳定。日本央行通过和外汇基金专项账户产生资金往来，向市场投放或者回笼货币。这种资金往来具体表现在外汇基金专项账户和中央银行的资产负债表的共同变动上。从 2014 年 12 月 20 日日本银行官方公布的资产负债表可知（见表 2 - 5），日本银行的资产中占比最大的是"日本政府债券"（Japanese Government Securities），额度达到 280 634 062 973 千日元，占总资产的 84.07%[③]。

---

① 周洛华. 中国货币发行机制究竟是什么？［J］. 经济研究信息，2008（2）：22.
② 周洛华. 什么是好的货币发行机制？［N］. 中国经营报，2013 - 6 - 24.
③ 朱虹. 各国货币发行机制机理初探［J］. 上海金融，2015（12）：42 - 43.

资产	2014 年 12 月
黄金	441 253 409
现金	218 518 027
日本政府资产	254 249 526 006
商业票据	2 688 923 232
企业债券	3 245 579 727
金融信托（作为信托资产持有的股票）	1 351 113 051
金融信托（作为信托财产持有的与指数挂钩的交易所中交易的资金）	3 751 818 545
金融信托（作为信托财产持有的日本房地产投资信托）	176 488 826
贷款（排除向存款保险公司发放的贷款）	31 852 853 000
外币资产	5 849 924 567
机构存款	65 771 491
其他资产	574 278 726
总资产	304 466 048 622

表 2 – 5　　　　　　　　　　2014 年 12 月日本银行资产情况①　　　　　　单位：千日元

这种相对更为独立的货币发行机制是日本实施超宽松货币政策的保障。日本央行可以在二级市场上买进政府证券，向日本政府融通资金进而投放货币。日本中央银行参照消费者价格指数的变化，以购买政府证券的方式大规模投放货币，以通过日元对外贬值来促进出口，通过降低利率来刺激投资，通过日元对内贬值来避免通货紧缩。另外，日本虽已陷入了"利率陷阱"，仅靠增加货币供给难以降低利率，但是，日本中央银行仍然可以大量向日本政府融通资金。②

2013 年以来，日本政府推行量化宽松的货币政策。日本统计局统计（见表 2 – 6），1990 年以来，日本中央银行持有政府证券的比例由上升转为下降，但在安倍政府实行超宽松的货币政策以后迅速跃升到 22.69%，在 4 年内提升近 16 个百分点。另外，2014 年 12 月末，日本中央银行持有

---

① 日本银行官网. http：//www. boj. or. jp［EB/OL］.
② 李翀. 日本尚未爆发政府债务危机之"谜"解析［J］. 中山大学学报（社会科学版）. 2016（1）：177 – 178.

的日本政府债券为 1 983 639 亿日元,但到 2015 年 2 月 13 日,日本中央银行持有的日本政府债券为 2 102 259 亿日元,这足见日本中央银行在持有日本政府证券方面有着相当大的操作空间,其所持有的日本政府证券的比例在 2 个月内居然增长了 5.98%。[①]

表 2-6　　　　　　日本中央银行持有政府证券的比例变化[②]

年份	1990	1995	2000	2005	2010	2014
持有比例（%）	9.34	11.07	13.38	8.51	6.98	22.69

2.3.5　中美贸易摩擦背景下的"日本经验"及启示

在通过持有美国国债实现美元资金回流和在美元世界取得债权国地位两件事上,中国与日本当年的选择如出一辙。美元供给已经内生于人民币供给,成为人民币供给的重要来源之一,人民币供给又决定着中国经济的增长速度和增长质量。而日本在崛起为债权国过程中未能将自己的财富基础建立在国际化的日元之上,从而导致其金融资产和对外贸易在美国主导的"美元贬值、日元升值"的汇率调整中,屡屡遭受损失和重创。[③] 因此,为避免重蹈覆辙,中国应确立"在美元世界中稳步抽身,在人民币世界中逐步立身"的国际金融协调战略。[④]

首先,致力于建立和完善人民币货币发行机制,然后再探索人民币汇率机制。汇率是结果,货币发行机制才是原因。[⑤] 中国要成为世界强国,

---

[①]　Bank of Japan, Japanese Government Bonds held by The Bank of Japan, http：//www - boj - or - jp. vpn. ruc. edu. cn.

[②]　Japan Statistical Bureau, "Chapter 5 Public Finance," *Japan Statistical Yearbook*, Available at：http：//www - stat - go - jp. vpn. ruc. edu. cn; Bank of Japan, "Japanese Government Bonds held by The Bank of Japan," Available at：http：//www - boj - or - jp. vpn. ruc. edu. cn.

[③]　辜朝明. 大衰退——如何在金融危机中幸存和发展 [M]. 北京：东方出版社, 2008：9.

[④]　邢天添. 反思日本泡沫经济——从国际金融协调视角看中国的选择 [J]. 中央财经大学学报, 2015 (11)：94 - 95.

[⑤]　周洛华. 人民币应该走自己的路 [N]. 上海证券报, 2011 - 8 - 8.

就不能依靠与美元汇率保持稳定来树立强国地位。[①]

其次，保持人民币币值稳定，不能只对美元汇率保持稳定。2004 年 2 月 1 日颁布的《中华人民共和国中国人民银行法》规定，人民银行的一条重要职责是保持人民币币值稳定，而不是汇率稳定。

最后，加速人民币国际化进程，提高人民币在国际贸易中的结算地位。要提高人民币在国际贸易中的结算地位，可先从地区贸易层面入手。中国与周边多个国家和国家集团缔结了自由贸易协定，中国可以先在与这些国家的贸易中推广人民币，如中国—东盟人民币贸易圈、中国—俄罗斯—蒙古国人民币贸易圈。此外，中国还可结合"一带一路"倡议，向"一带一路"沿线国家推广人民币作为结算货币。

---

① 周洛华. 中国有货币发行体系吗？［N］. 中国经营报，2011 – 8 – 8.

3　欧元：重新审视独立发行机制与金融制约性

当前的国际货币体系中，美元独霸天下，欧元欲立不立，人民币蓄势待发。从经济体量来看，欧元区19国经济总量与中国相当，都约为美国的66%，欧盟28国的经济总量与美国大体相当。如果将美元、欧元、人民币的国际地位与其相对应的国家和地区经济体量比较，会发现欧元的国际地位远不如美元，人民币的国际化只能说是刚刚起步。

2019年是欧元诞生20周年，一方面，欧元在国际货币体系中取得了较为傲人的成就；另一方面，欧洲债务危机引发的阵痛令欧洲人们开始重新审视欧元存在的意义。摆在人们面前的是两条截然相反的道路：一是强化欧元，二是退出欧元区。尽管如此，当回顾欧元和欧元区20年的发展历程时会发现，欧元区既没有发生严重的资产价格泡沫，也没有引发系统性金融危机，欧元的币值长期保持相对稳定水平。究其原因，我们认为这是欧元背后的一套完善且独立的主权货币发行机制在起作用，也就是说，欧元尽管是一种通过部分让渡国家货币主权而存在的"超主权货币"，但欧元对于欧元区来说却是一种"主权货币"，这体现在其独立的货币和发行机制上。而保障欧元和其发行机制独立性的，既有国家和地区的综合实力及全球影响力，也有完善的机制设置和安排。因为欧元系统具备独立且相对完善的发行机制，这在一定程度上避免了欧洲因一国货币价值过于依赖他国货币价值或者某种商品而引发金融危机，如东南亚金融危机。另外，也因为欧洲较强的综合实力和全球影响力，欧元区未像日本那样被迫签署"广场协议"而引发严重的资产价格泡沫危机。但是，我们必须认识到，欧元系统和欧元区的独立性和发展还受到诸多因素制约，其独立性也只是相对而言。

欧元在发展过程中面临的境遇或许能折射出人民币未来的发展状况。因此，在欧元和欧元区诞生 20 周年之时，回顾其发展历程和发行机制，重新认识其独立性和制约因素，无论是对于创新欧元未来发展模式，还是对于今日的中国通过建立独立的人民币发行机制保障金融稳定发展、守住不发生系统性金融风险的底线，都具有极其重要的参考意义。

3.1　欧元的历史使命和成就

欧元作为欧洲一体化进程中的创新成果，在欧盟内部扮演着欧洲经济和政治趋同的一个重要载体，也是欧洲在世界政治经济舞台上团结一致的象征。欧元作为当今全球第二大支付和储备货币，其诞生之初还承担着让美元霸权赖以存在的制度和环境发生变化、减弱美国在货币问题上对欧洲影响力的使命①。欧元的存在是以欧元区国家让渡国家货币主权的一种"超主权货币"的实践，但其对于欧元区整体来说却是一种"主权货币"，是欧洲人民对于欧洲一体化的美好期盼和未来发展的信心所在，并逐渐发展成为欧洲展示"硬实力"和全球影响力的工具。

在过去的 20 年中，欧元取得了较为傲人的历史成就。从 1991 年 1 月 1 日起作为记账和转账货币正式启动，11 个欧洲国家承认欧元为官方货币，如今，欧元区扩展至 19 个成员国，覆盖 3.4 亿人口，欧元区内 3/4 的人支持欧元，这是欧元诞生以来得到的最广泛的支持。② 近年来，欧元在国际支付市场和全球官方外汇储备均稳居世界第二，仅次于美元。据 SWIFT 统计，2019 年 1 月，欧元占国际支付市场份额为 34.2%。IMF 数据显示，2018 年末，全球官方外汇储备中，欧元资产占比为 20.7%。同时，在国际金融市场中以欧元计价发行的债券占 20% 以上，国际金融市场交易中以欧元支付的占 36%。另外，约有 60 个国家和地区使用欧元，或将本币与欧

---

① 刘明礼. 论欧洲的"去美元化"[J]. 现代国际关系，2016（1）.
② 欧洲央行，https：//www.ecb.europa.eu/home/html/index.en.html.

元汇率挂钩。① 除此之外，欧元取得的成就还在于在欧元基础上形成的欧洲单一市场，为欧洲经贸发展带来了利好。作为欧盟单一市场的一个重要组成部分，关税壁垒的消除促进了生产要素的跨国境流动。全欧标准为各成员国企业提供了相同的技术和质量标准，减少了生产过程的不确定性，提高了资源配置效率和企业盈利水平。更重要的是，欧盟各国经济通过不断深化的价值链更加紧密地联系在一起。②

然而，如果把过去的 20 年分开来看，或许欧元取得的成就看起来就没那么傲人。引用欧洲央行行长马里奥·德拉吉在其题为《欧洲和欧元 20 年》演讲中的表述："欧元存在的 20 年是不同寻常的，前十年是全球金融周期 30 年上升的高潮，而后十年是自 20 世纪 30 年代以来最严重的经济和金融危机。"确实，欧元在其前 10 年中，顺风顺水，推动了欧元区经济一体化的发展，并成就了其作为第二大国际货币的地位，取得的成就令人印象深刻。但是，后 10 年受 2008 年国际金融危机和紧随其后的欧债危机影响，欧元区经济增长乏力，一些成员国甚至经历了数年的萧条。IMF 预计，欧元区 19 国 2019 年的经济增长率可能由 2018 年的 1.9% 放缓至 1.3%，此前两年，欧元区经济增长率均为 1.7%。另外，欧元区通货膨胀率自 2010 年至今绝大多数时间都严重低于 2%。过去几年，常有人将欧元区差强人意的经济表现怪罪在欧元身上。而欧元本身的国际地位在 2005 年前后也在逐渐下降，更糟糕的是，2010 年爆发的欧债危机随后演变成欧元危机。好在 2015 年前后，欧元区经济有所复苏，在一定程度上成功地应对了内部的债务危机。

就目前来看，2008 年由美国引发的全球金融危机及 2010 年的欧洲债务危机并未对欧元区整体的发展造成重大损失，其经济已有复苏的迹象，最艰难的时刻已经过去，欧洲人民对欧洲经济和政治一体化的诉求和决心再次被激发，这一切都将围绕欧元及欧元区的改革展开。在欧元诞生前欧

① 王宇. 欧元和欧元区：历史与未来 [J]. 西部金融，2019 (3).
② 王宇. 欧元和欧元区：历史与未来 [J]. 西部金融，2019 (3).

洲货币历史上，类似的情景曾多次出现。

3.2　欧元的问世

共同货币一度是商品经济社会里商人和君主们的理想，随着全球化不断深化以及网络的纵深普及，人们在现代经济发展的过程中越来越依赖共同货币，对共同货币的需求越来越大，这也解释了前文中提到为什么欧元在受到争议的同时却得到了欧元区人民更广泛的支持。然而，欧元的诞生并没有那么顺利，其是基于欧洲人面对内忧外患时作出的次优选择。

一方面，两次世界大战给欧洲的物质基础和人民造成了极大破坏，一些理性且富有远见的欧洲政治家们开始思考如何重建欧洲经济。于是，欧洲一些著名的政治家相继表达了联合的意愿。另一方面，"二战"后的国际货币秩序一直由美国主导，尤其是1944年布雷顿森林体系建立之后，单独的欧洲各国货币无法与美元霸权相抗衡，只有联合起来才有可能摆脱美元霸权。在这样的背景下，法国外交部前部长罗伯特·舒曼于1950年提出了建立欧洲煤钢联营计划，史称"舒曼计划"，这个计划很快得到德国的响应。两国很快达成协议：两国煤炭和钢铁生产由一个跨国的最高权力机构统一组织，其他国家也可以参加。这一计划拉开了建设欧洲共同体的序幕，在这一过程中，欧元正在孵化。

内忧外患的局面不仅促使欧洲人民从煤钢联盟走向了欧洲一体化道路，也使得共同货币被提上了议程。在欧洲共同货币出来之前的每一次谈判和举措背后不仅体现了欧洲各国或各群体之间的利益博弈，也体现了在风云变幻的外部环境下欧洲各国的共同利益，体现了欧洲人民意欲联合起来逐步摆脱美国人的控制，甚至要同美国分庭抗礼的决心。[①] 这一切都要从1944年布雷顿森林体系确立了以"美元"为中心的国际货币体系开始说起。虽然布雷顿森林货币体系于1971年宣告瓦解，但是欧洲推进共

---

① 雷志卫. 欧洲货币联盟的理论基础与运行机制［J］. 西南财经大学博士论文，1999：83.

同货币相关举措的过程不得不紧随"美元霸权"的演变形式而不断发生变化。

1944年，布雷顿森林货币体系以美国"怀特计划"的胜利而成立，但是其并没有为多边贸易提供一个相应的国际货币体系。而"二战"后的欧洲各国货币还不可自由兑换，导致欧洲地区对外支付危机，无法实现多边自由贸易，当时欧洲的大部分贸易依赖于双边协议进行。另外，欧洲战后各国经济薄弱，对进口的需求非常大，尤其是对美元地区的进口，欧洲各国"美元缺口"不断增大。为了解决这两个问题，欧洲于1948年成立了欧洲经济合作组织（OEEC）①，其主要功能是利用"马歇尔计划"提供的援助。从货币的角度来看，该计划为填补当时欧洲各国存在的"美元缺口"起到了重要作用，并于1950年成立了欧洲支付联盟（EPU），通过"英镑区"和"法郎区"的影响，EPU涉及的国际贸易占到了当时全球贸易的70%。这一安排极大地促进了欧洲内部自由贸易的发展，欧洲经济复苏不断加快。

进入20世纪60年代，布雷顿森林体系的体制缺陷随着美元危机的爆发而暴露。自1960年开始，美国贸易赤字和资本外流持续扩大，大大降低了投资者对美元的信心。欧洲市场于1960年10月首次出现大量抛售美元、抢购黄金的情况，并开始追捧有大量贸易盈余的德国马克和与其挂钩的荷兰盾，德国马克不得不于1961年升值5%。60年代末，美国经济受越战影响进一步恶化，加剧了国际汇率市场的动荡，给欧共体的各项经济协调措施的有效运作带来了影响。在这种背景下，"魏纳尔计划"出台，其核心思想是在1980年底实现"总体不可逆转的货币可兑换，消除汇率波动，汇率平价不可调整地固定，以及资本流动的安全自由"，该计划因为种种原因被搁浅且并未被完整实施。"魏纳尔计划"真正被实际运用的是其内部汇率管理机制，即固定但可调整的浮动汇率机制。为减少汇率波动，欧

---

① OEEC是欧洲经济合作与发展组织（OECD）的前身，于1960年更名。

洲六国①在 1972 年达成"巴塞尔协议"，同意将双边货币汇率最大波动幅度限定在 2.25% 左右。该机制不仅稳定了欧共体内部的汇率市场，也可以通过联手的方式影响到国际市场上其他货币尤其是美元的走势。该浮动汇率机制一直运行到 1978 年，其间部分成员国相继退出，并且在执行过程中时松时紧。

到了 1978 年，已经有部分成员国相继退出上述汇率机制，实行自由浮动汇率。加上 1977 年美元危机再次爆发，美元对德国马克大幅贬值，留在机制内的成员国汇率也随之大幅波动。美元的大幅贬值加大了德国及欧洲各国的出口压力，拖累了欧洲经济的发展。这进一步加大了欧洲国家推动货币合作的紧迫感。1978 年，哥本哈根欧共体首脑会议召开，时任德国总理施密特和法国总统密特朗联合提出以欧洲货币体系（EMS）代替固定但可调整的浮动汇率机制。该体系以各成员国经济实力为权重将各国货币组成一篮子货币，即埃居（ECU），各国货币与 ECU 挂钩，并允许各国汇率在中心汇率 2.25% 左右波动。这一体系一直持续到 1998 年，对内起到了稳定汇率和物价的作用，增强了共同抵御风险和进行对外支付的能力，对外起到了促进国际货币体系多元化发展的作用，削弱了美元的霸权地位，加大了货币市场的稳定性。

20 世纪 80 年代，欧共体经济发展不尽如人意，明显落后于美国和日本。这一情况又一次加重了欧共体寻求经济一体化的紧迫感。1989 年，《德洛尔报告》，即《关于欧洲共同体经济与货币联盟的报告》得到通过，并从 1990 年 7 月开始分三阶段实施欧洲货币联盟（EMU）：一是加强成员国间经济政策与货币政策的协调；二是建立欧洲中央银行体系；三是推进财政协调，共同决定财政赤字，对各国财政作出约束性规定。随后，欧洲一体化进程进入快车道，1991 年 11 月，《关于欧洲经济与货币联盟的马斯特里赫特条约》出台，向世界宣告欧洲联盟的最终目标：实现统一的市场和统一的货币，最终结成政治联盟，从此奠定了共同货币成为推动欧洲经

---

① 法国、德国、意大利、比利时、荷兰、卢森堡。

济和政治一体化纽带和工具的象征。1995 年，欧盟马德里峰会正式将未来共同货币命名为欧元，并确定了向共同货币过渡的时间表。1996 年，欧盟首脑会议作出了关于"第二欧洲汇率机制"（ERM2）和约束成员国财政纪律的《稳定与增长公约》决议。1997 年 10 月，欧盟各国签署《阿姆斯特丹》条约，在货币问题上包括了《稳定与增长公约》《新的货币汇率机制》和《欧元的法律地位》，为欧元的正式出台扫清了道路。

通过梳理，欧元诞生前的欧洲货币历史可以用"斗争"和"博弈"高度概括，斗争和博弈的最终目的就是建立独立的共同货币体系。在这段历史中多次出现过极其相似的片段，或者说欧洲共同货币发展过程中的特点，也预示着欧元今日的困境以及改革的紧迫。这些特点主要表现在三个方面：

从 1944 年到 1999 年这 55 年中，欧洲各国货币一直受到以美元为中心的国际货币体系大幅波动的困扰，每次由美元危机引起的国际汇率市场波动都会触发欧洲人进一步推行共同货币的决心，这一反复出现的情节注定了欧元与生俱来就自带对抗美元霸权、展现欧洲影响力的使命，不受美元控制和影响的表现则是货币与发行机制的独立，在这一点上，欧盟机制内的各项条约作出了较多的约束和规范。

同时，欧洲各国达成的决议都是经过各国多番博弈后以各国共同利益最大化的方式呈现出来，但是一旦触及各国的根本利益，其依附于统一机制的决心就会动摇，乃至退出，甚至出现退了又进然后再退的情况，欧盟的各种机制决策大都是建立在共同条约的基础上，与生俱来就自带脆弱性，欧洲货币联盟亦是如此。

另外，德国、法国在欧洲共同货币的演变历史上扮演着主导者角色，共同货币的货币政策和决策机制受到核心成员国影响较大，未必适用于非核心成员国的经济发展。

3.3　欧元的发行机制

欧元诞生前跌宕起伏的货币历史给欧洲人民最大的历史经验就是，要保障共同货币的独立性。欧元的独立性主要表现为其发行机制和管理机构的独立性。其中，欧洲央行将"保持价格稳定"作为主要目标，这一目标常被视为欧元系统货币政策操作的"锚"，在此前提下，欧洲央行才能制定政策促进就业和经济增长，其他目标均不得妨碍主要目标。基于此，欧元系统根据经济和货币"双支柱"分析框架作出是否进行货币政策操作的决定。

3.3.1　欧元系统的货币政策目标和分析框架

欧元作为欧元区内统一货币政策下的唯一合法货币，由欧洲中央银行和各成员国中央银行组成的欧洲中央银行系统负责管理，其主要目标在于"保持价格稳定"。价格稳定是保障经济增长和创造就业的基础，这也是欧元货币政策可以着力的两个重要方面。这一策略出台的背景是 20 世纪 70 年代全球范围内的"大通胀"以及随后长期的货币不稳定。当时，美国政府过度开支、全球流动性不可持续扩张及石油危机等因素引发了全球范围内的不稳定的货币状况，导致滞涨、货币不稳定、预算持续赤字及利率大幅波动。因此，这些经验形成了一个共识：欧洲货币联盟应建立在一个稳定货币的理念上。[①]

具体而言，欧洲央行管理委员会的目标是保障欧元区通货膨胀在中期内控制在接近但不超过 2%，指标主要参照调和消费者物价指数（Harmonized Indices of Consumer Prices，HICPs）。为达到这一目标，欧洲央行采取经济分析和货币分析双支柱框架。经济分析的目的是评估中短

---

① 奥托曼·伊辛、维特·加斯帕、因纳兹奥·安格若尼、奥瑞斯特·特里斯塔尼. 欧元的货币政策——欧洲中央银行的策略和决策方法［M］. 北京：中国金融出版社，2010：3.

期内影响价格变动的决定因素，货币分析是建立在中长期内货币增长和通货膨胀之间的关系之上，从 2013 年起，欧洲央行加大了对货币分析的权重。欧洲央行根据两个分析支柱对相关信息进行交叉验证，全面评估影响价格稳定的各项因素，为理事会作出相应的货币政策决策提供判断依据。

3.3.2　独立的欧洲央行

欧洲央行的主要职能是维护欧元的稳定，管理主导利率、货币储备和发行及制定欧元的货币政策，独立于欧盟机构和各国政府。欧洲央行本身就有很高的独立性，受立法保护。《欧洲联盟条约》规定："在行使和执行本条约和本章程赋予的权力和任务时，欧洲中央银行、各成员国中央银行或其决策机构的任何成员，均不得寻求或接受共同体机构、来自任何成员国政府或来自其他任何机构的指示。共同体的机构与成员国政府承诺尊重这一原则，不影响欧洲中央银行或各成员国中央银行决策机构成员执行其任务。"

同时，欧洲央行在执行货币政策工具以及拟订货币政策目标方面具有较高的独立性，其中目标独立性是欧洲央行维护独立性的前提。《欧洲联盟条约》和《欧洲中央银行体系章程》等条约均对欧洲央行的目标独立性作出了规定："中央银行体系的首要目标是保持价格稳定。在不妨碍价格稳定的前提下，欧洲中央银行体系应支持共同体的总体政策，以促进实现本条约第 2 条所规定的共同体目标。"①

3.3.3　欧元系统货币政策操作框架

"1999 年 1 月 4 日，法兰克福时间 15：36，一条短消息出现在路透社的屏幕上，宣告欧元体系第一笔公共市场操作业务的成交，这是一笔两星期

---

① 徐聪．从欧债危机看欧洲央行的独立性困境［J］．欧洲研究，2012（4）：15-32.

回购协议，3%的固定利率。"① 这一举动标志着新的欧洲共同货币体制下货币政策的开端。基于欧元区以银行信贷等间接融资为主的特点，欧元系统的货币政策操作框架主要包括公开市场操作、常设便利和最低存款准备金规定。欧元区基准利率体系包括主导再融资操作利率、边际贷款便利利率和存款便利利率。其中，边际贷款便利利率和存款便利利率分别代表隔夜市场利率的上下限，两者为欧元系统构建了一个利率走廊，如图 3－1 所示。

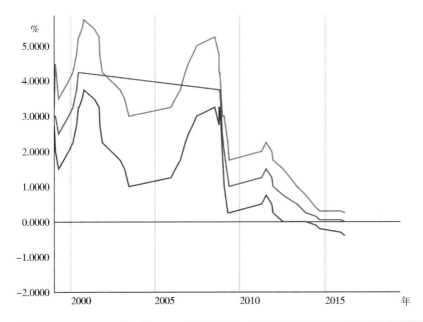

—— 存款借贷便利

—— 边际贷款利率

—— 主导再融资操作

图 3－1　欧元的利率走廊

资料来源：欧洲央行。

---

① 奥托曼·伊辛、维特·加斯帕、因纳兹奥·安格若尼、奥瑞斯特·特里斯塔尼. 欧元的货币政策——欧洲中央银行的策略和决策方法 [M]. 北京：中国金融出版社，2010：1.

最低存款准备金规定主要是用来稳定货币市场利率。欧洲央行对于所有信用工具都实施最低准备金规定，该比例被设定为 2%，欧债危机后改为 1%①。准备金的基础包括了所有信用机构对对手方（非银行）的负债，期限最长为 2 年。最低存款准备金规定使用频率较低。

常设便利包括边际贷款便利和存款便利，旨在提供和吸收隔夜流动性，但其主动权不在欧洲央行，不针对整个市场，而是由每个交易对手方启动。两个常设便利的利率由欧洲央行事前制定，且保留了随时变更的权力。

公开市场操作包括主导再融资操作（Main Refinancing Operations，MRO）、长期再融资操作（Longer – term Refinancing Operations，LTRO）、微调操作（Fine – Tuning Operations）和结构性操作（Structural Operations）。这四种操作可以通过 5 种金融交易类型开展：反向操作、直接交易、发行债务凭证、外汇掉期和定期存款。其中，最重要的是主导再融资操作，该操作的主要作用是说明货币政策立场以及控制市场利率，为金融部门提供再融资，并管理货币市场的流动性。长期再融资操作每个月操作一次，期限为 3 个月，并作为一项规定，不具有信号指示的作用。微调操作灵活性加大，旨在熨平由货币市场预期外的流动性波动引起的利率波动。结构性操作主要是为了欧洲央行调整欧元体系相对于金融机构的结构性地位。所有的公开市场操作均由欧洲央行决定，并通过成员国中央银行以分散的方式执行。②

受金融危机和债务危机的影响，欧洲央行除以上常规货币政策操作之外，在 2007 年以后还启用了非常规货币操作，也就是量化宽松政策（Quantitative Easing，QE），主要指资产购买计划（Asset Purchase Program，APP），还包括一些常规货币政策操作的"非常规化"，如延长再融资操作的期限、在抵押品中增加成员国国债等。

---

① 邵宇、陈达飞. 欧元 20 年：欧元体系货币政策工具与传导机制 ［EB/OL］. https：//bai-jiahao. baidu. com/s？id ＝ 1630426179541258121&wfr ＝ spider&for ＝ pc.

② 特殊情况下，微调的双边操作由欧洲央行执行。

表 3 – 1　　　　　　　欧元系统的货币政策操作

货币政策 操作工具	交易类型		期限	频率
	提供流动性	吸收流动性		
公开市场操作				
主导市场操作	反向操作	—	一周①	每周
长期再融资操作	反向操作	—	三个月	每月
微调操作	反向操作	反向操作	不标准	不规则
	外汇互换	取得定期存款		
		外汇互换		
结构性操作	反向操作	发行欧洲央行债务凭证	标准/不标准	规则和不规则
	直接购买	直接售出	—	不规则
常设便利				
边际贷款便利	反向操作	—	隔夜	获得对手方的处理权
存款便利	—	存款	隔夜	获得对手方的处理权

数据来源：欧洲央行。

3.3.4　欧元系统货币操作传导机制

欧洲央行根据经济和货币"双支柱"框架得出调和消费者价格指数严重偏离2%的风险，从而作出货币政策决策，并通过预期和货币市场利率两个渠道影响信贷、资产价格、银行利率和汇率。

例如，如果 HCIP 严重低于2%时，欧洲央行在向银行提供流动性时，调低边际贷款利率和存款利率，引导主导再融资利率下行。由于主导再融资操作是欧洲央行向银行提供流动性的主要操作，并具有说明货币政策立场和控制市场利率的作用，其会进一步影响银行机构的存贷款利率，并引导社会预期。降低官方利率最终会导致储蓄减少、消费和投资增加，进而提升需求，扭转一般价格水平下行的趋势。

---

① 2004 年 3 月 10 日前是两周，此后改为一周。

3.3.5 欧元系统货币政策效果

如图 3 - 2 所示，在金融危机前，欧元区 HICP 一直保持较为稳定的状态。同时，欧元的流动性也相对充裕，如图 3 - 3 所示。欧元系统"保持价格稳定"的任务完成得较为成功，货币政策传导也较为通畅。

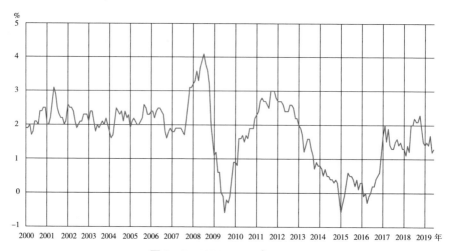

图 3 - 2　1999—2019 年 HICP

资料来源：欧洲央行。

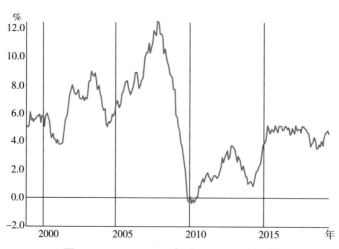

图 3 - 3　1999—2019 年欧元区 M3 增长率

资料来源：欧洲央行。

金融危机期间，受全球经济不景气影响，欧元区 HICP 指数大幅下滑，石油和食品价格开始回落，为欧洲央行常规与非常规货币政策创造了足够的空间。其间，欧洲央行对非常规货币政策的创新未受到既有框架的制约，展现出非常高的技巧和灵活性。然而，欧洲央行非常规宽松政策如今也让其进退两难。在应对危机时，对危机国家的援助加剧了道德风险，同时也限制了量化宽松退出的进程。金融危机以来，欧洲央行持续为金融市场提供大量流动性，但欧元区广义货币 M3 并未出现显著上涨，反映出危机期间央行流动性供给与货币供给的联系明显削弱。这种现象也在当前中国银行体系中逐步显现。①

3.4 欧元的脆弱性及制约因素

通过梳理欧元诞生的历史及其发行机制，可以发现，欧元系统相对完善的货币政策框架和机制确保了欧元的相对独立性，从而保障欧元区未发生系统性金融危机和严重的资产价格泡沫。但欧元的脆弱性在其诞生之初即已存在，在前 10 年的时间里被持续繁荣的世界经济大潮所掩盖，大潮退后，脆弱性被重新发现。当前世界经济浪潮的起与落主要受制于美国的经济发展需求，美元是其控制世界经济浪潮的主要工具。除受外部因素影响外，欧元系统与生俱来的脆弱性也反映在内部诸多制度安排都是各种博弈之后的妥协结果。同时，财政政策和货币政策的不对称性导致欧元系统更加脆弱。

3.4.1 外部制约因素：以美元霸权为中心的国际货币体系

欧元在以美元霸权为中心的国际货币体系中的地位难以取得突破。欧盟委员会主席容克 2018 年 9 月在法国斯特拉斯堡的欧洲议会发表"盟情咨

---

① 肖立晟、杨晓. 中国央行货币政策工具箱：基于欧央行与英格兰银行的经验［J］. 新金融评论，2019（2）.

文"时提到，欧洲每年进口价值 3 000 亿欧元的能源，其中只有 2% 来源于美国，但却用美元支付 80% 的能源进口账单，而更让欧盟不可理解的是，欧洲企业购买自己制造的飞机也要用美元结算。欧盟由此产生的不平衡抗拒之心越来越重。在欧元即将迎来 20 岁生日之际，欧盟委员会于 2018 年 12 月 5 日发布了一项行动倡议——《朝着欧元更强的国际化地位前行》，计划"在能源、大宗商品、飞机制造等'战略性行业'增加欧元使用，支持引导金融交易以欧元结算，鼓励开发欧元支付系统，加强欧元在国际支付中的作用"。这是欧洲在欧元国际地位下降、民粹主义浪潮兴起、德法内政不稳、英国脱欧等因素干扰的背景下，对欧元历史使命的呼唤，是对提升欧元国际地位的呼吁，也是对"美元霸权"的一次重新亮剑。

此外，欧元的发展一直受到美元的压制。以欧债危机时期美国对欧元的压制为例，美元在次贷危机以及随后引发的全球金融危机中遭受到来自欧元的强大压力，人们对美元的信心有所动摇。同时，欧盟不断要求美国加快金融监管改革，并加强对信用评级机构和金融衍生品市场的监管。在此背景下，美元谋求保持国际货币霸主地位的欲望越发强烈，欧元成为被打压的对象，美国主导的国际评级信用机构轮番对欧洲各国的主权信用债券进行降级处理，导致市场恐慌，大幅增加了相关国家的筹资成本，为欧债危机火上添油，从而引发欧元持续走低。相比之下，受次贷危机重创的美国经济看起来没有比欧洲更糟糕，大量跨境资本开始流向美国寻求避险，投资者对美元的信心随着美国经济在"比谁更烂的游戏"中胜出而增加，但成本却由欧元和欧洲经济承担。

3.4.2 内部制约因素：欧洲一体化进程中的机制博弈

从体制结构来看，欧洲一体化的过程一直都是试图在成员国主权之上建立一个超主权组织。但是，就欧洲一体化发展历程而言，从国家到区域组织的权力让渡和共享一直都非常谨慎，组织层面的决策权力实际上一直处于成员国家的掌控之中，一旦违背各成员国的根本利益，组织层面权力的基础就开始松动，这在欧元诞生前的欧洲经济货币历史上曾多次出现。

制度博弈的结果就是欧元系统的货币政策无法代表广大欧洲人民的意愿。约瑟夫·斯蒂格利兹认为，"欧元，尽管仅仅是一些纸和金属，但它的重要性却是无论如何强调都不为过的。货币政策的安排仅仅是达到目的的手段，它们不是目的本身；共同货币应该使欧洲国家更紧密地结合在一起，带来新的繁荣。"[①] 事实上，欧元做得正好相反。出现这种情况的原因是欧元在很大程度上受到意识形态与利益主体的影响，才导致难以实现其为欧盟带来经济繁荣和政治凝聚力的意图。意识形态主要是指新自由主义，即自由无约束市场内效率和稳定性的观点集合，这一意识形态在欧洲央行的货币政策执行上影响较大。对于自由无约束市场的过分追捧，容易导致欧洲央行的决策过于依赖市场的作用而选择不作为，从而错失应对外部冲击的时机。结合欧元系统较为模糊的政策目标，使得欧元系统的货币政策在实施过程中未必能准确应对现实情况。利益主体的分化则反映核心国家和非核心国家。欧元最大的问题出在欧洲政治一体化进程始终慢于经济一体化进程，大多数决策都是偏向于核心国家，欧元系统的货币政策也始终服务于政策制定者，即核心国家。

3.4.3 工具制约因素：货币政策与财政政策的不对称结构

欧元区实行的分散的财政政策与统一的货币政策存在结构性矛盾。欧元区各国的财政政策由各国负责，没有统一的财政政策，无法与统一的货币政策相互协调，并且，由于欧元区在赤字上存在较强的约束，成员国缺乏足够灵活的财政政策应对国内经济衰弱。事实上，欧盟的预算还不及欧元区经济总量的2%，相比之下，美国联邦政府开支大于经济总量的20%。因此，应对欧元区经济萧条的责任和权力自然落到了货币政策的决策者——欧洲央行身上，欧元的独立性遭到进一步破坏。在缺少积极的财政政策的作用下，欧

---

① 约瑟夫·斯蒂格利兹. 欧元危机：共同货币阴影下的欧洲 [M]. 北京：机械工业出版社，2018：XI.

元区货币政策的效果也就显得不尽如人意，并进一步恶化了投资者对欧元和欧元区的预期。另外，部分欧元区国家财政纪律松懈，国内改革不到位，拖累欧元的稳定。这些因素都直接影响到欧元的可持续性。

欧元诞生之初，货币一体化的制度安排削弱了各国财政政策执行能力。《欧洲联盟条约》规定，欧元区成员国财政赤字不得超过 GDP 的 3%，债务占 GDP 比重不得超过 60%。这主要是为了配合欧洲中央银行推行共同货币政策，在区内维护价格稳定的需要，并保证各国预算约束和财政的可持续性。① 一方面，财政制度的安排提升了公共部门的执行效率和财政政策的可预见性，为推出共同的货币提供了一个相对稳定的基础。另一方面，各国财政能力随之削弱，对各国的财政约束也导致财政政策的作用空间缩小。在欧元区各国让渡货币政策主权之后，被束缚的财政政策难以支撑完成促进经济增长的重任。

此外，部分欧元区国家财政纪律松懈，改革不到位。虽然各成员国在加入欧元区之初都承诺将严格遵守财政纪律，但在 1999 年到 2008 年，欧元区各成员国中包括德国和法国在内的 6 个国家都曾多次且长期地违反《欧洲联盟条约》中有关财政纪律的规定，并陷入超额预算程序。其中，希腊更是通过财务造假才得以进入欧元区，并在此后多次触犯欧元区财政纪律规定。② 各成员国一旦加入欧元区，由于共同货币的实施，使各国财政政策的制定者不再担心本国货币和物价的稳定受本国财政政策的不利影响，各成员国政府应承担的融资风险在一定程度上被转嫁到欧洲央行，容易产生道德风险问题。同时，欧元区金融市场一体化或者共同货币的实施进一步深化，成员国财政融资范围更广、融资成本更低，更利于各成员国债务融资。结果就是各成员国举债风险和成本严重偏离，增加了预算超支的动因，削弱了部分国家通过改革促进经济发展的动力。中国当前巨额的地方政府债务与之有相似之处。

---

① 宋玮、杨伟国. 论欧元区财政政策与货币政策的不对称结构［J］. 欧洲，2002（1）.
② 漆鑫、姜智强. 欧债危机背后的欧元区制度缺陷——不可能三角［J］. 宏观经济与市场，2012（9）.

2008 年全球金融危机爆发后，上述机制的风险迅速暴露，某个成员国的债务危机在各国间迅速传播，从而演变成欧洲债务危机。希腊债务危机通过各成员国间的贸易和投资迅速传播，各成员国在让渡货币主权后，缺少适当的货币政策和汇率政策来应对金融危机的冲击，受到财政纪律限制的财政政策又难以独当一面。在危机面前，各成员国的货币政策和财政政策双双失灵，而应对危机的责任和义务自然而然地落到了欧洲货币当局——欧洲央行的身上，其所能依靠的也就只剩下统一的货币政策。然而，欧元系统的常规与非常规货币政策在危机期间的作用正在减弱，欧元区整体经济复苏乏力。欧元区的财政与货币政策不对称性再一次把欧洲人民拉回到欧洲一体化的宏大历史进程中，其探索欧洲一体化的进程到了不进则退的境地。

4 区域金融危机：货币主权视角下的拉丁美洲、东南亚和俄罗斯

日本与欧洲作为传统发达国家的代表，曾经面临与中国相似的国际形势，其在加强货币主权方面的成功经验值得我们借鉴与学习。但同时我们应当注意到，今天的中国仍然是一个发展中国家，货币金融体系仍然要服务于实体经济的发展，在经济结构、金融体系与区域环境等方面有自身的特点，发达国家加强货币主权时的约束条件已经难以再现。自20世纪70年代以来，随着经济和金融全球化进程的加速，金融危机的发生频率呈上升趋势。20世纪80年代拉丁美洲主要国家先后爆发四次金融危机，20世纪90年代东南亚国家、俄罗斯短期内接连发生金融崩溃，金融危机出现了明显向发展中国家聚集的趋势。与2008年国际金融危机不同，拉丁美洲国家、东南亚国家和俄罗斯的发展轨迹更值得中国借鉴，同样是新兴经济体转型、实施产业政策、存在所谓"金融抑制"，这些相似的背景使得拉丁美洲危机、东南亚危机和俄罗斯危机更值得我们深入研究。本章将首先对三次危机进行梳理和回顾，对危机发生的背景、过程和后果进行概述；然后从货币主权的视角，指出僵化的固定汇率制度、失去货币政策独立性和过快的金融自由化进程等一系列的金融政策，其背后货币主权的弱化是三次危机孕育、爆发和蔓延的根本原因。

4.1 历史事件回顾

4.1.1 拉丁美洲金融危机（1980—2000年）

拉丁美洲国家货币主权的丧失，是外部干预与自身发展道路失误两方面原

因共同作用的结果。20世纪30年代至50年代，拉丁美洲国家努力探索自身发展道路，制定了"替代进口工业化"战略，即通过国家投资、扶持和保护的政策，大力发展民族工业，生产并替代那些长期依赖国外进口的工业品。在此阶段，拉丁美洲国家实现了引人注目的经济增长，并由此带来社会的巨大变化。但是这种内向化的进口替代模式并未使预期的贸易多样化成为现实，反而使拉丁美洲各国企业过度依赖外国资本，通过大量举借外债来促进经济发展。随着美国加息，大量资本流出拉丁美洲市场流回美国，1982年8月，墨西哥政府宣布无力偿还外债而爆发债务危机，此后不堪重负的债务负担和矛盾重重的金融改革成为拉丁美洲国家挥之不去的阴影，并多次引发金融危机，如1994年墨西哥金融危机、1999年巴西金融危机和2001年阿根廷金融危机。[①]

1994年12月的墨西哥金融危机是金融全球化时代拉丁美洲新兴市场国家的第一次危机。20世纪90年代初期，墨西哥实行了固定汇率制度，通货膨胀率的上升和国际竞争力的下降使得墨西哥比索的价值不断被高估，汇率高估引起贸易逆差。由于外贸赤字不断恶化，外国投资者信心开始动摇。在资本大量持续外流的压力下，1994年12月20日墨西哥政府不得不宣布让墨西哥比索贬值15.3%。然而，这一措施不仅未能起到稳定效果，反而在外国投资者中引起了恐慌，资本外流更加迅猛。墨西哥政府在两天之内损失了40亿～50亿美元的外汇储备，到当年12月22日外汇储备几近枯竭，降到了少于一个月进口额的水平。墨西哥政府不得不放弃了对外汇市场的干预，被迫宣布让墨西哥比索自由浮动。此后短短几天之内，墨西哥比索下跌了40%。当墨西哥比索贬值的消息在墨西哥精英阶层引发巨大恐慌时，许多有钱的墨西哥人迅速从股票和债券市场套现，加剧资本外逃，三个月内股价下跌48%。[②]

巴西、阿根廷金融危机爆发也有着相似的过程，先是经常出现账户逆差、无力偿还债务，而后本币贬值，外汇储备枯竭不足以维持钉住美元汇

---

① 马勇．金融稳定与宏观审慎：理论框架及在中国的应用 [M]．北京：中国金融出版社，2016：11.

② 陈雨露、马勇．大金融论纲 [M]．北京：中国人民大学出版社，2013：32.

率，转为浮动汇率制度，本币进一步严重贬值，引发资本外流资本市场暴跌。严重的金融危机也影响到实体领域，主要表现为 GDP 增长停滞和高通货膨胀率，如图 4 - 1 和图 4 - 2 所示，危机期间，国家 GDP 增长率为负

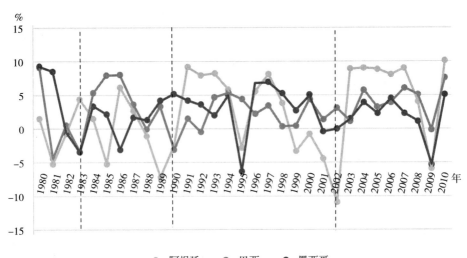

图 4 - 1　拉丁美洲危机：GDP 增长率

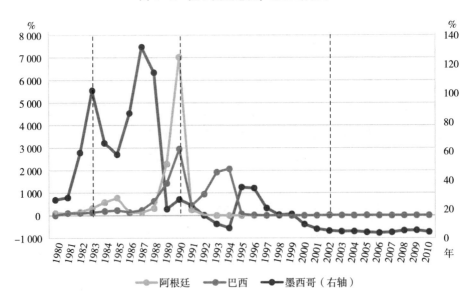

图 4 - 2　拉丁美洲危机：通货膨胀率

值，而阿根廷和巴西的通货膨胀率高达上千，拉丁美洲陷入"失去的十年"。更为严重的是，危机发生后，拉丁美洲国家为了加快经济复苏，接受了国际货币基金组织（IMF）的援助资金，以出让金融改革道路自主权的货币主权作为附加条件，迅速开放的金融市场再一次导致了国内产业的"空心化"，反而加剧了这些国家国内金融系统的脆弱性。

4.1.2 亚洲金融危机（1997—1998 年）

东南亚金融危机来自外国资本流入导致的货币主权的丧失。20 世纪 80 年代，东南亚承接了美国、日本等发达国家的产业转移，依靠出口加工实现了经济腾飞，亚洲四小虎（印度尼西亚、菲律宾、马来西亚、泰国）与亚洲四小龙（韩国、中国台湾、中国香港、新加坡）齐名，成为当时世界上经济发展最快速的地区。"热钱"大量涌入东南亚国家，尤其是泰国。泰国企业借入大量美元，却投向房地产和股票市场等虚拟部门，导致经济泡沫化，加之国内银行坏账较高外汇储备较少，当国际对冲基金对泰铢汇率进行沽空时爆发了货币危机，泰铢大幅贬值，连带引发国内外金融危机。

在经济转型和金融自由化的背景下，东南亚金融危机孕育已久，其导火索是以索罗斯为首的国际游资对泰铢进行做空，外汇投机者与东南亚各国央行之间展开了惊心动魄的战争，货币主权已经弱化的东南亚国家缺乏合适的政策工具，难以抵挡投机性资本大规模做空的"收割"之势。从 1984 年开始，泰国一直实行钉住美元的固定汇率制度，1996 年泰国经常项目逆差迅速扩大，泰铢本应随之贬值，但泰国央行为了维持泰铢与美元的固定比例，强行入市进行干预。泰铢随着美元一同升值，加剧了贸易逆差。1997 年初，国际游资预期泰铢将面临贬值的压力，所以他们一边通过保证金杠杆借入大量泰铢，一边在市场上散布泰铢即将贬值的消息；2 月，以"量子基金"为代表的国际炒家将借入的泰铢大量在外汇市场上抛售，做空泰铢，5 月泰铢兑美元比例一度跌到 10 年来最低水平；泰国央行在外汇市场上使用美元储备买入泰铢，以稳定汇率，泰铢汇率暂时稳定；6 月，

索罗斯再次集结国际游资抛售泰铢，泰铢暴跌，泰国央行外汇储备有限，
6月28日仅剩28亿美元，无力再继续买入，泰铢汇率暴跌；7月2日，泰
国宣布泰铢自由浮动，当日泰铢立即大跌，贬值近17%，泰国金融危机全
面爆发。东南亚国家经济发展模式雷同，金融制度相似，菲律宾比索、印
度尼西亚盾、马来西亚林吉特相继成为国际炒家的攻击对象，固定汇率制
度的崩溃逐步演变为亚洲金融危机。①

　　金融危机最明显的表现就是泰国的股票市场指数也由1994年的1 386
点跌为1998年的356点（见图4-5），由于银行资金大量进入股市，股票
市场的崩溃进一步形成银行危机，从而转化为经济危机，由图4-3和图
4-4可见，1999年东南亚四国的GDP增长率降为负值，泰国的失业率大
幅上升。

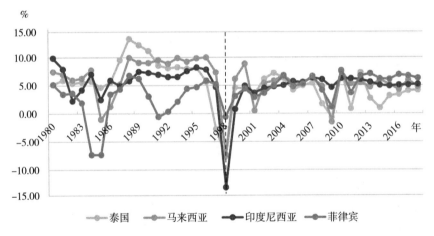

图4-3　东南亚危机：GDP增长率

　　① 亚洲金融危机二十年：人类从不以史为镜［EB/OL］. （2019-06-27）. https：//
www. weiyangx. com/299146. html.

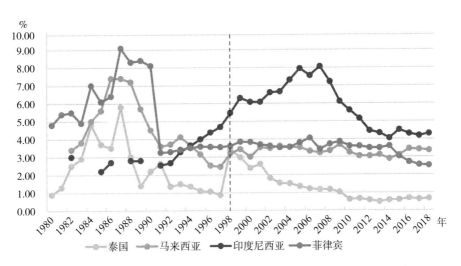

图 4 - 4 东南亚危机：失业率

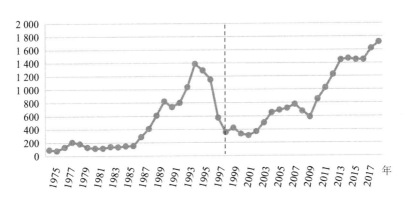

图 4 - 5 泰国：股票市场指数

4.1.3 1998 年俄罗斯金融危机

"休克疗法"的经济改革战略，是俄罗斯丧失货币主权，最终爆发危机的重要原因。苏联后期，戈尔巴乔夫开始推行民主社会主义改革，在经济领域，苏联开始肯定市场经济的合法地位，否定传统的计划经济体制。改革初期，俄罗斯的经济发展确实取得了一定成就，但是，随着改革的深入，苏联经济开始恶化。根据美国专家估算，改革期间，苏联黄金储备下降了 90.9%，外债增加了 4 倍，俄罗斯卢布兑美元大幅贬值。① 叶利钦上台后，俄罗斯开始推行以自由化和私有化为核心的经济改革，价格自由化引发了国内的高通货膨胀，开放汇率市场又进一步助长了投机行为。随着社会经济的不断萎缩，俄罗斯金融市场面临着巨大的内部和外部风险。

1997 年 11 月，席卷亚洲的金融危机开始蔓延到俄罗斯。到了 1998 年 2 月，俄罗斯股市狂跌 10% ~ 20%，俄罗斯卢布汇率也开始逼近最低值。② 金融危机初期，俄罗斯采取了一些救市措施，政府开始提高债券利率，央行也干预了外汇市场。在救市初期，俄罗斯就消耗掉了 140 亿美元的外汇和黄金储备。

1998 年 5 月，俄罗斯金融市场又开始出现动荡，俄罗斯卢布兑美元汇率急剧下跌，而此时，俄罗斯的外汇储备已经见底，央行无力干预外汇市场。一方面，俄罗斯央行主席谢尔盖·杜比宁试图坚定消费者的投资信心，对外宣称"卢布不会贬值"，并将再贴现率从 50% 提高到 150%；③ 另一方面，俄罗斯开始向国际组织寻求帮助。7 月 13 日，国际货币基金组织承诺会给俄罗斯 226 亿美元贷款，俄罗斯的股市出现短暂平稳。④ 但是，实际上，国际货币基金组织的大部分贷款被金融工业集团瓜分，或者通过资本投机逃至国外。

8 月初，投资者已经对俄罗斯市场失去信心，俄罗斯国内资金大量外逃，国际石油价格也暴跌了 33%，由于俄罗斯的外汇收入大部分来源于石油出口，因此，外币的资产端又进一步萎缩，此时，俄罗斯已经没有多余的金融资本来抵抗危机，弱化的货币主权导致政府无力稳定金融市场。8 月 17 日，俄罗斯央行宣布提高俄罗斯卢布"外汇走廊"上限，美元与俄

---

① В. И. 茹科夫．戈尔巴乔夫改革：社会政治经济后果与教训 [J]．俄罗斯学刊，2013 (3)：94.

② 江龙学、张曼．俄罗斯金融动荡原因的深层次分析及其启示 [J]．经济学动态，1998 (11)：71.

③ 叶灼新．俄罗斯金融危机初探 [J]．世界经济，1998 (11)：30.

④ 张红．论俄罗斯金融危机前后的证券市场 [J]．清华大学学报，2002 (1)：60.

罗斯卢布的兑换比率由 1 : 5.1~7 提高到 1 : 6~9.5，俄罗斯卢布急剧贬值。[①] 随后，政府也宣布暂停偿还 1999 年 12 月 31 日前的国有证券。随后，俄罗斯金融市场陷入了瘫痪，债券市场也停盘交易，银行也不再提供美元兑换业务。"8·17"声明后，半年内，俄罗斯银行资本损失高达 60% 左右，上市股票市值已从 1997 年的 1 000 多亿美元降至 1998 年 10 月的 50 亿美元。俄罗斯卢布兑美元的汇率从 6.2 : 1 跌至年底的 20 : 1。[②] 商业银行由 1996 年的 2 300 家骤减至 1 476 家。[③]

4.2 金融制度比较分析

货币主权包含一国一系列政策工具的有效性和自主性。因此，比较危机各国的金融制度，尤其是汇率制度与货币政策，对理解货币主权对发展中国家金融稳定的作用十分重要。经历了危机的发展中国家，其金融制度方面通常存在以下三个弊端。

4.2.1 僵化的固定汇率制度

固定汇率制度本身有利有弊，但在特定的政策组合中，汇率往往是最为脆弱的一环。汇率制度类型大体上分为固定汇率、浮动汇率和有管理的浮动汇率，钉住美元的汇率制度即属于固定汇率。一般而言，贸易依存度越高的国家，汇率变动对国家整体经济的冲击也将越大，为了在最大程度上稳定国内经济，贸易依存度越高的国家越倾向于实施钉住主要贸易伙伴货币的固定汇率制度。但固定汇率制度的缺点在于国内经济政策会受制于钉住国家的政策，锚货币升值则本国货币也需要跟随升值，不利于本国出口。

20 世纪 90 年代初，墨西哥实行稳定汇率的政策，使墨西哥比索与美

---

① 张肇中. 对俄罗斯两次金融危机的思考 [J]. 西伯利亚研究，2011（5）：35.
② 刘桂玲、雷震. 俄罗斯形式：回顾与展望 [J]. 现代国际关系，1999（1）：30.
③ 许新、郑新东. 俄罗斯金融体制的改革 [J]. 俄罗斯东欧中亚研究，2004（6）：33.

元的汇率基本稳定；阿根廷在 1991 年实施阿根廷比索与美元 1：1 挂钩的货币汇率制；巴西在 1999 年以前，实施钉住美元的汇率制度。同样，1984年的泰国作为出口型国家，即实行以美元为主、其他货币为辅的钉住一篮子货币汇率的联系汇率制，长期稳定在 25 泰铢兑 1 美元左右①。印度尼西亚、新加坡和韩国也均实行有管理的浮动汇率制度，基本上是钉住美元。俄罗斯也通过"外汇走廊"制度紧盯美元，危机爆发前夕，俄罗斯卢布兑美元保持在 6～7：1。

美联储提高美国利率以对抗通货膨胀，美元升值，为了保持与美元的固定比例，各国货币相应升值，然而贸易逆差和资本快速流出，导致固定汇率难以维系。1999 年 1 月 13 日，巴西正式宣布改革爬行钉住美元的汇率制度，扩大巴西雷亚尔对美元的浮动区间（即从 1.12～1.20 巴西雷亚尔兑 1 美元扩大到 1.22～1.32 巴西雷亚尔兑 1 美元），巴西雷亚尔随之急剧贬值，包括巴西在内的全球主要股市大幅下挫；相似地，2002 年 1 月 6日，阿根廷宣布放弃阿根廷比索与美元 1：1 挂钩的货币汇率制，阿根廷比索旋即贬值 40%。在东南亚国家中，1998 年泰铢随美元升值，泰铢升值削弱了泰国的出口增长，国际收支经常项目出现逆差。泰国央行外汇储备不足以承受游资沽空泰铢而在 1997 年 7 月 2 日转为浮动汇率制度，泰铢当日贬值近 17%。菲律宾比索和印度尼西亚盾也有相似的经历。汇率变化过程如图 4 - 6 和图 4 - 7 所示。

1995 年 7 月，为了应对国内严重的美元化问题，俄罗斯也采取了固定汇率制度。20 世纪 90 年代初，以自由化为核心的"休克疗法"诱发了俄罗斯国内严重的高通货膨胀，俄罗斯卢布严重贬值，为了规避俄罗斯卢布风险，投资者开始大量使用美元交易，俄罗斯国内开始出现大规模的美元化问题。1992 年，俄罗斯外币（美元）资产与货币总量的比率为 53.7%，外币资产与 M2 的比率高达 97%。② 为了稳定俄罗斯卢布币值，抑制通货

---

① 樊志刚. 东南亚金融危机的成因、影响及启示 [J]. 城市金融论坛，1997（12）：53 - 58.

② 高晓慧、陈柳钦. 俄罗斯金融制度研究 [M]. 北京：社会科学文献出版社，2005：320.

膨胀，1995 年 7 月，俄罗斯采取了"汇率走廊"制度，规定了美元和俄罗斯卢布的兑换界限。实施"汇率走廊"制度后，虽然通货膨胀得到了抑制，如表 4－1 所示，1997 年降低到 11%，俄罗斯卢布的币值也得到了稳定，美元兑俄罗斯卢布的汇率只上升了 1.1%，① 但是，从本质来看，俄罗斯卢布的坚挺是央行通过耗费大量外汇储备行政干预的结果。实际上，俄罗斯并不具备实行固定汇率制度的现实基础，一方面，俄罗斯社会生产进一步萎缩，与 1990 年相比，1991—1993 年，俄罗斯工业生产量总体减少了 37%。② 另一方面，俄罗斯对外贸易下滑，黄金储备不足，1998 年 7 月，俄罗斯黄金储备只剩下 480 吨，约合 46 亿美元，俄罗斯央行外币的资产端在急剧萎缩，而债务端却在不断扩大，危机一触即发。如表 4－2 所示，俄罗斯国家债务占国内生产总值的比例在不断扩大。

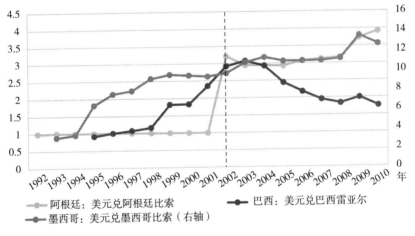

图 4－6　拉丁美洲危机：兑美元汇率

---

① 庄毓敏. 经济转型中的俄罗斯金融改革问题［M］. 北京：中国人民大学出版社，2001：106.

② 谢尔盖·格拉济耶夫. 俄罗斯改革教训——自由主义乌托邦的破产与创造"经济奇迹"之路［M］. 北京：中国社会科学出版社，2018：83.

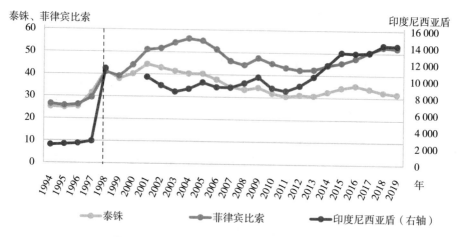

图 4 - 7　东南亚危机：美元兑当地货币汇率

表 4 - 1　　　　　　　　1991—1998 年俄罗斯通货膨胀率

年份	1991	1992	1993	1994	1995	1996	1997	1998
通货膨胀率（%）	60.1	2 508.8	840	214.8	131.6	21.8	11	84.5

数据来源：俄罗斯国家统计局，http：//www.gks.ru/。

表 4 - 2　　　　　　1994—1998 年国家债务占国内生产总值的比例①

指标	1994 年 1月1日	1995 年 1月1日	1996 年 1月1日	1997 年 1月1日	1998 年 1月1日
国家内债（%）	21.7	14.0	11.9	16.6	19.4
有价证券债务（%）	0.2	3.0	5.4	11.3	17.4
欠央行债务（%）	18.0	9.3	3.8	2.7	0
内债利息	0.6	2.6	2.4	4.8	3.7

　　在美联储货币紧缩周期里，各国货币都由于钉住美元而不断升值，形成和加剧经常账户逆差，最终外汇储备不足以维持原有汇率而放弃固定汇率制度，进而引起本币进一步波动贬值。可见，这几次金融危机的形成均与钉住美元的固定汇率制度有一定关系，而危机的表现形式也是以固定汇

---

　　① 王凤京．俄罗斯的金融自由化与金融危机：剖析与借鉴［M］．北京：经济科学出版社，2008：85.

率制度崩溃作为突破口，外汇储备无法维持固定汇率时本币大幅贬值，资本迅速逃窜，引发国内资本市场崩溃。

4.2.2 货币政策独立性的丧失

货币政策独立性受损意味着货币主权的受损。货币政策独立性是指本国的货币政策由国内经济周期决定，而不是受到其他国家的货币政策周期影响。这主要是针对实行固定汇率制的国家，因为在固定汇率制下，央行以汇率为货币政策实施的"锚"，货币发行的首要目标是保证汇率的稳定。开放经济条件下，汇率水平由外汇市场对本币的供需决定，由于资本具有逐利特征，国内外微小的利差就可能吸引大批国际游资进行套利，大量资本进出会引起国内股票市场、房地产市场等出现急剧增长形成泡沫和快速下跌泡沫破裂。而为了避免出现利差，一国央行只能保持国内利率等于世界利率，放弃通过货币政策调控国内经济的途径。当外资流入导致本币预期升值时，央行需要入市买入外币卖出本币，即央行资产负债表中资产端外汇储备增加，负债端基础货币增加，所以锚定汇率就相当于一国的货币发放由汇率决定，而不是由国内经济情况决定。可见，固定汇率制度＋资本市场开放＝失去货币政策独立性，也就是失去了货币主权中的重要一环，这也就是蒙代尔"三元悖论"理论在货币主权分析视角下最重要的体现。

按照标准的"三元悖论"分析框架，以上发生危机的国家均选择实施资本自由流动和固定汇率制度，相当于放弃了货币政策独立性，理论上是可行的政策组合，然而还是纷纷发生了金融危机，这是为何？货币主权的丧失、难以缓解外部冲击是其核心原因。在外部环境稳定的前提下，这样的政策组合可以稳定本国货币的币值，抑制通货膨胀。一旦外部环境发生变动，丧失了货币主权的国家将陷入难以挽回的被动局面。值得注意的是，拉丁美洲金融危机、东南亚金融危机和俄罗斯主权债务危机爆发的过程都有一个重要环节，即固定汇率制度瓦解，汇率危机或者称为货币危机成为金融危机爆发的第一个突破点。当资本账户不开放时，政府在国际金融市场和汇率之间设立了一道有效的防火墙，无论政府名义上宣布采取何种汇率制度，事实上它都将收敛于固定汇率制①。而当资本市场开放时，根据詹姆斯·米德的研究，固定汇率与资本自由流动之间存在"二元冲突"，资本自由流动会冲垮固定汇率制度，"一国实行固定汇率制度并开放资本市场，金融危机的发生是迟早的事"②。这也许可以作为几次危机发生的解释。维持固定汇率制度的基本条件是资本管制和外汇管制以控制资本流动，或是拥有充裕的国际储备。在1998年亚洲金融危机中，之所以中国香港可以战胜投机者，重要原因就是其拥有足够的外汇储备以做多港元，而其他被狙击的国家由于美元储备不足，只能放弃固定汇率制度，于是爆发货币危机。如图4-8所示，泰国在1998年危机之前出现大幅的外汇储备下降，导致本币被做空时没有足够的外汇储备进行干预；巴西则是在1982年和1990年拉丁美洲债务危机之前都出现大幅储备下降；而俄罗斯经历了前两轮救市后外汇储备和黄金储备已经见底，1998年7月第三次冲击来临时，俄罗斯只剩下480吨黄金储备，约合46亿美元，已经无力应对危机。

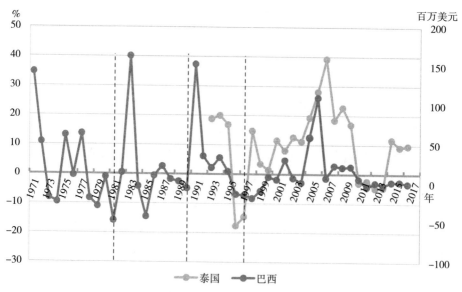

图4-8 外汇储备增长率

---

① 易纲. 汇率制度的选择 [J]. 金融研究, 2000 (9): 46-52.
② 姜波克. 国际金融新编 [M]. 上海: 复旦大学出版社, 2012: 36.

除由于一国外汇储备不足导致固定汇率制度崩溃引发资本逃窜外，几次金融危机的发生还有一个共同的外因，即美元加息。美元是国际主要的贸易结算货币、储备货币和"锚"货币，是全球流动性的"总阀门"。当美国货币政策走向宽松时，容易引发各地区的资产泡沫或过度负债；当美国货币政策由宽松转向紧缩时，将带动利率走高、美元指数走强，引发国际资本回流美国本土，导致全球资金面紧张和利率水平上升，多次在世界经济链条上相对脆弱的环节引爆金融危机。从拉丁美洲债务危机、东南亚金融危机到俄罗斯金融危机，美国加息均起到了重要作用。而影响美国货币政策调整的主要因素是美国国内增长、就业和物价，进而决定着利率和汇率水平，但是美国与世界其他地区经常出现经济增长和物价走势的不一致性，导致了货币政策调整的非对称性。

如图4-9所示，1981年联邦基金利率达到最高点——墨西哥债务危机开始，1989年利率顶点——巴西债务危机，1998年东南亚金融危机和俄罗斯金融危机也发生在美元上行期间。具体来看，在拉丁美洲危机中，拉丁美洲国家之所以能够获得高债务，主要是由于美联储在20世纪70年代实施宽松的货币政策。1971年全年美国联邦目标基金利率维持在3.5%左右的水平，1972年升至5.5%，第一次石油危机（1973年）过后的1976年和1977年两年回落至4.75%左右的水平。宽松的货币环境导致欧美商业银行加大了对拉丁美洲地区的放贷规模。然而，第二次石油危机后（1978年），美国经济陷入滞胀，为了抑制停滞性通货膨胀，时任美联储主席沃尔克在1979年决定将联邦基金利率提升到19%，此举导致大量资金流出拉丁美洲地区，拉丁美洲国际收支恶化，拉丁美洲债务危机拉开序幕。同样，第三次石油危机时期（1990年），美元走弱使大量国际资本流入南亚地区，促成资产泡沫，20世纪90年代中期美国经济复苏，美联储主席格林斯潘提高利率以防止美国通货膨胀，美元走强，钉住美元的东南亚国家货币和俄罗斯卢布都出现了升值，出口竞争力削弱，经常项账户加速恶化。例如，实施固定汇率制度后，俄罗斯出口的增长速度由1995年的

20%下降到1996年的8%，1997年甚至出现了第一次负增长。①

可见，钉住美元汇率同时实施资本自由流动的国家放弃了国内货币政策独立性，最终由于其经济发展阶段与美国不同、经济周期不一致，导致美国实施货币政策时对国内造成了负面溢出。

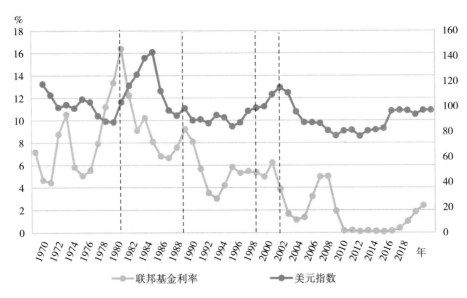

图4-9　美国货币政策周期

4.2.3　过快的金融自由化进程

过快的金融自由化，往往是因为货币主权受到外部干预，导致国内无法自主选择金融改革的道路。从20世纪80年代开始，随着金融发展论和金融深化论逐渐流行，许多国家其中也包括许多发展中国家都出现金融自由化趋势，主要表现在放松对金融机构的管制、金融机构的跨国化，以及金融资本迅速在全球范围内重新配置的高流动性②。发展中国家金融深化

---

① 朱显平、邹向阳. 转轨时期的俄罗斯金融市场研究——区域经济干预理论的实践［M］. 长春：吉林人民出版社，2006：148.

② 于同申. 发展经济学：新世纪经济发展的理论与政策［M］. 北京：中国人民大学出版社，2009：24.

过程中，政府干预微观金融的能力在弱化，然而市场约束能力并未同步强化，本身金融即具有脆弱性，过快的金融自由化为金融危机的发生埋下了种子。

拉丁美洲有过两次引人注目的金融自由化，第一次始于 20 世纪 70 年代中期，主要是在智利、乌拉圭等少数几个南锥体国家，措施是利率市场化、取消定向贷款和降低银行储备金比率等，但在 80 年代初债务危机爆发后逐渐趋于停顿；第二次始于 80 年代末，90 年代上半期达到高潮，整个拉丁美洲地区大部分国家都实施金融自由化，主要措施是对国有银行实施私有化、积极引进外国银行的参与、加强中央银行的独立性。金融自由化在一段时期内促进了金融业的发展，银行向私人部门提供的贷款显著增加，资本市场得到了较快发展。

但是，拉丁美洲国家的金融监管却没能跟上金融自由化的进程。第一，银行系统，在实施的过程中逐步颁布法规，这一时间顺序上的错位以及各种法规在实施过程中的"打折扣"，使银行体系在金融自由化的过程中出现了多方面的问题，最终导致银行危机爆发。1994 年金融危机爆发前的 5 年时间内，银行发放给私人部门的贷款相当于 GDP 的比重从不足 10% 扩大到 40%。美国所罗门兄弟公司估计，1991—1994 年，墨西哥各类银行放贷额的增长幅度比同期 GDP 的增长幅度高出 9.6 倍[①]。而 2002 年阿根廷危机期间，如图 4 - 10 所示银行不良贷款率高达 18%。第二，资本自由流动，作为全面实行金融自由化的国家，阿根廷在金融监管能力跟上自由化步伐之前就允许资本自由流动，而且在银行私有化过程中，外资控制了商业银行总资产的近 70%（在 10 大私有银行中，7 家为外资独资，2 家为外资控股）。从某种意义上说，过快的金融自由化和滞后的金融监管使阿根廷丧失了对金融必要的国家控制力，从而无法对转型期的金融改革和宏观经济稳定保持必要的驾驭能力。

20 世纪 80 年代，亚洲国家意识到其相对的金融抑制并加速了金融体

---

① 江时学. 论拉美国家的金融自由化 [J]. 拉丁美洲研究，2003（2）：1 - 8.

制改革，进行了政府主导型体制让位于市场主导型体制的重大转轨，主要表现是利率自由化、市场自由化和监管改革。例如，印度尼西亚 1988 年放宽对执照和分支机构设置限制并取消对私人银行限制、1989 年基本达到利率自由化，泰国在 1989 年取消存款利率限制，马来西亚 1991 年基本完成利率自由化，韩国 1990 年允许外资银行从事大额 CD 业务并于 1991 年取消外币存款限制①。

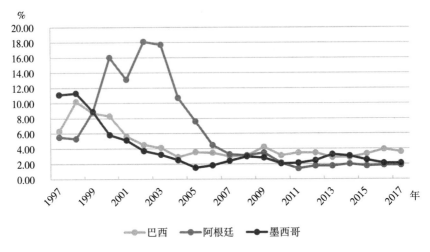

图 4 - 10　拉丁美洲危机：不良贷款率

东南亚金融自由化产生了许多后果。第一，这些改革使国际资本能够在东亚新兴资本市场自由流动，根据 IMF 1995 年的报告，1985—1993 年，注入东亚的证券资本增长了 10 倍，其中韩国和泰国增长了 11 ~ 20 倍；第二，东亚 20 世纪 80 年代末开始的金融衍生化和金融市场自由化尝试则使该地区有组织的金融衍生品交易合同由 1987 年的 1 400 万美元增加到了 1994 年的 13 190 万美元，为国际游资提供了足够击溃现汇市场的杠杆工具；第三，放开利率管制但仍然存在国家隐性担保，企业和金融机构无节制过度借贷，信贷激增的结果是巨额贷款损失和随之而来的银行资产负债

① 钟伟. 从亚洲金融危机看当代国际金融体系的内在脆弱性 [J]. 北京师范大学学报（社会科学版），1998（5）：60 - 64.

状况的恶化，韩国、泰国和印度尼西亚存在 800 亿～1 200 亿美元的私人部门的外债缺口，东亚国家未偿还贷款占总贷款的比例上升到 15% 甚至35%，如图 4 - 11 所示，泰国 1998 年的商业银行不良贷款率高达42.9%。① 弗雷德里克·米什金认为，银行资产负债状况的恶化是使这些国家陷入金融危机的关键因素。②

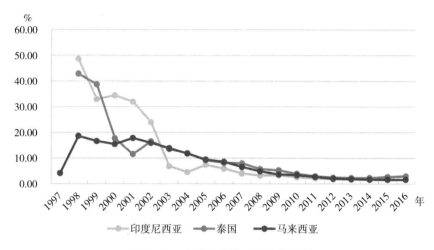

图 4 - 11 东南亚危机：不良贷款率

而苏联末期和叶利钦时期，过快的自由化和私有化改革产生了严重的经济后果。戈尔巴乔夫改革打破了原有的计划经济体制，却没有建立起健全的市场经济体制，突然被推向市场的企业和商业银行出现了不适。在企业私有化改革中，由于苏联时期长期推行国有经济，市场缺乏私人资本，为了筹措资本，政府采取了"贷款换股权"的融资方式。但是，在实施过程中，国有资本被严重低估，金融集团以此大规模瓜分国有资产，并滋生出了大量金融工业集团。银行私有化后，政府不再为企业提供融资方式，而刚成立的商业银行很多被金融工业集团控制，再加上俄罗斯较低的居民

---

① Goldstein M. , "The Asian financial crisis：causes, cures, and systemic implications". *Canadian Public Policy*, Vol. 26, No. 4, 1998, p. 502.

② 弗雷德里克·米什金. 亚洲金融危机的教训及政策启示 [J]. 国际经济评论, 1999（Z5）：21 - 25.

储蓄率，银行成了金融工业集团资金外逃，甚至是逃税的工具，并没有起到将资金转化为社会投资的中介作用。而金融工业集团利用在政府、央行和工业集团的特殊关系，扮演了投机者的角色，集聚了大量的国有和社会资产，并使之外逃。到 1996 年底，俄罗斯 2% 的非常富裕人口掌握了 53% 的社会现金储蓄，5% 的富裕和非常富裕家庭掌握了 73% 的社会现金储蓄。[①] 即使是 1998 年国际货币基金组织营救俄罗斯的援助，大部分也落入了金融工业集团手中。

私有化改革使社会财富积累在少数人手中，社会财产分配不均匀，而自由化则直接诱发了严重的通货膨胀。苏联末期，社会生产进一步萎缩，商品市场处于供不应求的状态，1992 年，实行价格自由化后，工业原材料品和商品价格飞速上涨。1992 年 8 月，与 1991 年同期相比，批发和零售价格上涨指数分别为 2 900% 和 1 240%，如表 4 - 1 所示。[②] 高通货膨胀下，企业生产成本也随之提高，产品竞争力下降，企业出现了严重的资金周转困难，急需向银行借贷，而刚刚建立的商业银行资金规模较小，社会储蓄率极低，本身也存在大量不良债务，无法为企业提供所需贷款。与此同时，俄罗斯政府为缓解严重的财政赤字，发放了大量高利率政府债券，1995 年甚至高达 168%。[③] 此外，苏联解体后遗留了大量外债，如表 4 - 3 所示，俄罗斯政府刚刚成立时，苏联遗留的外债已经是当时 GDP 的 10% 左右，而且按照协议，俄罗斯需要在 1991 年 12 月至 1995 年 1 月底前还清外债。[④] 在这种情况下，俄罗斯中央银行既不能看着企业破产，也不能看着政府倒闭，只能加大货币供应量，从而导致了严重的通货膨胀，1992 年，俄罗斯的通货膨胀率高达 2 508.8%。而自由化带来的高通货膨胀则在

① 庄毓敏. 经济转型中的金融改革问题 [M]. 北京：中国人民大学出版社，2001 (4)：36.
② 朱显平、邹向阳. 转轨时期的俄罗斯金融市场研究——区域经济干预理论的实践 [M]. 长春：吉林人民出版社，2006 (5)：37.
③ 王志远. 金融转型——俄罗斯及中东欧国家的逻辑与现实 [M]. 北京：社会科学文献出版社，2013：129.
④ 王志远. 金融转型——俄罗斯及中东欧国家的逻辑与现实 [M]. 北京：社会科学文献出版社，2013：129.

很大程度上掏空了居民和企业积累，居民劳动储蓄被充公，工资降低了3倍，养老金也大幅降低，工业生产和建设规模减少了50%，而机械制造和居民日常生活用品投资甚至减少了80%～90%，银行的融资能力也遭到削弱。①

表4－3　　　　　　　　　　　苏联外债规模②

年份	1985	1989	1990	1991
债务总额（亿美元）	290	545	611	653

从东南亚危机、拉丁美洲危机和俄罗斯主权债务危机来看，虽然背后原因有银行危机和债务危机等，但爆发点通常以货币危机的形式呈现，呈现外汇储备急剧下降、货币大幅贬值、资本加速外逃的现象，而国家丧失货币主权，难以使用政策工具对这些现象进行控制，成为系统性金融危机爆发的根本原因。与发达国家货币危机扩散和危害程度较小的情况不同，新兴市场的货币危机通常会迅速地不断蔓延到银行、企业和整个经济领域，问题就在于发展中国家金融体系尚未完善，过快的金融自由化只会加剧金融体系的脆弱性。③ 金融自由化进程过快使得东南亚国家金融市场产生泡沫、拉丁美洲国家债台高筑、俄罗斯严重通货膨胀，监管不严导致银行贷款质量较低，开放的资本市场使国际资本可以迅速进出资本市场，这些都给金融危机埋下伏笔。随着固定汇率转向浮动汇率，本币汇率大幅贬值爆发货币危机，投资者信心崩溃，国际游资逃离，国内资本市场迅速被抽空，货币危机和债务危机全面升级为金融危机。总之，同为新兴市场国家，拉丁美洲金融危机、东南亚金融危机以及俄罗斯金融危机有很多共性因素，三次危机的市场主体都采用固定汇率制度，紧盯美元，本国货币政策受美元影响较大，不能按照本国经济发展状况制定独立的货币政策，而

---

① 谢尔盖·格拉济耶夫. 俄罗斯改革教训——自由主义乌托邦的破产与创造"经济奇迹"之路 [M]. 北京：中国社会科学出版社，2018：20－22.

② 庄毓敏. 经济转型中的金融改革问题 [M]. 北京：中国人民大学出版社，2001：36.

③ 李东荣. 浅析新兴市场经济体金融危机的成因和防范——从东亚和拉丁美洲金融危机引发的思考 [J]. 金融研究，2003（5）：55－64.

实施金融自由化则为国际资本利用固定汇率制度进行金融投机提供了可能。这些新兴市场经济体的金融体系发展不健全，相对比较脆弱，一旦其中一个环节出现问题，都将会通过连锁反应逐渐演变成危机。

但是，三者也有各自的特点，拉丁美洲危机深化的原因在于国有企业私有化；东南亚危机深化的原因在于银行系统风险；俄罗斯危机深化的原因则在于政府陷入了恶性债务循环。

危机发生后，为了获得 IMF 贷款，拉丁美洲国家接受了在本国实施新自由主义政策的条件，出让部分货币主权，而这却成为拉丁美洲国家长期危机不断爆发、增长陷入"中等收入陷阱"的根源。新自由主义实质即"三化"：国有企业私有化、贸易和资本的自由化、经济上的殖民化。面对巨额债务偿还压力，拉丁美洲国家实施了一系列的财政紧缩计划，措施包括削减公共开支、推行国有企业私有化等。据世界银行投资顾问杰弗·托雷斯的估算：从 1990 年至 1997 年 8 年里转让给私人企业的公共资产共有 1 200 亿美元①。国有资产大量被贱卖造成国家财产损失，国有资产低价出售的资金也不足以偿还外债和弥补赤字，同时失去可支配资产的国家失去了抵御金融风暴的能力，例如阿根廷几乎卖光了战略性行业、自然垄断行业的国有企业②。这导致实体经济逐渐衰落，经济增长陷入停滞。

东亚金融危机主要表现在货币危机和随之而来的外债危机，而这两大病症都可追溯到这些国家早已潜伏的货币主权危机。商业银行信贷是东亚国家主要的融资渠道，然而东亚各国银行资产负债表上存在大量的不良资产，这使得银行体系有很大的脆弱性。在发生货币危机时，外国投资者担心银行资产缩水、不良资产增多导致资不抵债破产故撤回资本，导致危机进一步恶化。③ 为何银行会存在大量不良资产？一方面是新兴国家银行监管法规不全，对于银行资本充足情况、坏账情况的监管不及时不准确；另

---

① 詹武. 新自由主义是怎样给拉美人民带来灾难的 [J]. 当代思潮，2003 (2)：35 – 48.

② 杨忻仁. 如何避免像拉美国家一样陷入"中等收入陷阱" [J]. 黑龙江社会科学，2014 (2)：66 – 69.

③ 胡祖六. 东亚的银行体系与金融危机 [J]. 国际经济评论，1998 (Z3)：9 – 13.

一方面，政府实施产业政策，行政干预商业银行对重点扶持产业放贷，政府的隐形担保使得商业银行贷款质量低下、不良资产比例上升。作为主要的金融中介机构，东南亚的商业银行没能有效地配置国内外储蓄，催生资本市场泡沫，才使得国际游资的狙击严重影响到东亚各国的经济增长。这对中国金融体系改革有着莫大的借鉴意义。①

　　与东南亚国家类似的是，俄罗斯金融危机最直接的表现也是货币危机和债务危机，而发展战略的失误导致了其国内货币主权受损。1998 年 8 月 17 日，俄罗斯央行宣布打破"外汇走廊"上限，俄罗斯卢布加速贬值。与此同时，政府也宣布了违约，暂停偿还短期政府债券。"休克疗法"实施以后，俄罗斯政府的财政面临着"先天贫血""后天造血不足"以及"失血过多"的尴尬局面。具体来说，苏联解体后遗留的大量外债造成俄罗斯财政"先天贫血"。自由化和私有化改革后，投机分子利用市场监管不力，以及不稳定的汇率进行投机活动，市场上的资本并没有流入到社会生产中。私有化改革后，企业无法从政府获得贷款，受长达千年的村社米尔文化和土地平均分配精神的影响，俄罗斯居民又不擅长储蓄，银行无法从社会获取足够的资金，因此无法为企业提供充足的贷款，企业资金出现断流，无法更新生产设备和采购原材料，社会生产进一步萎缩，税收的基础进一步减少，政府财政出现"后天造血不足"的状况。与此同时，受传统文化中"尚武"精神的影响，俄罗斯将安全视为国家首要任务，大量财政收入被投入到经济效益非常低的军工部门，造成了国家财政"失血过多"。为了不让政府破产，俄罗斯央行不得不加大货币供应量，俄罗斯政府也大量发放高利率的政府债券，最终政府陷入了恶性债务循环，最后不得不宣布违约。

　　三次新兴发展中国家的金融危机对中国发展均具有启示意义。货币主权的弱化甚至丧失，是导致系统性金融危机爆发的根本原因。彼时危机国家均处于经济转轨时期，失去金融稳定的环境，宏观经济增长在很长一段

---

①　谌新民. 东南亚与墨西哥金融风波的比较研究 [J]. 世界经济，1998（12）：40 – 42.

时间内陷入停滞。目前，中国同样处于国家经济转型时期，如何把控好防范金融危机的底线，有必要对过往的危机进行反思和总结。具体来看，首先，金融市场化改革要有节奏地进行，尤其是金融市场对外开放程度要在可控范围内，不能将货币主权作为附加条件进行出让，宏观金融部门要拥有足够的手段来防范外部冲击，如完善的监管规则和充足的外汇储备资产；其次，中国不能放弃国有企业在战略性行业的主导地位，在某些特定领域不能一味地实施私有化和市场化，尤其是当中美竞争已经迈入高科技领域，产业政策对于中国是否能够实现弯道超车起到关键作用。总之，大国发展过程中问题多而复杂，货币主权是金融系统的根基，发挥好金融对实体经济的促进作用，中国既要以史为鉴，又要结合本国国情进行创新。

第二篇

防范金融危机与货币主权

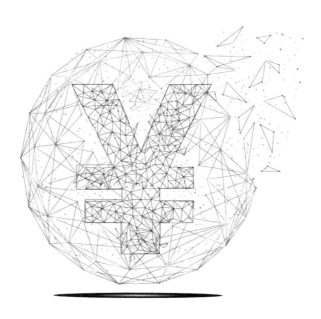

5　危机防范：货币主权何为

过去 40 年，中国改革开放取得了巨大成就，经济实现高速增长，并且正在向高质量增长转变。为了更好地服务中国经济转型、改善民生，中国金融改革也面临着进一步扩大对外开放的关键时刻。自习近平总书记在博鳌亚洲论坛 2018 年年会开幕式上强调将进一步扩大对外开放、中国人民银行行长易纲公布新一轮金融开放的时间表以来，各项金融开放措施加快落地，但金融开放的同时还要注意防范风险。本章的主要内容就是强调强化货币主权对中国防范金融危机的重要性。本章首先以前文论述的三次发展中国家金融危机作为反面案例，说明货币主权缺失可能带来的严重后果及其作用机理，而后从国际上的成功经验与中国自身的发展历程出发，论述了在当下这个关键阶段强化中国货币主权的现实意义，最后从国际货币市场的角度提出了强化人民币主权、推动人民币国际化对于构建新型国际货币体系的积极作用。

5.1　货币主权与金融危机

货币主权意味着一个国家货币政策和金融制度的高度自主性。拥有货币主权的中央银行可以以自己的权威性作为后盾发行法定货币①，而货币的国际化则有助于货币主权的加强。货币国际化，是指一种货币突破国别界限，在国际贸易和国际资本流动中行使交易媒介、价值尺度和贮藏手段

---

① 于同申. 发展经济学：新世纪经济发展的理论与政策［M］. 北京：中国人民大学出版社，2009：67.

等职能[①]，这种状态下的货币往往被称为国际货币。当一种国际货币被各国普遍认可而作为一般等价物时，这种货币就可以成为世界货币，例如金本位制下的黄金，以及布雷顿森林体系下的美元。当一国的货币成为世界货币，该国便可以通过一系列独特的政策工具来抵御金融危机，缓解金融危机带来的实体经济衰退风险。以美国为例，2008 年国际金融危机后美联储大规模扩表，通过三轮货币量化宽松政策重振美国经济。而一些发展中国家由于各种原因，在经济发展的过程中选择了使用世界货币作为主要流通货币，而较少使用本国货币，同时迫于国内经济压力或外部的政治经济干预，选择放弃对于货币和资本市场的部分自主权，因而导致本国的货币主权受损，比如 20 世纪 80 年代阿根廷为了获取国际货币基金组织（IMF）的资金援助，被迫接受了实行紧缩性货币政策以及大幅对外开放金融体系等附加条件。在特定的金融制度和国际形势下，货币主权的丧失将会引发严重的、系统性的金融危机，造成难以挽回的经济后果。例如拉丁美洲国家的债务危机，导致各国 GDP 出现大幅负增长，经济遭受重创。

拥有货币主权的国家还能够自主决定货币调控和金融改革发展的自主权。从不同角度理解货币主权，有助于我们进行分析。在基础货币的发行方面，货币主权体现为自主选择货币发行方式的权利，具体选择何种发行方式则服从于国家经济金融整体利益[②]；在开放经济条件下，货币主权体现为一国可以自主决定本国货币价格的决定机制，即可以决定本国的汇率制度[③④]；在宏观监管方面，货币主权则体现为国家金融部门政策的控制力和执行力。在这样的视角下，货币主权旁落可以理解为一国迫于他国或国际组织的压力，被迫出让一部分货币发行、货币制度选择等权利的情形。

① 陈雨露、王芳、杨明. 作为国家竞争战略的货币国际化：美元的经验证据——兼论人民币的国际化问题 [J]. 经济研究，2005（2）：35 – 44.

② 中国人民银行办公厅党总支理论学习中心组. 货币主权论探析 [J]. 中国金融，2019（5）：15 – 16.

③ Obstfeld M, Taylor S A M, "Monetary Sovereignty, Exchange Rates, and Capital Controls: The Trilemma in the Interwar Period." *IMF Economic Review*, 2004, 51（1 Supplement）: p. 75 – 108.

④ 于同申. 经济全球化与发展中国家的货币主权 [J]. 中国人民大学学报，1999（13）：49 – 54.

例如在东南亚危机中，泰国、马来西亚等国家迫于国际资本恶意沽空本币而放弃固定汇率、过快地开放金融市场，货币主权进一步弱化，引致本国货币大幅贬值，货币体系和资本市场全面崩盘。

货币主权的弱化甚至丧失，从两个方面对发展中国家金融危机的爆发起到关键的作用。关于拉丁美洲和东南亚发展中国家在20世纪末爆发的三次危机，前文已经进行过详细的描述与分析，故在此不再赘述，本章主要进行一般性的总结和归因，强调强化货币主权对于发展中国家抵御金融危机的重要性。

一方面，货币主权的弱化或丧失意味着对金融改革发展道路丧失了自主权，而一般情况下这意味着金融自由化进程在国内的强行推进。对于已经经历了金融深化、形成了开放的金融市场的发达国家来说，金融改革对于金融自由化的边际影响已经不大，但对于长期存在所谓"金融抑制"的发展中国家来说，丧失对金融自由化进程的控制力可能意味着严重的经济后果。超越本国经济和金融发展阶段的"盲目自由化"是许多研究试图证明的导致发展中国家金融危机的制度性诱因。以拉丁美洲和东南亚国家的债务危机为例，东南亚危机和拉丁美洲危机的爆发有着相似的背景：僵化的汇率制度和汇率政策、失衡的国际收支、严重不足又缺乏控制力的外汇储备、问题重重的金融机构、不合时宜的货币控制以及国内宏观政策的不协调等。但总结其根本原因有两点：一是金融自由化进程与金融体系的发展阶段不协调，二是金融自由化进程与总体经济的发展阶段不协调。这些均是发展中国家政府对金融发展缺乏控制力、货币主权弱化的表现。前者的主要表现为：金融自由化进程在金融深度的绝对量和相对进展上都超过了其能够承载的限度，导致资本项目的过早开放和本国金融机构的过度风险承担，最终危及金融体系的安全性。后者的主要表现为：金融自由化进程中的金融制度和货币政策安排（典型的如汇率制度和汇率政策）未能很好地与本国的产业政策相协调，放大了金融波动对实体经济的冲击。

任何国家的货币金融体系都是服务于其实体经济的发展的，因此任何国家都需要根据自身在特定阶段的经济增长方式建立起相匹配的金融体系。发展中国家丧失货币主权后，在西方"放松管制、解放抑制的金融业就能解决一切问题"的信条下，脱离国情与发展阶段、不施加必要约束条件地在金融行业推进新自由主义改革，造成了严重的后果。拉丁美洲国家的长期"进口替代"型工业发展战略导致本国产业在国际市场上缺乏竞争力，而过早的金融深化以及固定汇率政策则进一步加剧了这种情况，本国产业进一步"空心化"；而东亚国家普遍存在的多重政策目标的内在矛盾在资本项目开放期尤为严重。一国无法自主地、正确地决定金融开放程度和自由化进程，即表明其货币主权受到侵蚀，无法应对外部环境变化风险，导致金融危机爆发。总体而言，为了确保开放和发展双重背景下的金融稳定，发展中国家既需要保持适度的国家控制权，也需要保持必要的国家控制力，并在此基础上采取渐进的金融自由化和审慎的全球化策略，防止超越发展阶段的"匹配失衡"和国家金融控制力衰微导致的风险失控。

另一方面，货币主权的弱化或丧失意味着本国丧失了作为宏观调控手段的货币政策工具，而后者意味着国家难以通过其中央银行的公开市场操作来稳定本国的货币体系。在开放宏观经济学理论中，"不可能三角"（impossible triangle）是一个重要的推论，其主要内容是，对于一个经济体来说，固定汇率、资本的自由流动与货币政策的独立性这三个政策目标之中，最多只能实现其中两个。20 世纪 90 年代，东南亚和拉丁美洲多数发展中国家选择实行固定汇率制，主要目的是降低汇率波动的风险，达到消除因本国货币币值变动引起通货膨胀或紧缩的可能性。同时，在国外干预和国内新自由主义改革的背景下，许多国家选择进行金融自由化改革，一方面迎合国际组织援助的附加条件，另一方面试图通过发展金融行业、引入外国资本刺激国内经济发展。然而这样的政策组合导致了货币政策的失效，后者导致了严重的经济后果。高通货膨胀得到抑制的同时，僵化的固定汇率导致了这些国家货币价值被高估，出口产品竞争力下降，经常项目持续恶化，而固定汇率使当局无法通过变动汇率来促进产品出口以改善经常项目赤字的状况，外债规模迅速扩大。① 而除了前述的诸多弊端，不合时宜的金融自由化也吸引了大量投机性的外国资本，资产证券化曾经短暂地促进了这些国家的经济发展，但当国际货币走强时，大量资本外流使这些国家深陷难以偿还巨额外债的流动性危机之中。因此，当一国错误地设定了自身的政策目标，丧失了独立的货币政策时，就表明其货币主权缺失，无法通过货币政策缓解流动性压力，导致金融危机爆发。

因此，货币主权的丧失是近年来发展中国家爆发金融危机的核心原因。无论是固定汇率的政策，还是金融自由化改革，仅作为国家的政策选择时都是有利有弊的，但货币主权的丧失将放大这些弊端，引发系统性的金融风险。陈雨露和马勇（2008）认为，在经济转型和金融发展长期滞后的双重约束条件下，面临加速开放的经济体，出于稳定的需要，保持适度的国家控制力对于金融稳定和经济安全是非常必要的。在金融自由化过程中，利率市场化、机构准入自由化、金融业务自由化、资本账户开放等都将成为金融改革的"既定参数"，但"追赶型"经济体面临的现实又往往是：多年来积累的庞大金融风险尚需消化，接踵而至的是不得不以开放的姿态直面跨国金融机构的竞争；而刚刚发展起来的金融市场，无论是从容量、深度或者广度而言，都远未达到全面开放的基本要求。在这种情况下，金融业加速开放面临的宏观金融和经济风险是巨大的。因此，国家应该利用既有的资源优势，对金融开放进程有所把握，在维持金融稳定和经济安全方面具有预见性和主动性能力。②

5.2　货币主权与中国经济增长

作为世界上最大的发展中国家，中国目前正处于从中等收入国家跨越

---

① 吴婷婷、高静. 自由化改革、金融开放与金融危机——来自阿根廷的教训及启示 [J]. 拉丁美洲研究，2015（5）：55 – 63.
② 陈雨露、马勇. 中国金融业混业经营中的开放保护与国家控制 [J]. 财贸经济，2008（3）：5 – 10.

到高收入国家的关键时期,一边是国内经济金融改革,另一边是对外开放,要顺利跨越中等收入陷阱、迈入小康社会,防范金融风险、预防金融危机是实现跨越式发展的关键,维护金融安全是关系到经济社会发展全局的战略性、根本性大事。在金融业加速开放的过程中,为确保宏观金融风险可控,中国应从战略上保持适度的国家控制力,把握好金融改革和开放的节奏,加强自身货币主权,以提高维持金融稳定和保证经济安全的能力。[①]

中国过去的金融政策基本符合国家发展利益导向,而且货币主权在不断加强。从货币发行方式来看,中国自主选择基础货币投放方式的能力越来越强。虽然由于长期贸易顺差导致中国央行被动投放基础货币的情况时有出现,但中国人民银行通过提高存款准备金率、发行央票等方式,冻结或回收了一部分被动投放的人民币基础货币,使得货币信贷增长与本国经济发展需要基本适应。并且随着利率市场化改革推进,中国货币政策调控框架也逐步由以数量型为主转向以价格型为主。从汇率制度来看,过去为了不损伤国内企业出口,央行通过吞吐货币实现了人民汇率主动、渐进、可控的升值,并根据国内改革和发展的需要,逐步实现了人民币汇率的市场化。在对外开放方面,中国自 2001 年加入世贸组织,经常账户项目开放并积累大量顺差,使得净出口成为经济增长"四驾马车"中的主要动力,经济增长的同时积累了大量可控的外汇储备。为了给国内金融体系发展争取时间,中国设立离岸人民币市场,创立沪港通、沪伦通等通道式外资投资渠道,保证了国内金融体系不发生危机。

然而,长期大量以美元作为储备货币也使得中国国家利益受到一定的损害。从独立的货币发行体系视角来看,货币主权的核心标志是一国央行的资产负债表的资产端与负债端都实现本币化。中国中央银行资产负债表中资产端美元化程度依然很高,尚未完全摆脱美元桎梏。目前中国外汇储

---

① 陈雨露、马勇. 金融自由化、国家控制力与发展中国家的金融危机 [J]. 中国人民大学学报,2009 (23):45 – 52.

备 3.12 万亿美元（2019 年 6 月），其中美元占比由 1995 年的 79% 下降至 2014 年的 58%。以美元为主的储备货币使得中国面临着铸币税风险和通货膨胀风险，面临资源配置受到美国影响的风险，并使中国的经济利益向美国单方面转移。在全球经济下行压力增大，各国央行普遍降息的"负利率"时代下，美元实际利率为负导致中国外汇储备投资收益受损，据测算，仅可测性通货膨胀风险就已经导致 2008 年中国外汇储备缩水 366.6 亿元。[①] 为了更好地保护中国的经济利益，免遭美国政策风险对中国国家财富的侵蚀，有必要进一步强化中国自身的货币主权，实现央行资产配置的多元化。

借鉴发达国家加强自身货币主权的经验，吸取发展中国家在发展过程中的教训很有必要。19 世纪中下叶，中日两国曾经面临过同样的挑战和危机，曾经具有相似文化背景的中日两国作出了不同的反应，尤其是对近代货币主权的不同实践，这导致了两国在 19 世纪后期发生了分流。总体来说，日本作出了从出口导向型经济向内需主导型经济的战略调整，逐步摆脱经济发展对于黄金和美元等国际货币的依赖。20 世纪 80 年代分别经历了"广场协议"的签订与泡沫经济的破灭，进入了所谓的"失去的十年"，而货币主权从完整到弱化到再次加强，是理解日本经济迅速复苏的关键因素。面对 1991 年泡沫消失后带来的通货紧缩，日本政府和银行采取了发展基建、量化宽松与日元国际化三种措施。同时，日本政府希望通过增强中央银行的独立性和透明度，重新获得国内和国际市场参与者的信心，以此作为日本政府在恢复金融和经济活力方面接受国际标准的证据。在独立性更强的日本央行的政策指导之下，日本在泡沫经济破裂后的 30 年里虽然经济增速较低，经历了经济衰退的阵痛，却也成功管控了金融风险，并未遭受到大规模金融危机的打击，金融行业保持了相对稳定，没有发生系统性的金融危机。"二战"后，日本经济以对美出口为导向，以赚取美元为目

---

① 刘群、赵登峰、陈勇. 论主权货币充当储备货币的风险 [J]. 中国人民大学学报，2011 (25)：93–99.

标，逐步实现了经济的高速增长。最终，"广场协议"的签署说明日本无法独立自主地决定日元的汇率，也印证了日本货币主权的缺失。在通过持有美国国债实现美元资金回流和在美元世界取得债权国地位两件事上，中国与日本当年的选择如出一辙。

与日本相似，欧洲的发展历程也经历了从出口导向向内外需"双轮驱动"的转变过程，也同样经历了危机的阵痛。随着布雷顿森林体系的瓦解，美元霸权地位的削弱，欧洲共同体对于经济一体化的需求也日益迫切，而建立独立的共同货币体系则是共同体内部博弈的结果。回顾欧元和欧元区 20 年发展历程，我们可以发现，欧元区既没有发生严重的资产价格泡沫，也没有引发系统性金融危机，欧元的币值长期保持相对稳定水平。欧元背后的一套完善且独立的主权货币发行机制是这一现象的根本原因。尽管欧元是一种通过部分让渡国家货币主权而存在的"超主权货币"，但欧元对于欧元区来说却是一种"主权货币"，这既体现在其独立的货币和发行机制上，也体现在欧洲金融改革的自主性上。欧元的独立性主要表现为其发行机制和管理机构的独立性，其在执行货币政策工具以及拟订货币政策目标方面具有较高的独立性，使用利率和汇率工具维持区域内金融市场的稳定。

对于那些加速开放的经济体而言，通过适度的国家金融控制，在确保金融稳定的前提下促进金融效率并对开放进程进行适当把握和控制，不仅有助于金融效率的实现，还能最大限度地降低这一过程中的不确定性和潜在风险。[①] 但回顾拉丁美洲和东南亚发展中国家的经济发展史，没有一个放弃了货币主权的国家真正实现了可持续性的经济增长，其核心原因就是为了获取短期利益而弱化或丧失了本国的货币主权。

随着中国经济迈入新的发展阶段，中国的货币主权也应适应经济发展需要进一步强化。尤其是随着经济和金融改革进一步推进、金融市场的进

---

① 陈雨露、马勇. 中国金融业混业经营中的开放保护与国家控制 ［J］. 财贸经济，2008（3）：5－10.

一步对外开放，为避免外资进入对国内金融体系带来不可遏制的风险，中国需要重视培养货币主权和金融控制能力，把握好金融发展和对外开放的节奏。虽然金融业开放本身并不是金融风险产生的根源，但开放过程可能提高金融风险防范的复杂性，因此需要不断完善与开放相适应的金融风险防控体系。[①] 扩大市场准入的同时不断完善金融监管，使监管能力与开放程度相匹配。同时形成人民币发行的"中国锚"，根据国内经济发展阶段来发行货币，制定清晰透明的货币政策规则并坚定实施，以金融促经济，以经济反过来强化货币主权，形成良好的正向循环。

5.3　人民币货币主权与新型国际货币体系

自布雷顿森林体系瓦解以来，美元替代黄金成为主要的世界货币，美国以国家信用作为背书向全世界发行美元和国债。当一个国家的现代信用货币身兼本国制度货币和国际货币双重职责时，不可避免地要面对"特里芬难题"。国际贸易结算中主要使用美元，国际投资中美国国债作为安全资产受到全世界追捧，这导致了美国贸易和资本"双逆差"的趋势，而持续的逆差又为美元币值带来贬值压力，国际货币体系中的"特里芬难题"始终难以解决。同时，美国始终以国内经济周期作为货币政策工具操作的风向标，美元货币政策周期的宽松和紧缩对全球资本市场和信贷产生溢出，全球历次资产泡沫和金融危机均与美国的货币政策周期存在密切联系。随着特朗普政府扛起贸易保护主义大旗，并试图对美联储决策进行干扰，为了避免美国货币政策不确定性给全球市场带来风险，美元主导的国际货币体系亟须改革。

理论和现实经验都告诉我们，国际储备货币需要有稳定的基准和明确的发行规则，且供给量灵活可控，最重要的是，超脱于任何主权国家的经

---

① 易纲．扩大金融业对外开放势在必行［EB/OL］．（2019 - 07 - 14）．http：//www. xinhua-net. com/politics/2019 - 03/24/c_1124275857. htm.

济状况和利益，主权信用货币作为国际储备货币有着天然的缺陷。① 而SDR（特别提款权）的存在为国际货币体系改革提供了一线希望，但遗憾的是，由于分配机制和适用范围上的限制，SDR 的作用至今没能得到充分发挥。

历史经验也表明，国际货币体系的结构应当与货币主权大国的经济实力对比基本统一，才能实现稳定持续的平衡。从这个意义上讲，国际货币体系的重建，根本上取决于大国经济实力对比的逆转。由此不难看出，作为世界第二大经济体，随着中国经济和贸易大国地位的确立和日益巩固，人民币在国际货币体系中的重要性也应该逐步提高，成为货币多元化中的重要一极。2016 年 10 月 1 日，人民币正式纳入国际货币基金组织（IMF）特别提款权（SDR）货币篮子，成为新的 SDR 五种构成货币中唯一的新兴经济体制币，这是人民币国际化进程中的关键点。过去 10 年，人民币国际化从无到有、从贸易项下向资本金融项下发展，从小币种晋升为全球第五大储备货币，取得了辉煌的成就，也积累了许多经验和教训。② 2019 年是人民币国际化十周年，也是下一轮 SDR 货币篮子评估的关键一年，中国更应该强化国家货币主权，大力推进人民币国际化进程，以推动国际货币体系多元化发展。

货币国际化所产生的经济利益，远远不只是国际铸币税收益和运用境外储备投资的金融业收益，更为国际货币发行国及其居民带来许多难以计量却真实存在的"实惠"。比如，当本币成为国际货币以后，对外经济贸易活动受汇率风险的影响就将大大减少，国际资本流动也会因交易成本降低而更加顺畅和便捷，从而实体经济和金融经济的运作效率都将不同程度地有所提高。首先，货币国际化必将给发行国居民和企业的对外交往创造方便条件，提高经济利益。其次，拥有了国际货币发行权，就可以启用货币政策制定权来影响甚至控制储备国的金融经济，并提升发行国自身抵御

---

① 周小川. 关于改革国际货币体系的思考 [J]. 中国金融, 2009 (7)：8 - 9.
② IMI. 人民币国际化报告 2019：高质量与高水平金融开放 [EB/OL]. (2019 - 07 - 17). http：//cy. comnews. cn/article/zx/201907/20190700010193. shtml.

金融冲击的能力。最重要的是，国际货币发行国在国际金融体系中具有较大的话语权。这种话语权意味着制定或修改国际事务处理规则方面巨大的经济利益和政治利益。对此，国际货币基金和世界银行集团等国际金融组织的实践提供了很好的证明。

近年来，中国经济持续健康发展，社会主义市场经济改革逐渐深入，参与国际贸易和资本往来的广度与深度不断增强，人民币币值稳定且越来越接近完全可兑换目标，以及中国政府在亚洲金融风暴中表现出的高度责任感和良好声誉，都大大提高了人民币的国际声望。当然，货币国际化利益的存在并非构成货币国际化的充分理由。国际货币发行国在享受货币国际化利益的同时，不可避免地要付出内外政策协调困难、金融市场易受冲击等代价。这就要求我们全面权衡利弊，避免超越中国现实的经济水平和政策能力，绝不能人为拔高人民币的国际化程度而使自己陷入巨大的逆转风险。应当高度重视人民币逐渐表现出的区域性国际货币的发展趋势，并在积极肯定人民币国际化战略的前提下，有效借鉴他国货币国际化的路径与方式，审慎探索符合中国实际情况的具体方案，走一条渐进而坚定的货币国际化的加强货币主权之路。[①] 从这个角度来讲，加强人民币货币主权、推动人民币的国际化，是构建新型国际货币体系的必然要求。

---

① 陈雨露、王芳、杨明．作为国家竞争战略的货币国际化：美元的经验证据——兼论人民币的国际化问题［J］．经济研究，2005（2）：35-44.

6 中美贸易摩擦与货币主权

从历次金融危机来看，拥有完整的货币主权的国家抵御风险的能力更强，对实体经济的冲击更小，资本市场明显比没有货币主权的国家更稳定，其中的主要原因就在于国内提供增量融资的能力。对于没有足够货币主权的经济体而言，其发行货币的能力会受到其他国家货币政策的极大制约，在其遇到不利冲击时往往导致国际融资犹疑不前，其金融体系和实体经济必然受到冲击。相反对于拥有货币主权的国家来说，可以根据经济的需要发行货币，通过金融工具调动国内外资源有序调整相关经济金融活动，避免社会经济无序破坏性调整，减轻国家实力受损的程度，避免小的损失通过扩散机制造成经济危机，甚至酿造成更大的社会政治危机。

6.1 货币主权与国家主权

国家货币主权是指一国在国内具有发行本国货币、取得铸币税以及独立利用货币政策进行金融调控的权利①，其中发行货币是其主要内容。它之所以是国家主权的重要组成部分，是因为这个概念的提出就是以国家为基础的，在理论上也具有排他性，也不允许其他国家的干涉。一国的货币主权是国家主权在货币领域的最高权力和国际权利的总称，是一国主权的重要标志。

当前严格意义上完全拥有独立货币主权的国家并不存在，历史上两次世界大战的发生都与混乱的国际货币体系有直接关系，这也导致后来成立

---

① 刘蕾. 美元霸权对货币主权的冲击 [J]. 河北法学，2010（2）：85 – 89.

的国际货币基金组织对各国的货币主权进行了一定限制。因此，总体来看，世界上只有强货币主权国家或者弱货币主权国家。

货币主权之所以重要，是因为其在很大程度上代表着权力。无论对个人还是国家而言，权力的实质是其调动资源来实现目标的能力。在人类历史的长河中，虽然权力的形式在不断发生变化，但是其本质并没有变化。

货币自从诞生那一刻起，就已经深深烙上了权力的痕迹。秦始皇统一六国之后，最重要的改革就是统一铸币，将货币的铸造权掌握在国家手中。当时货币分为上币黄金和下币铜钱，因为下币以"半两"为单位，也称为"秦半两"。其造型外圆内方，极具政治色彩。《吕氏春秋·圜道篇》记载："天道圆，地道方，圣王法之，所以立天下。"秦代的统治者认为外圆象征天命，内方代表皇权，把钱做成外圆内方的形状，象征君临天下，皇权至上，"秦半两"流通到何处，皇权威仪就散布到何方。可见，在2200多年前，中国的最高统治者已经知道货币所代表的权力。

但是权力被赋予明显、强烈的金融色彩，是在资本主义发展起来之后。近代以来所公认的世界强国，无不是金融强国。17世纪之所以被称为尼德兰世纪，主要原因就是尼德兰在金融领域的创新，把阿姆斯特丹建成世界第一个现代意义的资本市场，推动了国家的强大。不过真正意义上的国际货币是在英国成为世界霸主之后。18世纪，英国通过工业革命取得贸易优势，对外保持贸易顺差，积累了大量黄金储备，在当时黄金本位的货币体制下，成为世界性的债权国，借此确立了英镑的国际货币地位，从而形成以英国为中心的世界金融体系，并且凭借金融优势，在英法争霸中击败法国，成功登上世界霸主的地位。

真正将货币的权力发挥到极致的是美国。1944年，在美国新罕布什州布雷顿森林举行的货币会议上，与会国通过了以"怀特计划"为蓝本的《布雷顿森林协定》，建立了以美元与黄金挂钩、各国货币与美元挂钩为主要内容的"双挂钩"国际货币体系，作为补充，建立了国际货币基金组织（IMF）和世界银行（WB）。布雷顿森林体系确保了美元在国际货币体系中的核心地位，它的建立标志着美元在国际货币金融领域霸权地位的初步确立，也意味着其他国家在某种程度上丧失了自己的货币主权。

由于资本主义发展的不平衡性，特别是"特里芬难题"日益凸显，即美国国际收支平衡与国际储备资产增长需求之间不可能两全的内在矛盾，布雷顿森林体系"双挂钩"制度难以为继，以美元为中心的国际货币体系剧烈动荡。1971年，尼克松政府宣告布雷顿森林体系结束。1978年4月1日，《牙买加协定》正式生效。在此体系下，国际货币格局虽然突破了布雷顿森林体系下的双挂钩体系，但是美元仍然占据着主导地位，形成以美元为塔尖的金字塔结构的国际货币体系。从1980年起，美国国内经济同时出现对外贸易赤字和政府预算赤字。在双赤字的阴影下，美国寄希望于以美元贬值来加强美国产品对外竞争力。1985年9月22日，美国同主要资本主义发达国家签订了"广场协议"，主要目的在于迫使德国马克和日元升值，以改善美国的贸易赤字。在这次贸易摩擦中，美国充分发挥了美元作为国际货币的威力，不过也让日本、德国等看清了建立独立货币发行机制的重要性。

为什么货币主权在当今越来越重要？这是因为货币是金融的核心，而金融在目前国际竞争中的作用越来越大。冷战结束前夕，新自由主义国际关系学家约瑟夫·奈提出"软实力"这一概念。与军事等传统的"硬实力"思维不同，约瑟夫·奈认为随着技术进步带来的分工与贸易深化，国家间经济相互依存度不断提高，国家间通过战争解决彼此分歧的成本大大提高。在这种新的形势下，经济、科技、文化和意识形态方面的实力可以以独立于军事实力在国际舞台上发挥越来越大的作用，这些新的、不同于传统军事实力的要素构成了"软实力"，其对一国最优国策的选择将产生重大影响。

毫无疑问，金融手段在执行国家任务时既可以充当"硬实力"的助推器，也可以成为"软实力"的重要手段。比如，由于美元在国际货币体系中的主导地位，世界各国企业在国际贸易中普遍倾向于接受美元，大多数人也倾向于认为美国的经济、科技甚至文化更加发达，从而可以吸引全世界的优秀人才。在当今美国跟伊朗、朝鲜的经济制裁中，就利用掌控美元作为世界货币的利器，给上述两个国家的经济发展和人民生活都带来了极大的困难。所以，列宁在《帝国主义是资本主义的最高阶段》一书中就提出，资本主义发展到后期，货币资本同工业资本（生产资本）相分离，金融资本通过海外资本输出完成"对世界的直接瓜分"。

由此可见，货币主权是一国主权的主要组成部分之一，当不能控制货币主权时，也就失去了附着在货币上的权利，更没有金融安全可言，国家主权自然也是不完整的。只要国际市场仍然依赖单一主权信用货币，那么缺乏货币主权的国家和人民所遭受的不公正待遇就可能长期存在。

6.2　货币发行机制与货币主权

在经济学界，对于货币发行的研究可以说汗牛充栋，并且已经有了相当成熟的理论，比如货币需求理论、通货膨胀理论及货币流动速度等。但是早期的理论大都基于休谟所创立的"货币数量论"，对货币的起源、货币的本质以及货币发行机制的讨论非常少见。其中的主要原因可能有以下两点：其一，现代货币体系的建立本来就很晚。1694 年在英国政府支持下由私人创办的英格兰银行的诞生，标志着现代银行制度的建立，但是现代货币政策体系远没有建立，货币发行机制的建立也要晚得多。1955—1957年扩张期间，美联储才开始讨论使用的公开市场业务第一次成为货币政策的主要工具，这标志着现代货币政策的出现，并带动了货币发行机制的建立。其二，货币权力被认为是终极性的财政权，是一种最具统治力的社会力量[1]。在相当长的时期内，都是货币管理当局向流通中注入货币，成为公众和企业手中的钱或者资金，如果注入过多，就会引发通货膨胀，因此人们更担心的是国家滥用发行货币的权力，制造通货膨胀从而掠夺普通人的财富，而不是对国家是否拥有这样的权力担心。历史上因为滥发货币导

---

① Edwin Vieira：Why Does The United States Need Constitutional Money？：Six Questions On Monetary Reform，New York：National Al‐liance for Constitutional Money，Inc，1994.

致社会崩溃的例子并不少见。北宋时期，就因为战争和开支没有节制导致政府背负了巨大的财政负担，在时任宰相蔡京的操弄下，宋朝首先将仅在四川流通的纸币交子扩大到了京西北路（今安徽北部、河南大部）地区，并且还相继发行了钱引、盐引、茶引等纸币，为了扩大政府收益，政府垄断盐、茶叶的销售，并制定了各种出货障碍和苛捐杂税，也造成了大量普通家庭和工商业者的倒闭破产，最终整个社会的金融系统在实验中分崩离析。当北方的战事兴起时，政府已经无力再为战争筹集经费①，这也成为北宋灭亡的关键因素。

可见，货币发行关系到每个人的切身利益，甚至一个国家的兴衰存亡。货币发行不仅是一种制度，货币更是人类社会"道德的补丁"，货币是否稳定与社会道德紧密相关。当一个国家的货币购买力不断缩水的时候，人们就建立一种通货膨胀的预期，这种预期促使大家都去购买实物资产，而不愿去开发新技术、投资新产业，因为后者来钱更慢，从而形成更加浮躁的社会氛围，而这会加剧经济周期波动，抵消央行的货币政策效力。只有保持稳定的购买力，才能鼓励人们更加正常地消费、投资②。

随着国家独立和主权意识的建立，货币主权也开始兴起。在广大殖民地和半殖民地国家逐渐赢得独立的过程中，它们也在不断加深对独立主权、平等主权这一现代政治观念的认识，并且不再局限于政治权利，而是"扩展到经济方面，甚至文化方面，经济主权的概念已经开始树立起来了"。③ 不过，由于这些国家长期处于殖民统治之下，其经济缺乏自主发展的能力，很大程度上是作为重要自然资源和廉价原料的输出国，原来的殖民者通过经济殖民的方式仍然控制着这些国家的市场和经济命脉。

这方面的突出代表是美国。利用"二战"后美元成为国际货币的优势，美国通过经济援助为资本输出、商品倾销和原材料掠夺开辟道路，使新独立的国家继续在各方面依附于它。对于世界上大多数发展中国家来

---

① 郭建龙. 中央帝国的财政密码［M］. 厦门：鹭江出版社，2017：271 – 273.
② 周洛华. 货币起源［M］. 上海：上海财经出版社，2019：258 – 259.
③ 邓正来. 王铁崖文选［M］. 北京：中国政法大学出版社，2003：42.

说，虽然表面上国家拥有发行货币的权力，但是该权力却受到美联储货币政策的极大制约。这主要体现为美联储无论是实行宽松的货币政策还是紧缩的货币政策，都会导致其他国家陷入"两难"的窘境。当美联储加大货币发行量时，美元会汹涌地流入世界各国，对于那些实行固定汇率的国家和地区，由于贸易顺差和巨额外汇储备中一般以美元为主要币种，在美国实行定量宽松货币政策后，导致流动性大量流入，在削弱本国货币政策自主性的同时，也推升房地产等资产价格并制造经济过热风险，比如在 2008 年国际金融危机后美国等国家的量化宽松政策，导致多数发展中国家房价大涨。在马来西亚，2010 年前 7 个月房地产市场价格上涨 10%～15%；而在中国内地，8 月 30 个城市中有 11 个城市房价上涨幅度超过 50%，特别是作为全国风向标的京沪穗深四地楼市自调控以来首次集体上升。美国、加拿大和澳大利亚等发达经济体的房价总体呈现出上升趋势，但这一时期对于发达经济体来说更多的是在消化金融危机之前积压的巨额债务。而对于新兴经济体来说，美国利率水平低于全球其他经济体，美元从美国流出，流向其他经济体，那些有资金流入的新兴市场复苏速度往往参差不齐，加上全球经济增长相对低迷的背景，各国之间房价等资产价格分化较为明显，比如像日本和德国的房价增速就没有其他国家恢复得那么快。

各国间资产价格分化明显导致通货膨胀的风险，美元贬值导致以美元作为计价货币的石油等大宗商品价格快速上升，国际基本金属、黄金、原油、农产品等期货价格持续走强，增加全球商品的生产成本和通货膨胀压力的上升，对于大多数新兴经济体国家来说，控制通货膨胀而提高利率就是必要的政策选择，但是，提高利率又会推升这些国家货币汇率升值的程度，出口型经济必然受到打击，调控政策由此陷入"两难"的窘境。

当美联储实行货币紧缩的时候，同样会出现类似的情况。一方面由于美元流向美国，多数发展中经济体货币面临资金匮乏，需要加大货币发行量支持经济发展，但是另一方面货币又面临汇率贬值，需要提高利率。

由此可以看出，之前人们对货币发行的研究主要在于其数量，但是"二战"后新的国际金融体系的形成，货币主权的概念才开始建立，比货币发行数量更重要的概念是货币发行机制。一个国家形式上发行货币与拥有货币主权、拥有独立的货币发行机制并不是一个概念，当其货币发行机制并不能按照本国经济发展情况来发行货币的时候，这种货币发行只是从形式上显示了货币主权的存在，并不能代表这个国家实质上拥有货币主权。在现在的国际货币体系中，拥有国际货币地位的国家可以通过利率、汇率以及国际大宗商品价格的方式对其他国家的货币政策形成干扰和影响。当今世界上那些被殖民的国家即使获得了独立，西方发达国家一直没有甘心失去其原来曾经拥有的权利，只是通过一种更加隐蔽的方式，将"暴力掠夺"转换为"金融掠夺"，不断获取其他国家的利益。

6.3　中国货币发行机制回顾

我党很早就已经意识到货币的巨大作用，也高度关注货币发行机制的建立。早在抗战期间，我党在陕甘宁边区构建起了独立自主的货币制度，形成了一套有效的货币发行机制，比如，与国民党通过通货膨胀来转移财政危机不同，我党货币政策的目标重点是维持币值和金融体系的稳定，同时强调灵活变通、独立自主的特征，这些机制都为当时的边区军民生活改善、促进革命成功作出了突出贡献。

新中国成立以后，中国根据经济发展情况，不断调整、完善货币发行机制，尤其是改革开放以后，货币政策是中国经济保持长期、快速发展的关键因素之一。

新中国成立后到改革开放以前这段时期，中国实行的是计划经济，中国人民银行是唯一的国家银行，它不仅承担全面的银行业务，还参与管理金融事务。在这段时期，中国人民银行通过信贷计划中资金来源与资金运用的等量关系来控制货币供给，并且金、银和外汇储备（NFA）的数量很小，对货币供给量几乎无影响。

在该时期，货币政策的目标是"保证币值稳定，使流通中的货币与商品量相适应"[①]，中央不仅完全控制了货币发行权，同时也对信贷和货币发行施行高度集中的管理，可以说，此时中国拥有非常高的货币主权。不过，由于财政赤字可以通过人民银行融资来解决，当财政收入小于财政支出的时候，就会导致货币供应量的增加。在"大跃进"时期，由于实行"全额信贷"，导致人民银行对信贷失去控制，形成严重的通货膨胀。

1978—1993 年，是中国从计划经济向市场经济转变的阶段。由于处于改革开放初期，一方面，中国大力偿还以前欠账，包括大量平反人员的工资补发、城市工人涨工资及粮食价格提升等问题，这加大了当时的财政负担，同时也不断提升民众的消费欲望，因此商品供求矛盾也越来越大，商品价格的上涨预期更加明显，这也直接导致 1988 年、1989 年的通货膨胀率均超过 18%。随后央行采取紧缩的货币政策，其职能也更加独立，淡化与财政之间的关系，政府无法负担庞大的赤字经济，导致随后两年宏观经济不得不进入了调整期。1993 年上半年，经济发展热度达到高峰，随即掀起投资热潮，1994 年的通货膨胀率甚至达到了 24%。

另一方面，在确定了改革开放的方针之后，中国为了促进外贸的发展，实行了官方汇率与市场汇率共存的双轨制，以此促进对外出口的发展；自 1981 年起，中国实行两种汇率，继续保留官方牌价用作非贸易外汇结算价，另外制定贸易外汇内部结算价，沿用一篮子货币加权平均的计算方法，即"双重汇率制"或"汇率双轨制"。从这一年开始，为了弥补财政赤字，中国也开始发行国债。1985 年 1 月 1 日，中国取消了贸易外汇内部结算价，重新恢复单一汇率制，1 美元 = 2.80 元人民币。事实上，随着 1986 年全国性外汇调剂业务的展开，又形成了官方牌价与市场调剂汇价并存的新双轨制。因此当时的货币发行主要是为了满足国内投资的需要。此时的货币发行机制处于逐渐完善过程中，大致为以增加财政支出来完成赎回活动目的为主，以结售汇目的为辅。

---

① 戴相龙. 中国人民银行五十年——中央银行制度的发展历程 [M]. 北京：中国金融出版社，1998：60.

1994 年 1 月 1 日起，中国开始进行汇率改革，实行以市场供求为基础的、单一的、有管理的浮动汇率制度，这次改革将原来的双轨制汇率制度改为单一汇率制度，被称为"人民币汇率并轨"。汇改后，人民币实际上实行的是钉住美元的固定汇率政策。1994 年 4 月，人民币一次性贬值33%，美元兑人民币比率为 1∶8.70。1997—2004 年，人民币兑美元汇率几乎固定在 1∶8.27 左右，波动幅度上下不超过 0.0411%。这项改革的战略性意义在于面对内需型经济增长连连受挫的局面，政府不得不寻求新的突破，将经济发展的侧重点转向外需型的增长模式，把中国经济的车厢挂在美国经济的火车头上，尝试性推行出口促进战略，1994 年的人民币一次性贬值也使中国此后的对外贸易快速发展，国家外汇储备大幅上升。

实际上这一次并轨，对于我们在该时间段内的货币发行机制产生了巨大的影响。1994—2004 年，一方面，中国对世界上其他国家的汇率一直在贬值，导致中国长期的对外经济"双顺差"，就整个宏观经济而言，央行每年为购买外汇大量投放人民币，中国外汇储备激增。另一方面，中国为保持与美元的固定汇率，发行机制基本也在这一系列制度下被决定，央行对其实际实施弹性很小。在这一阶段，中国的货币发行机制主要以维持与美元汇率以及强制结汇为主要目的。

2005 年 7 月 21 日，中国对人民币汇率机制再一次进行了重大改革，即按照主动、渐进、可控的原则，实行以市场供求为基础、参考一篮子货币进行调节、有管理的浮动汇率制度。建立健全以市场供求为基础的有管理的浮动汇率制度，人民币兑美元汇率中间价一次性调高 2%，随后在2007 年也完全取消了强制结售汇制度。虽然 2005 年的汇改要求参考一篮子货币，但是市场还是参考人民币兑美元的双边汇率为主，也就是说中国过去汇率政策的"汇率锚"是人民币兑美元的双边汇率。这种"先天缺陷"成为阻碍中国资本项目开放、人民币国际化和增强货币自主权的关键因素。人民币汇率中间价的非市场化定价以及汇率涨跌幅限制的存在，导致汇率价格不仅不能真实地反映市场供求关系，也让央行的货币政策经常处于被动的困境。2012 年前，由于人民币汇款实质上还是以人民币兑美元的双边汇率为参考，人民币汇率始终被低估，贸易方面始终有"双顺差"，因此人民币发行机制在 2012 年前主要还是根据外汇占款投放基础货币。这样人民币发行的政策空间依旧较小，人民币没有常规的输出渠道，不利于中国经济发展。

2012 年后，人民币不再以兑美元汇率为主要基准，对应的发行机制也开始转向公开市场操作、发行央行票据及再贴现等方式投放基础货币。人民币汇率因此表现出明显的双向波动特征，人民币资本开始有外流迹象，当局结汇压力骤减。在这样的形势下，央行及时转变货币发行机制，以公开市场回购的方式进行基础货币的投放，增大了央行发行货币时的政策空间，不仅央行在货币发行中的角色转被动为主动，灵活的货币发行机制也更加有利于社会经济的发展，更容易也能更准确地满足社会中的货币需求。除了公开市场业务，此后央行还设立了 SLO、SLF 等流动性管理工具，进一步保障中国流动性的稳定，应对可能出现的临时性风险。总的来说，这一阶段的利率发行机制已经在向满足中国经济发展需求本身演化。

由此可以看出，中国的货币发行机制是根据经济发展的不同阶段进行不断调整的。虽然目前央行已经有更多的方式来投放基础货币，但是由于中国存在外汇储备金额巨大、人民币国际化程度等问题，外汇储备仍然是中国基础货币投放的主要方式。

6.4　货币发行机制与中国经济"不可能三角"

6.4.1　国际经济中的"不可能三角"

在对货币有深入了解并且已经具有实践指导意义的经济学家中，蒙代尔肯定是最著名者之一。他的最优货币区理论促成了"欧元"的诞生。单一货币的地理区域创造最大的经济效益即最优货币区理论。欧元区的建立是最优货币区理论的最佳实践。欧元区的建立促进了国家之间的贸易往来，降低了交易成本，对产品和服务流通、建立开放型经济体都具有重大意义。同时，1960 年罗伯特·蒙代尔和马库斯·弗莱明同时提供了开放经济条件下财政和货币政策对宏观经济内外均衡有效性的理论模式即"蒙代尔—弗莱明模型"，也成为分析、指导开放性经济体的有效范式和方法论，并逐渐演化为"三元悖论"理论，后来经济学家在其理论上进行了总结：一个国家永远也无法同时实现资本自由流动、货币政策独立和汇率稳定的结论，若将这三者画作一个三角形，一个国家在三角中最多只能三选二，而必须放弃一项，即我们常说的"不可能三角"。

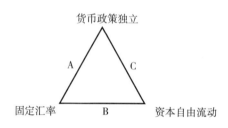

图 6-1　不可能三角

　　这一理论在货币政策分析中具有广泛的实用性，无论一个国家或地区实行的是固定汇率制度还是浮动汇率制度，几乎都可以用该模型来分析，比如，当前中国大陆基本上选择 A 边，即货币政策独立，钉住汇率（固定汇率的一类），放弃资本自由流动（中国资本账户有较严格控制）；而中国香港地区选择的是 B 边，即固定汇率和资本自由流动，放弃了货币政策独立，因为香港是国际公认的贸易自由港和国际金融中心，稳定的汇率和资本自由流动成为必须，所以就不得不放弃货币政策独立，采取追随美联储货币政策的策略。

　　蒙代尔三角是高度的理论抽象，建立在严格的假设条件之上，不过对于大多数发展中国家而言，不可能达到这种前提条件，也就是说其央行的政策无法保证实现"不可能三角"中的一边或者两边，而是试图选择一些中间地带，例如实行一定程度的汇率弹性和资本管制，以换取相当程度的货币政策独立性。在 2016 年中国人民银行行长易纲与前任美联储主席伯克南在布鲁金斯学会的一场论坛对话中，易纲就中国经济"三元悖论"的话题发表了自己的见解并扩展了"三元悖论"模型。易纲认为，理论上可以证明，存在某一个点到三个角的距离之和为 2，也就是说如果 X 为汇率，Y 代表货币政策，M 代表资本流动状态，存在 X + Y + M = 2 的点，其中三个变量变动范围均在 0 到 1 之间，0 和 1 分别代表各项政策目标的全然无效和全然实现，其余中间值表示中间状态。而中国目前也正是处于货币政策部分完全独立，资本开始有部分放开和实行有管理的浮动汇率制度的状态下。

不过，大多数事实也证明，当发生经济危机或者金融危机时，这种所谓的中间状态"中间解"并不稳定，而是在危机来袭时往往会迅速滑向"角端解"，新近新兴市场的货币动荡显示，几乎所有危机中的央行最终都选择了货币政策独立性和资本管制，而不得不放弃汇率稳定①。

而 2009 年以来在欧洲部分国家爆发的主权债务危机也是欧元区陷入"新不可能三角"陷阱的体现。欧元区脆弱性的核心也是一个"不可能三角"，由严格的非货币融资、银行主权相互依赖和国债无共同责任这三者组成，如图 6 - 2 所示。

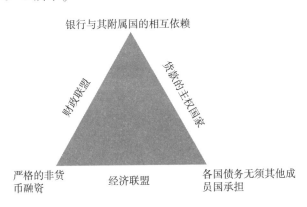

图 6 - 2　欧元区之"新不可能三角"

资料来源：Bruegel。

欧元是欧洲央行执行的统一且独立的货币政策，即钉住通货膨胀率的

---

① 钟伟：《中国经济的不可能三角及政策选择》，载《金融经济》2018 年第 10 期，第 17 页。

货币政策，而财政政策又缺乏有效的收入再分配机制（救市机制）。在经济平稳时期，这一原则对提升欧元的国际地位起到了非常积极的作用。但是，如果在危机爆发后，欧洲央行能够像美联储在 2008 年末那样及时调整这一货币政策，不断向下调整利率，向希腊政府注入流动性，降低希腊债务负担，那么，希腊的债务困境就会大大改善。但是，欧洲央行没有轻易放弃货币政策的独立性——即不受希腊和意大利等国债务危机问题的影响，继续保持常态下的维护欧元稳定的货币政策，这就使得希腊等国在失去了财政政策手段救助的情况下，又失去了货币政策的救助手段。另外，欧洲缺乏财政自律和财政协调的内在机制，也就是说债权国家的政治力量和社会力量难以达成共识，无法将本国纳税人的资金及时投入到需要救援的其他国家的债务减免活动中，而债务国家的政治力量和社会力量又难以接受改变自己生存方式的财政缩减政策，从而导致了市场恐慌情绪的加剧，随之而来的资产组合调整往往又会呈现出过度反应的现象，而在 2018 年 8 月出现里拉危机时，土耳其央行便首先加强了外汇管制。

6.4.2　中国经济面临的"新不可能三角"

除了货币政策，更多的学者将这一思路应用到了宏观经济分析中，并发现也存在类似的"不可能三角"关系。北京师范大学金融研究中心教授钟伟认为，现阶段，中国在稳定经济增长，改善实体经济和压降金融杠杆这三个目标中，有可能难以完全兼顾，而只能三选其二，这也就局限了中国可行的政策搭配。此外，钟伟教授也说明了，中国经济的"不可能三角"尽管意味着宏观调控可能会选择中间解，以时间换取空间，而不走激烈的市场出清之路。但如果遇到外部危机冲击时，中间解也会被角端解迅速取代，在面对金融危机时，中国往往会选择稳增长和保实体，而不愿意去承担较高的金融杠杆。复旦大学经济学院教授韦森则认为，中国国内近几年投资总额过高，投资过度导致了企业产能过剩。2016 年的十八届五中全会审议的《中共中央关于制定国民经济和社会发展第十三个五年规划》主要内容是抓好去产能、去库存、去杠杆、降成本、补短板五大任务。政府一方面要去产能、去杠杆，还要保增速和政府增加财政收入，所以说中国经济上目前也存在一个"不可能三角"。由于为了去产能、去杠杆，同时又要守住经济增长的底线，政府只能通过实行财政政策，以增加财政赤字为代价保证经济的平稳和持续发展。还有一些学者甚至在某个行业中也发现了存在的"不可能三角"关系①。这些学者都试图通过自己所投建的"不可能三角"关系，来破解当前中国所面临的发展难题，从而给出切合实际的政策建议。

不过很明显，上述三角关系都忽视了中国经济发展的重要特征之一，就是中国是世界上最大的货物贸易国，这一因素在改革开放后一直是重要的经济拉动力之一，即使现在中国更加强调从外需型经济转向内需型经济，仍然不能忽视其对中国经济发展的重要性。

6.4.3　经济增长、资产价格稳定和汇率稳定

作为社会主义国家，改善人民生活、增进民生福祉是我国政策的一切出发点。宏观政策往往具有多重目标，如实现充分就业、经济增长、物价稳定和国际收支平衡，同时还要保护环境等，不过，任何政府都难以保证所有目标的实现，抓主要矛盾是中国经济建设中的重要经验。由于新中国成立后的相当长时间内，经济相对落后的现实，主要矛盾是"人民日益增长的物质文化需要同落后的社会生产之间的矛盾"，即使在进入新时代后，社会主要矛盾转化为人民日益增长的美好生活需要和不平衡不充分的发展之间的矛盾，体现了物质文化方面仍然缺乏，不过这种缺失是结构性的，主要体现为高质量、高水平的产品的缺乏，因此，从改革开放时，中国在宏观政策选择上，就把保持经济增长和加快发展作为我国一切经济政策的出发点。"发展是硬道理""坚持以经济建设为中心""发展的问题要在发展中解决"本质上都体现了这一要求。

---

① 不同学者对"不可能三角"多有论述，参见中国农业银行普惠金融事业部的姜浩，发表了《破解小微企业融资的"不可能三角"》，中国科学院计算技术研究所副研究员焦臻桢博士著《围绕区块链"不可能三角"的各种可能》等。

中共十一届三中全会的召开，将中国经济导向对外开放。随后成立四大特区、设置 14 个沿海开放城市以及把珠江三角洲、长江三角洲、闽南三角洲地区的 51 个县开放为沿海经济开发地带，都表明了中国经济的外向型特征。1989 年，邓小平提出了有关出口导向型经济与社会主义经济命脉的利害关系，首次阐明了关于出口导向型经济将为巩固改革开放事业协调、协助、协力的发展模式①。首次以理论的形式阐述了社会主义经济发展道路上关于面向国外的出口导向型经济发展纲领。

诚如习近平总书记总结的那样，改革开放是决定当代中国命运的关键，也是决定实现"两个一百年"奋斗目标、实现中华民族伟大复兴的关键，所以，对外开放始终成为中国政府经济工作的头等大事。很重要的一个例子就是，从 1984 年 1 月中国正式成为世界贸易组织的前身关贸总协定下属的国际纺织品贸易协议的成员开始，到 1986 年 7 月 10 日中国政府正式提出要求恢复在关贸总协定中的缔约方地位，历时 15 年终于在 2001 年底成为世界贸易组织的正式成员。

事实证明，中国抓住了全球制造业转移的机遇，出口贸易对中国经济的发展居功至伟。根据祝坤福、陈锡康和杨翠红在《中国出口国内增加值及影响因素分析》专题中对 2002 年中国出口数据的分析，中国每出口1 000 美元，引起的直接国内增加值（Domestic Valueadded, DVA）数值为204 美元，完全 DVA 为 466 美元，引起的直接就业人数的增加为 0.095 2人/年，完全就业人数的增加为 0.241 6 人/年。1 000 美元的加工出口和非加工出口及其他引起的直接 DVA 和完全 DVA 分别为 166 美元、240 美元和 287 美元、633 美元，引起的直接就业人数和完全就业人数的增加分别为 0.044 8 人/年、0.142 1 人/年和 0.110 6 人/年、0.363 2 人/年。对农业部门的经济发展拉动作用甚至更大，出口 1 000 美元，农业直接 DVA 增加 394 美元，完全 DVA 增加 817 美元；出口 1 000 美元，农业直接就业人

---

① 刘沛生. 浅析中国出口导向型经济增长方式的产生极其弊端 [J]. 中国管理信息化，2011 - 7 (14)：49.

数增加为 0.267 人/年，完全就业人数增加为 0.668 8 人/年①。从贸易总体数据也可以看出其对经济发展的重要作用。

如图 6 - 3 所示，中国贸易数据在加入世贸组织后快速增长，其中 2006 年中国出口占 GDP 的比值一度超过 35%。

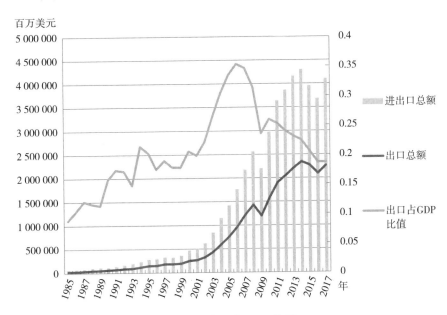

图 6 - 3　出口占 GDP 比重

资料来源：国家统计局。

正因为外贸对中国经济发展的重要性，保持汇率基本稳定也是经济工作的重要内容。从全球经济发展的经验来看，对于新兴经济体来说，尤其是对于外向型国家，在经济快速增长期，保持外汇的稳定非常重要，比如，在 1949—1971 年共 23 年间，日元兑美元汇率也一直稳定在 360∶1，稳定的汇率环境为日本经济的快速崛起提供了保障。在 1994 年之前，中国人民币汇率实际上是偏高的，因此，美元兑人民币汇率也从 1985 年的 2.94 左右一路贬值到 5.76，贬值了将近一倍。1994 年中国政府又一次性

---

① 祝坤福、唐志鹏、裴建锁等. 出口对中国经济增长的贡献率分析 [J]. 管理评论，2007 (9)：117.

将人民币汇率调整到 8.7。这次调整不仅解决了以前的汇率双轨制问题，也大大提高了中国商品的国际竞争力。中国只是在 1994 年至 2004 年，人民币兑美元汇率基本保持在 8.27 左右，2005 年随着人民币汇改的进展，人民币汇率又开始了缓慢升值的过程，并在 2013 年达到顶点，这期间带动中国外汇规模的快速增长超过 4 万亿美元之后的走势双向波动比较明显。相对于日本经济快速增长，人民币虽然也是钉住美元的策略，但是在维持基本稳定的同时，大部分期间有小幅波动。

1990 年前后，政府宏观经济政策的核心目标就是刺激经济增长，在下调存款准备金的同时，扩大货币总量供应和信贷规模，地方政府也掀起了招商引资和开发区建设的高潮，经济增长得以快速回复。

经济的快速增长也导致物价指数快速上涨，商品零售价格指数在 1993 年、1994 年分别达到 13.2% 和 21.7%，由此引发国家紧急采取有针对性的调控措施，比如严格控制信贷总量和财政支出，规范资金拆借行为、严格控制税收减免等以提高农贷收益，1994 年甚至直接对部分产品价格进行管控，1995 年连续两次提高贷款利率，物价水平得到有效控制，1996 年、1997 年的通货膨胀分别为 6.1%、0.8%，与此同时，经济增长也下降到 10% 以下。

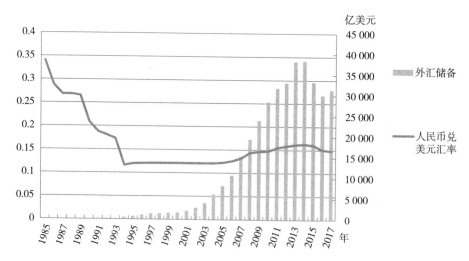

图 6 - 4　1985—2017 年中国外汇以及人民币兑美元汇率数据

资料来源：中国人民银行。

　　同期的海南房地产泡沫事件从侧面说明了经济增长与物价上涨的复杂关系。随着邓小平"南方谈话"效果的发酵，刚刚建省的海南总人口不过160万人，但是在高峰时间也成立了2万多家房地产公司。火爆的房地产投资，让海南的地价从1991年的十几万元每亩迅速飙升至1992年的600万/亩，当年海口市经济增长达到惊人的83%，房价也在三年内增长4倍。对于大多数房地产公司来说，他们只不过在玩炒地皮的游戏，最终促使中央、国务院在1993年6月24日发布《关于当前经济情况和加强宏观调控的意见》，全面紧缩银根，海南的房地产泡沫顿时破裂，最后的"遗产"是600多栋"烂尾楼"、18 834公顷闲置土地和800亿元积压资金，仅四大国有商业银行的坏账就高达300亿元。

　　一般认为，经济增长与通货膨胀是宏观经济研究中的两大永恒主题，在多数情况下，这二者是正相关关系。其中的主要逻辑其实也易于理解，当社会总需求处于扩张的时候，由于投资回报率提升，企业的投资愿望就会更加强烈，并带动工资等收入水平的提高，人们的消费能力和欲望就会提高，必然带来整体通货膨胀率的提高。反过来，逻辑也能成立，在维持合适的通货膨胀水平时，可以促进消费，带动就业和经济增长。尤其在以消费为主的西方发达国家，这种现象更加明显。

　　其实，改革开放40多年以来，中国政府在加快经济增长的同时，也在一直跟高物价做斗争，不断追求"低通货膨胀、高经济增长"的理想经济增长方式。这里的物价不仅是与人们生活相关的消费品物价，也包括房地产等实物资产的物价。不过此二者大部分时间并不处于同一时期，21世纪以前，政府更加关注的是消费品价格，21世纪以后，尤其是2004年以后，房地产的价格成为政府调控的主要目标。

　　如图6-5所示，2008年以后中国商品房平均价格保持了较高速度的增长。

　　如果看北京的数据可能更明显，图6-6对比了北京的国内生产总值的增长率和商品房平均价格增长率。可以明显看出，房地产价格的波动幅度要远大于经济增长的波动幅度。比如在2010年商品房平均价格增长接近

30%，在 2011 年迎来了多项严厉调控措施，不仅包括"国十一条""新国八条"、一房一价、新"国五条"等十多项全国性调控措施，并且连续 7 次上调存贷款基准利率，极大地打击了房地产价格上涨预期。

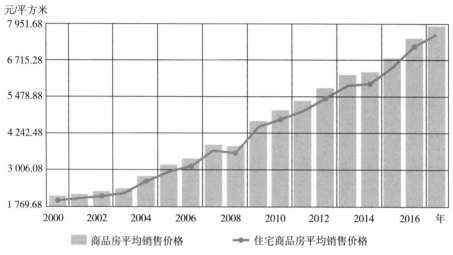

图 6－5　中国商品房历年平均价格（2000—2017 年）

资料来源：国家统计局。

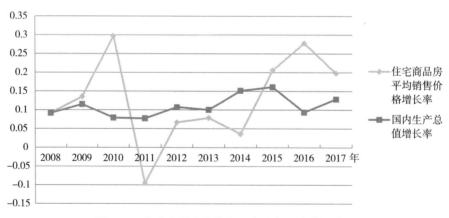

图 6－6　北京商品房价格和国内生产总值增长对比

资料来源：国家统计局。

以北京为例，可以看出，居民消费价额指数一直变化不大，但是房地产销售价格远超过 CPI 的变化。尤其在 2012 年至 2017 年的 6 年间，北京商品房年均价涨幅更是高达 13.56%，远高于同期的 CPI。

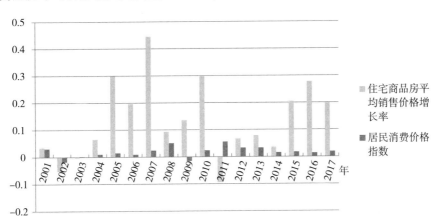

图 6 - 7 北京市房价与消费指数对比

资料来源：国家统计局。

由以上分析可以看出，中国宏观经济体现了典型的经济增长、资产价格稳定和汇率稳定之间的"新不可能三角"关系（见图 6 - 8）。

图 6 - 8 "新不可能三角"

从人民幸福生活的角度出发，要求我国经济不断增长，并且要保持资产价格的基本稳定。如果经济要稳定增长，就需要我国有相对稳定的汇率环境。不过在总产出增加的同时，人们的可支配收入增加，储蓄与税收增加，储蓄增加导致货币需求量增加，利率有上升趋势，国际资本有流入的倾向。由于中国实施部分资本管制，只有部分"热钱"流入，不能满足货币需求，因此导致利率、汇率上升，在更加关注经济增长的情况下，购入外汇（主要是美元），同时卖出人民币，从而压低人民币汇率使之不能过快升值，并保持基本的稳定。货币供应量的增大，进一步加剧了国内资产价格的上涨，甚至会吸引更多外资进入买入资产。前些年出现的"蒜你狠""姜你军""豆你玩"等一系列农产品暴涨暴跌的现象，本质上也是由此原因造成的。由此看出，此三者无法兼得，可谓中国宏观经济发展的"新不可能三角"。从中国经济发展的实际情况来看，在改革开放前期，由于中国金融市场以及可投资产品的缺乏，资产价格的上涨更多是以消费品价格上涨的形势表现出来，但是21世纪以来，资产价格的上涨主要体现为房地产价格的上涨。

在实际宏观经济政策中，经济增长和汇率稳定是经济工作的重点和出发点。不过类似易纲在"三元悖论"中的观点，这个三角并不是三选其二的硬性概念，而是有一定弹性空间的，中国政府还是在这三个目标中寻求适宜的平衡，尤其是在2008年国际金融危机以后，这三者之间的调整幅度都在加大。在资产价格上涨过快时，也会通过降低经济增长的方式打压资产价格。

不过仔细观察，2000—2004年，中国资产价格维持稳定，以房地产为例，2000年，全国商品房平均价格为2 112元/平方米，这个数字在2004年也仅为2 778元，5年上涨了31.53%，表现相当温和。通货膨胀率最高不超过4%，甚至在2002年还出现了负数，同时经济保持相对高速增长，汇率也保持绝对的稳定，中国经济似乎并不存在这个"不可能三角"。

鉴于互联网泡沫刚刚破裂以及东南亚金融危机刚刚过去，2000年与2001年的政府工作报告都提到中国将继续实施稳健的货币政策，在控制通货膨胀的同时，保持经济发展，同时也要加强对国际贸易的发展，平衡国际收支，也要严防国际短期资本对中国经济的冲击，保证中国金融的安全稳定，这两年中国GDP增长率分别为8.49%和8.34%，经济发展速度较快。中国在加入世贸组织后，极大地拓展了中国产品的销售空间，中国经济进入更快发展阶段，2002—2005年，GDP增长率突破10%，2005年达到11.4%。同时，美国发生"9·11"袭击事件，美元也开始由强转弱。

2000—2004年，中国一直有少量贸易顺差，顺差额从200多亿美元到300多亿美元不等。国内处于资金供应不足、社会资源大量闲置的状态，普通大众的收入水平仍然不高，也抑制了对房地产等方面的需求，企业主要把资金投入到了设备、厂房的建设中，其中相当多的设备都来源于国外，产品也以出口为主。这一点，从中国投资发展的情况就能得到验证。根据国家统计局发布的数据，近20年来的三次产业增加值构成中，第二产业占比最高值就是在2006年，达到了47.6%。这说明中国的社会资源至少在2005年后才开始饱和，增加值在2006年最高是由于存在一定的滞后效应。

因此，这段时间之所以没有表现出上述"不可能三角"关系，主要原因还是在于中国在加入世贸组织的初期，国际资本和中国过剩资源开始结合，其发展潜力还没有充分得到挖掘，因此这段时间并没有体现明显。

6.4.4　货币发行机制与"不可能三角"的关系

改革开放后，中国坚持"发展中的问题用发展的方式解决"、相对稳定的汇率以促进外向型经济发展的思路是非常正确的，并且利用加入世贸组织的机会，中国整体经济实力短时间内得到了巨大的提升，虽然资产价格稳定方面放在了相对次要的位置，整体上人民生活水平也得到了极大改善。

金融危机爆发后，国际经济形势有了很多变化。从中国国内的经济情况来看，最突出的问题就是国内资产价格和汇率同步在上涨，如此一来，就形成了以下三种悖论（是否成立）：

（1）人民币"外升内贬"悖论。虽然相对于外币尤其是美元在不断升值，但是由于国内资产价格的大幅上涨，在国内人民币客观上在不断贬值。在这种情况下，作为理性人，一般有两种选择，一种是不断地将手中的钱购买房子，于是不断出现连夜排队买房、"日光盘"等现象；另外一种是不断将资金转移到海外，2006—2013年，因私出国人数平均年增长18%，人们出境旅游、购物的同时，也在海外置业、购买保险等。

（2）资产升值与收入差距扩大的悖论。虽然房地产价格呈现出普涨的态势，但是不同地区的涨幅相差巨大，即使在同一个城市，城中心与郊区的价格涨幅也不同。因此，对于有钱的家庭，往往可以购买更多、更有区位优势的房子，对于低收入者，往往没有足够的资金购买房子，老村地区房子由于人口减少，房子价值不但没有增加，还会不断下降。这也不断地拉大了不同阶层之间的收入差距，房价上涨越多，造成的收入差距也就越大。

（3）债务规模扩大与经济增长放缓的悖论。中国外债余额从2007年的3 892亿美元快速增长到了2014年17 799亿美元，年平均增长率超过24%，远大于同时期内国内生产总值的13%。根据央行的数据，截至2007年底，居民贷款余额为50 652亿元，非金融性公司及其他部门贷款211 038亿元，但是到了2017年，该数字分别达到405 150亿元和810 171亿元，年平均增长率分别达到了23.1%和14.4%，同期GDP的年平均增长率不到11.8%。

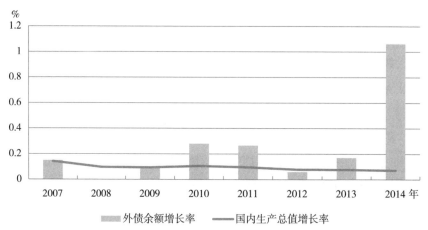

图6-9 外债余额增长率与国内生产总值增长率

资料来源：中国人民银行，国家统计局。

由以上悖论可以看出，尤其是在金融危机之后，中国经济无法再继续延续经济增长、稳定汇率以及适当照顾资产价格的政策。其中的一个原因在于，资产价格的过快增长，导致资产总量的高速增长，并形成了巨额的负债，进而影响到汇率的稳定。反之，汇率的不稳定必然影响经济的稳定增长，进而影响到资产的价格。可以看出，这已经从根本上影响到了中国经济稳定增长。

　　汇率稳定与中国货币发行机制有关，中国基础货币投放的方式很长时间内主要通过外汇占款来实现，如图 6 – 10 所示，央行资产负债表上的资产项包含大量外汇，2008—2015 年，外汇占央行总资产的比重大都在 70% 以上，最高的年份曾经达到 80%，虽然 2016 年开始下降，但是目前占比仍然大于 55%，结汇后的大量人民币成为央行的负债。

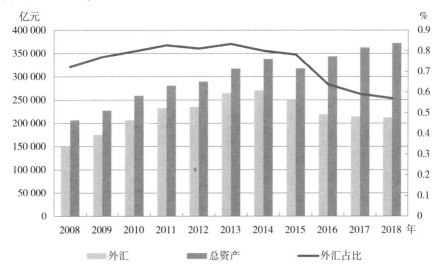

图 6 – 10　2008—2018 年央行外汇资产以及占总资产比值

资料来源：中国人民银行官网。

　　由数据可得，根据 M&M 定理的第二推论，央行增加自身负债的融资成本绝对不是由所谓的"印钞成本"所决定的，而是取决于央行资产端的资产质量，即央行投放了货币以后形成的资产的质量，包括其所取得的回报和所承担的风险。中央银行创造基础货币的同时也产生了负债，二者需要被共同考虑。目前中国人民银行正处于资产端大部分为外汇，而负债端大部分为人民币的情况之下，这对央行货币工具的使用形成了巨大制衡。一方面，根据东南亚危机的教训，由于央行不能拒绝正常的外汇兑换行为，这就非常容易产生期限错配的问题；另一方面，央行资产当中外汇占据大部分的时候，其资产质量很难掌控，而资产质量的变化，将直接影响到央行的资产负债表，也会直接影响到负债端，从而对整个金融体系造成影响。

简单来说，正是由于央行的资产项中外汇占比过大，使得央行面临维持汇率稳定的压力，这对资产价格又造成了巨大压力，所以央行重点是要管控好资产端的质量。理想的情况，资产和负债都是统一的货币，肯定会更容易维持资产负债表的稳定。

不过当今国际治理体系正面临深刻调整的前夕，全球经济发展前景也具有很大的不确定性，导致 2008 年金融危机爆发的根本原因并没有得到解决，中国的金融体系也已经深刻地嵌入到了全球金融体系中。作为国际金融秩序的制定者、主导者，美国货币政策的一举一动都将会传导到中国金融体系内部，给包括央行在内的监管部门带来监管和调控的巨大压力，因此构建缓冲地带日益迫切，其核心就是加快建立以中国经济发展为基础的货币发行机制改革。

6.5　中美贸易摩擦背景下的新问题

当前中美处于贸易摩擦的状态，人们很自然会将它与 20 世纪 80 年代的美日贸易摩擦相比，日本前首相福田康夫在《人民日报》上发表的文章中说："中国在很多领域进步飞速，直逼美国，令美国颇有压力感，这与日本曾经经历过的情形非常相似。"并称，"中国应该吸取日本的惨痛教训，提高警惕，谨慎行事。"从某些方面来说，此时的中美关系确实跟当时美日关系有很多相似的地方，例如，在世界第二次石油危机爆发后，美国面临的难题是贸易收支逆差和财政赤字都逐年增加，里根政府一方面通过减税来刺激消费和投资，同时军备开支大幅上升使得财政赤字进一步增加，当时日本经济处于顶峰时期，对美国有较大的货物贸易顺差，金融处于严格控制之中。现在的美国也声称中国出口已经威胁到其制造业发展，抢了美国人的工作机会，甚至现在的美国总统特朗普也经常自比为里根，其竞选口号"让美国再次伟大"也明显来自里根的"让美国伟大"。

　　不过，这两次贸易摩擦实际上也存在本质的不同。比如，中国一直坚持通过平等对话和协商来解决，如果达成协议，应该是双向平衡、平等互利的，中方的核心关切必须得到妥善解决，绝不接受"把刀架在脖子上"的谈判。美国在对中国商品加征关税的同时，中国也以相应对等的方式提高了美方输华商品的税率。20世纪80年代，无论是日本还是德国都处于美国的保护之下，显然前者难以像中国一样提出对等的要求。

　　现在的国际经济环境也有了很大变化，经济全球化更加深化，中美都已经成了这个体系中不可缺少的一部分，虽然美国意图通过提高关税的方式迫使全球工业价值链发生改变，甚至希望将中国脱离出去，但是以中国庞大的实体经济来看，这显然是不现实的。因此，像很多专家预料的那样，中美贸易摩擦爆发一年来，美方的损失明显大于中方。根据《日本经济新闻》分析数据显示，被加征关税的中国商品对美出口量下降14%，贸易额减少180亿美元，占对美出口全年贸易额的3%，美国对华出口量则缩水达38%，贸易额减少230亿美元。

　　但是，世界上最大的两个经济体之间的这场摩擦，确实给中国当前的经济发展带来了新问题。首先是中国在高科技领域的短板更加明显。科技成果的应用是经济建设的重要导向，它的引入对于加快产业结构的调整、社会分工的变化，以及市场环境的变化有着重要的影响，科技成果的利用将直接影响企业或国家经济活力和市场的适应能力。表面来看，美国发动对中国的贸易摩擦是因为两国之间长期存在国际收支经常账户失衡问题等多种因素的交织，但是美国的目的确实非常明确，就是为了打击中国的高科技行业，首期针对818项产品提高关税，主要包括航空航天设备、信息通信技术和产品、高端制造设备、船舶、铁路机车车辆及设备、医药原料、医疗设备、农机装备、电力装备、新能源等行业，如果对比"中国制造2025"十大领域，基本上完全吻合。特朗普贸易顾问纳瓦罗做客彭博通讯社时直截了当地说："特朗普对中国商品征收关税的法令瞄准的当然是'中国制造2025'计划的重点推进产业。'中国制造2025'基本就是中国肆无忌惮地宣布他们将主导未来所有新兴产业。"特朗普贸易政策的主要设计者莱特希泽则说，高科技行业才是征税"所关心的东西"。

所以美国封锁对中兴的产品出口，还把与华为相关的 70 家公司列入出口制裁的"实体清单"，将对华贸易摩擦升级为以"断供"为目标的科技战，旨在全面打压和阻断中国产业升级、技术创新的历史性进程，重新拉大中美两国力量对比开始缩短的历史进程，试图让美国市场和高科技与中国"脱钩"。不过全球产业链的分工已经非常清晰，资本、技术、信息和人力等都按照市场法则自行运转。美国的这种做法无疑有切断全球化进程的可能性，让全球化和全球产业链面临不可逆的风险，这对于制造业大国的中国来说，短期内会对企业的转型升级以及技术创新都带来压力。

同时，贸易摩擦向货币、资本、金融市场等领域蔓延的趋势开始出现。部分处于产业链下游、定价能力弱、缺乏核心竞争力的民营企业在这场冲突中受影响明显，经营业绩下滑导致陷入信用收缩的困境，2018 年发行的无增信民企债券的平均发行利率为 6.44%，较 2017 年平均利率上行38 个基点。当年违约信用债共有 99 只，违约金额规模 760.67 亿元，涉及35 家民企发行人，违约民企债券数量和金额均超过了 2014—2017 年的总和，达到历史高峰。而根据 Wind 截至 2019 年 7 月的数据，2019 年以来已有 97 期债券发生违约，也已涉及 42 个发行人，债券余额约 700 亿元。相较于 2018 年同期，仅有 30 期债券发生违约，涉及 15 个发行人，债券余额309 亿元。民企依旧占很大部分，2019 年很有可能违约民企债券数量和金额还会超过 2018 年。这也成为影响资本市场的重要因素，2018 年全年上证综指、深证成指、创业板指数全年分别下跌 24.59%、34.42%、28.65%。纵观同期全球的股市，道琼斯工业指数、纳斯达克、日经 225、富时 100、恒生指数、德国 DAX 分别下跌 6.7%、4.62%、12.08%、12.41%、14.75%、18.26%，明显中国股市的跌幅更大，与实体经济发展情况相背离更加明显。

包括特朗普等美国高官的言论也加剧了中美走向金融对抗的趋势。特朗普一直在夸大贸易摩擦对中国经济造成的伤害，甚至吹嘘其加税导致中国股市下跌 27%，数字不值一驳，但是其引诱中美走向金融对抗的目的比较明显。美国之所以敢于这么做，主要还在于美元体系已经绑架了全世界的国家，使之成为它的"人质"，虽然这个体系让各国都饱受痛苦，但是这个体系崩溃很可能会带来更大的负面影响，这就是美国能够通过显在或潜在的违约行为打击、损害债权人利益的根本原因。

因此，在经过一年半的较量，美国难以在贸易和科技对抗中取得明显优势的情况下，加剧中美金融对抗的趋势越来越明显。2019 年 8 月 1 日美联储正式降息 25 个基点，同时宣布对中国 3 000 亿美元商品加征 10% 的关税。在全球经济前景不明朗和贸易摩擦加剧的影响下，8 月 5 日上午 9 点 16 分前后，离岸美元兑人民币率先跌破 7 关口，最高报 7.0392。到了 9 点 32 分前后，在岸人民币兑美元汇率也跌破 7 关口，最高报 7.0262。8 月 6 日，美国认为人民币贬值抵消了加征关税的影响，其财政部随即毫无理由地将中国列为"汇率操纵国"。这一举动使贸易紧张局势进一步升级。8 月 7 日，由此引发了中美证券市场的一轮下跌，由于美国的投资者拥有良好的对冲机制，相对来说，资本市场的下跌对中国企业和投资者的影响可能更大。

由此可见，以美元为主的国际体系成为各国头上的"紧箍咒"，世界上大多数国家，由于资源、人口等方面的差距，无法真正实现货币主权的独立，只能绑在美国的这架"战车"上。从历史经验中可以看到，对于中国这样的大国来说，当其经济发展到一定程度的时候，其货币的地位也会随之体现，获得与其经济水平匹配的货币权力是一种必然趋势。同时，现行国际金融体系将难以容纳中国这样的庞大规模。

6.6 完善中国基础货币投放机制

当今世界局势正处于剧烈变化过程中，国际金融体系正面临严峻的挑战，一方面新兴经济体逐渐兴起正在对美元体系形成挑战，另一方面美国实力的相对下降，也越来越难以承担相关国际责任。经过 40 多年的对外开放，中国已经融入了当今的世界经济体系，但是却被排除在美国主导的国际安全体系之外，因此，中国必须通过完善货币发行机制的方式，也就是完善基础货币的投放机制，确立货币主权，确保金融安全和国家安全。

6.6.1 全球金融体系发生重要变化

美国主导建立的全球金融体系正在出现裂痕。自布雷顿森林体系破裂以后，脱离了黄金束缚的美元，重新把石油作为新的锚定物绑定在一起，并构建了相对于美元霸权来说可以称之为"完美的"石油美元体系，美国和石油输出国组织（OPEC）都是这一体系的重大受益者，可以获得巨大的经济利益，世界上其他大多数国家只能通过出售商品或者矿产等原材料来获取美元，再购买对经济发展不可缺少的石油等能源资源，不得已将自己绑上美国的"战车"，从而不断巩固国际货币以美元为主的局面。

不过近年来，全球正掀起一股"去美元化"的浪潮。首先，越来越多的国家开始抛售美债。随着美国国债收益率出现倒挂现象，其经济发展前景也更加黯淡，美债被投资者看空的程度在增强。据美联储数据显示，截至 2019 年 8 月 19 日当周，外国央行持有美债的资金净流出额为 21.5 亿美元，到 8 月 26 日为 54.97 亿美元，到 9 月 2 日则为 141.56 亿美元，这标志着外国央行抛售美债的速度正在加快。其报告也显示，自 2018 年 6 月至 2019 年 5 月，中国共减持了 810 亿美元美债，从全球最大的美债持有国变成第二大美债持有国。俄罗斯更是清仓式减持约 93% 的美债，据统计，2018 年以来全球至少有 34 个国家通过抛售美债、放弃美元结算等方式"去美元化"。

其次，世界各国使用本币结算、弃用美元的现象正在增多。据不完全统计，中国目前已经与近 40 个国家或地区签署货币互换协议，互换总金额已经超过了 3 万亿元人民币。比如，中国同日本、俄罗斯、阿根廷分别签署了规模约为 2 000 亿元人民币、1 500 亿元人民币和 700 亿元人民币的货币互换协议。2018 年，经常项下跨境人民币首付规模达 5.11 万亿元，同比增长 18%，占全球比例为 2.05%，较上年提高 15.34%。

除人民币之外，伊朗也已经完全放弃美元出口石油，改用欧元和人民币。俄罗斯也制定了经济上"去美元化"的措施，减少对美元的依赖，并且与土耳其、印度等国探索使用双边贸易本币结算；非洲的安哥拉、莫桑比克、加纳等国也在强化本币的使用。

另外，多个经济体正在建立自己的支付结算体系，从基础市场建设上减少对美元体系的依赖。2018 年 8 月 27 日报道，德国外长马斯在柏林召开的欧盟外长会议开幕式上表示，有关建立欧洲独立结算体系的建议已经展开研究工作，这一独立结算体系意味着建立一个独立于美国的欧洲支付渠道，创立欧洲货币基金并建立独立的银行结算系统。早在 2018 年 5 月，俄罗斯央行行长埃尔韦拉·纳比乌利纳就表示，俄罗斯已经建立了国家货币转移系统，可以保护其银行免受 SWIFT 转账服务的切断。中国人民币跨境支付系统二期已经上线，全球已有 865 家银行参与进来，2018 年完成交易 144 万笔，比上年增长 15%，交易金额达到 26 万亿元人民币，同比增长约 80%。

目前，虽然美元作为国际货币的地位还相对比较牢固，但是基于对未来美国经济发展前景的担心、庞大的联邦政府赤字以及美国的自我孤立主义兴行，越来越多的国家不愿意再继续绑在美元这辆"战车"上，要求对以美元为主的国际金融体系进行改革的呼声更加高涨。同时，人民币等其他国家货币使用范围不断扩大，也不断侵蚀着美元的基础。

6.6.2 中国建立现代化金融体系的迫切性不断提高

党的十九大报告首次提出"建设现代化经济体系"，表明中国经济发展进入了新阶段。金融是当代经济的核心，金融机构不仅为各类市场经济交易主体提供资金存储和放贷的金融中介服务，降低"搜寻成本"和"交易成本"，而且为各类市场经济交易主体生产信息、提供信息，在市场主体中具有不可或缺的地位；另外，金融市场是市场体系的主要构成部分，各类市场、各类行业的资金融通主要通过金融市场来完成交易和流通。可以说，建立现代化经济体系的核心是要建立与之相适应的现代化金融体系。

人民币的发行必然处于现代化金融体系的核心位置，不仅是为中国的经济体系提供匹配的流动性，而这恰恰是中国经济能够健康发展以及加快转型的关键因素之一，还关系到央行资产负债表的健康程度，从某种程度上来说，央行资产负债表极大地关系到金融体系的稳定性。根据上面的论述可以看出，外汇仍然占据央行资产的巨大部分，而西方发达国家货币政策出现的不稳定因素，必然会极大影响到央行的资产，进而放大效应影响到整个金融体系、经济体系的稳定性。

美国、欧盟、日本等西方发达国家的成熟经验显示，当央行资产负债表都是本币呈现的时候，往往会更加稳定，尤其是在抵抗金融危机的过程中，央行才可以充当有效的最后贷款人的角色。正因为外汇恰恰在人民币发行中起到了非常重要的作用，在央行的资产端积累的大量外汇资产已经对其货币政策形成了掣肘。

同时，对应于央行负债端发行的人民币进入中国经济体系，并形成各类主体的资产，这些资产的质量本质上也决定了央行负债的质量。不过，近年来，随着房地产和金融机构的突破式发展，当前金融体系运转的质量离目标显然还有距离。这些不足之处主要表现在：

首先，金融服务实体经济的能力有待提高，货币政策传导机制出现阻滞。央行将流动性注入银行体系后，受到资金供、求双方意愿和能力的制约，信用扩张受到供给端和需求端多重约束，金融体系"有钱"难以运用出去，也难以用到最需要的地方，甚至导致资金在金融系统内空转，使得利率扭曲。

其次，地方政府过度依赖房地产的经济发展模式，对其他行业的负面影响逐渐显现。根据研究数据显示，房地产越发达的地区，其房地产金融化的程度越高，与之相关的金融衍生品发展迅速，因此，银行的"理财产品"和信托公司的"信托产品"等通过影子银行大量的资金进入了地方政府融资平台与房地产行业，形成了相当多的无效资产，加剧了地方财政负担，同时也挤占了其他实体行业的发展空间。

再次，相当多的地方商业银行实际上承担了很大一部分为地方政府融资的功能。利用金融机构的优势，通过同业业务、发行结构化金融产品等方式融资，地方政府也为其提供隐形担保，所以近年来中小商业银行资产规模膨胀得非常迅速，包商银行由于严重信用风险而被接管的警示案例说明，资产规模大并不代表其有更大的抗风险能力，相反，这很可能成为金融体系内的潜在风险点。

最后，在当前银行对资金供给的主体依然依赖于高信誉的大企业以及国有企业。一些民营企业被迫寻找国有企业合资以获得融资和享受"隐性担保"，一些大型企业也乐于从事这种金融批发业务，甚至成立了融资租赁等类型公司以获取更大利润。由此金融市场上出现了金融企业为国有企业提供资金，国有企业再向中小民营企业放贷的怪象，宽松货币政策的结果并没有解决中小企业"融资难、融资贵"的问题。

7 各国央行货币政策操作：比较与建方

货币政策主要有两个作用：一方面，货币政策是一种宏观经济政策，通过调节和控制全社会的货币供给来影响宏观经济运行，进而达到特定的宏观经济目标。另一方面，货币政策可以调节社会总需求，通过对社会总需求的调控影响社会总供给及构成，实现社会总需求和总供给的均衡。因此，货币政策作用的有效发挥，对于稳定物价、保障充分就业、促进经济增长、实现国际收支平衡和金融稳定等都具有重要意义，必须保障货币政策作用的有效发挥。

7.1 货币主权与货币政策的作用

货币主权是国家主权的重要组成部分，是每个国家在其国内发行和管理本国货币，以及在国际上独立执行其对外货币政策、平等参与国际货币金融事务的权力，是一国决定货币调控和金融改革发展的自主权。如果一国失去货币主权，其货币发行权、货币独立权，以及维护本国货币币值稳定、实现外汇管制的权利等都将被削弱甚至被剥夺，有效发挥货币政策作用的目标便无从谈起。

在现代货币史上，有的国家将货币主权拱手出让，换来的是货币政策失效，付出了惨痛代价。以日本经济为例，日本经济在 20 世纪经历了长达20 余年的高速增长期，GDP 增长了近 20 倍，出口增长了 59 倍，出口额占世界比重上升到 9.63%，号称"卖了东京，买下美国"。然而，在"广场协议"签订后，日本外汇市场受到干预，日元被胁迫升值，导致日本出口锐减、房地产泡沫破裂、失业率飙升。其间，日本央行的货币政策失效，束手无策，日本经济进入长期停滞期，陷入战后最严重的经济衰退。

又如，20 世纪 80 年代后期，为获得国际货币基金组织（IMF）的资金援助以应对严重的债务危机，阿根廷政府被迫接受大幅度对外开放金融体系等附加条款。20 世纪 90 年代，阿根廷将基础货币的变动建立在外汇储备变动的基础上，确立阿根廷货币奥斯特与美元 1：1 的固定汇率，任何有关汇率的变动都需要经过国会的讨论与批准。僵化的货币制度使阿根廷政府无法通过自主调整汇率水平来应对国内外经济环境变化，汇率不能及时对资本流动、进出口价格变化等作出反应，阿根廷央行无法通过调整货币供应量来调节经济，实质上失去了货币主权，也就同时失去了货币政策的自主权和宏观调控的能力，为更大的危机埋下了伏笔。

中国实行以市场供求为基础、参考一篮子货币进行调节、有管理的浮动汇率制度。但是在实际运行中，接近于钉住汇率制度，意味着中国的货币政策易受到汇率制度和外汇储备的影响，有引发金融危机的潜在风险。中国金融持续扩大对外开放水平，中国经济深入融入全球价值链，只有掌握货币主权，才能拥有完整的货币政策工具，才能保障经济政策目标的实现，自主、灵活地实行货币政策，保障中国经济的持续、健康发展，有效防范化解金融风险。

7.2 美国、欧洲、日本货币政策的启示

货币政策包括政策工具（如存款准备金制度、公开市场操作、再贴现窗口等）、实施力法（如频度、交易对手选择等）、操作目标（如货币市场短期利率、商业银行准备金等）、中间目标（如汇率、货币供应量、贷款增长量、资产价格等）和最终目标（如价格稳定、经济稳定增长）等。美国、日本、欧元区是最发达的三大资本主义经济体，美国联邦储备银行、欧洲中央银行以及日本央行基本都采用西方传统的"三大法宝"，即公开市场业务、存款准备金制度以及贴现窗口作为其主要的货币政策工具。其中，公开市场业务更具主动性、灵活性、实效性等优势，是美国、欧洲、

日本央行最主要的货币政策日常操作工具。

美国、欧洲和日本三地央行现行的货币政策成熟而有效，中国目前在货币政策操作上与美国、欧洲、日本有较大差异。通过分析发达国家货币政策操作策略，总结其通过市场工具、充分发挥市场作用来保障货币政策有效实施的经验，可以为中国货币政策有效性的更好发挥提供参考，具有重要借鉴意义。

7.2.1 美国建立了成熟的多层次资本市场，美联储通过公开透明的市场操作实现货币政策目标

美国是最早推行公开市场操作的国家之一，由于没有国会拨款，美联储最初通过购债获得利息，催生了公开市场操作。美联储于 20 世纪 20 年代末成立了联储公开市场委员会（The Federal Open Market Committee, FOMC），作为货币政策的决策机构，担负着制定和实施货币政策、指导和监督公开市场操作等重要职责。20 世纪 50 年代，公开市场操作日臻完善，最终取代了贴现窗口和存款准备金率成为美联储货币政策的首要操作工具，美联储注重公开市场操作的货币政策操作体系正式形成。另外，美联储通过公开市场会议确定货币政策态势和行动指南，指定纽约联邦储备银行为公开市场操作机构，由公开市场账户经理来执行具体操作。

美联储公开市场业务的操作对象之一为同业市场的短期利率，这一短期利率是中央银行货币政策传导的重要渠道之一，由联储公开市场委员会定期宣布美联储关于短期利率的决策，而这一决策马上会对同业市场利率产生立竿见影的影响，因此，美联储采用了联邦基金利率作为其操作目标。美联储公开市场操作分为两类：一类是永久性的，另一类是暂时性的。永久性公开市场操作通常用于调节影响美联储资产负债表的长期因素，主要是流通中货币的增长趋势，包括通过系统公开市场账户直接买卖证券。暂时性公开市场操作通常用于应对由于短期变化产生的准备金需求，主要通过回购交易的形式进行。

美联储最主要的公开市场操作工具是政府债券，最主要的交易场所是

政府债券的二级市场。但是，美联储被授权可以买卖的证券范围受到限制，交易的券种主要包括政府债券和政府机构债券等，而且主要是短期证券。美联储公开市场业务实行一级交易商制度。一级交易商的职责在于参与公开市场操作，促进货币政策执行符合联邦公开市场委员会的既定方向。此外，一级交易商还要参与所有美国政府债券拍卖，并履行国债做市商职责。目前美联储有 21 家一级交易商，包括高盛、德意志银行、J. P. 摩根等。由于美国国债市场具有足够的深度、广度和稳定性，因而自美联储进行公开市场操作以来，美国的公开市场业务绝大部分是通过国债、在国库券市场上进行。国库券的种类通常有 3 个月、6 个月和 1 年期，其中 3 个月和 6 个月期国库券每周滚动发行，1 年期国库券每四周发行一次。

2008 年国际金融危机爆发后，美联储实施了四轮量化宽松货币政策，其中涉及公开市场操作的包括大规模资产购买计划、展期计划及单期回购计划等多项措施。公开市场操作是美联储控制货币供给的主要工具，由美联储主动进行。美国公开市场操作灵活，易于反向操作，并能够快速实施。此外，美国公开市场操作的透明度较高，联邦公开市场委员会每年召开 8 次会议，向公众发表政策声明。联邦公开市场委员会还会发布绿皮书、蓝皮书和棕皮书，以传递经济金融情况有关信息。通过公开市场操作的手段，美国确保了其多层次金融市场的灵活性与高效性。

关于存款储备金制度，美联储主要对存款机构实行存款准备金制度，对存款准备金不支付利息，持续期为两周。美联储还要求大中型存款机构在联储开立清算账户，以便于对日常交易进行资金清算。存款机构的法定存款准备金与超额存款准备金是无偿的，而清算账户余额则是有偿的，通常根据市场利率来测算应付利息。不过，美联储并不直接对清算账户余额支付利息，而是通过豁免存款机构与美联储进行交易时需要支付的手续费来抵销其应付利息。这可以在一定程度上避免存款机构为满足准备金要求而持有超额准备金所带来的机会成本，从而为其管理在美联储的账户提供了一定的灵活性。对于难以在银行间市场上随时融资以满足其资金需求的小型金融机构，为了达到存款准备金要求，它们通常持有超额准备金，这些小型金融机构持有的超额准备金平均约 10 亿美元，约占联储总余额的 10%。存款准备金率及法定准备的构成与应保持的限额，对银行的资产负债比率及经营方向有着直接的影响。如存款准备率提高，可以促进商业银行多吸收存款以保持原有的资产规模，或收缩贷款、减少投资、出售债权以适应被压缩的可用资金规模。美联储通过增大或降低存款准备金率来调节商业银行的信用创造能力、控制货币供应量的伸缩，以达到稳定通货的政策目的。

美联储充分发挥市场作用，通过公开市场操作，保障货币政策的有效实施，为 2008 年后美国经济复苏作出突出贡献。首先，美联储果断承担央行的最后贷款人职责，为金融市场注入充足流动性，防止危机继续蔓延；其次，对经济衰退和通货紧缩压力及时反应，快速降低政策利率至 0 ~ 0.25%，避免实际利率上升诱发债务—通缩循环；最后，突破传统框架束缚，实施前瞻指引和量化宽松等非常规货币政策。充分有力的货币政策实现了居民部门和非金融企业部门的资产负债表修复，支撑经济持续稳定增长。

7.2.2 欧洲央行有明确的货币政策目标，并确保市场对政策目标的准备把握

欧洲央行有明确的"就业率—经济增长率—通货膨胀率"的政策目标，为实现这一政策目标，欧洲中央银行以公开市场业务、存款准备金制度、贴现窗口作为主要货币政策工具，将中央银行的货币政策意图公开、透明地传向市场。

最低存款准备金要求是欧洲央行所使用的调整力度较大、影响也较为剧烈的货币政策工具。从存款准备金制度实施范围来看，欧洲央行对辖内所有信用机构都有准备金要求，并对所有信用机构实行统一的存款准备金要求，存款准备金率均为 2%。美国、日本央行对存款准备金不支付利息，而在欧洲央行，存款准备金是有偿的，通常根据持续期内主要再融资操作的加权平均利率来支付利息。由于欧元体系在日终提供备用贷款便利机

制，一旦存款准备金低于央行要求时，信用机构可以自动获得其所需资金，因而它们持有的超额储备在欧洲央行准备金余额的比例非常低，仅为 0.5% ~ 0.7%。

欧洲央行公开市场操作是指欧洲央行在欧元区市场内，以不附条件的直接交易或者回购交易等方式，从事合格有价证券买卖的操作，其目的在于指导市场利率、调节市场流动性并向市场指明其货币政策方向。与美国央行、日本央行不同，欧洲央行没有官方利率形成机制，因此在开展公开市场业务时也不以任何具体的市场利率为目标，而是通过日常主要再融资操作来释放货币政策信号，同时欧洲央行的决策机构——常务理事会，也相继表明其对短期利率水平的倾向性意见。2008 年国际金融危机爆发后，欧元区先后实施了以担保债券购买计划（CBPP）、证券市场计划（SMP）和完全货币交易计划（OMT）共同构成的量化宽松政策。2010 年 5 月，欧洲央行启动了证券市场计划，由欧洲央行及 17 个欧元区国家的中央银行在二级市场购买财政问题较严重国家的政府债券。2012 年 6 月，欧洲央行启动完全货币交易计划并以之取代证券市场计划。欧洲央行通过在二级市场购买剩余期限在 1 ~ 3 年的问题政府债券来改善欧元区问题国家的金融财政状况。公开市场操作主要包括主要再融资操作、长期再融资操作、微调操作及结构性操作四类。

（1）主要再融资操作。这是欧元系统为向银行系统提供流动性而采取的公开市场操作。由成员国央行采取标准招标的方式，按照预先规定的日期进行。该操作构成欧元系统公开市场操作的主要部分，为金融部门提供主要的再融资资金。

（2）长期再融资操作。这是中央银行的传统金融工具，也是欧元区银行体系流动性的次要来源。这种操作每月实施，通常是买入或者卖出 3 个月期限的证券。由成员国央行采取标准招标方式，按照预先规定的日期进行，其目的在于向交易对象提供额外的、期限更长的再融资，而非用于表明货币政策立场。

（3）微调操作。微调操作采取临时权宜的方式进行，目的在于管理市场的流动性和影响利率，特别是在没有预期到的流动性波动影响到利率时，就需进行微调。微调操作通常使用回购交易来执行，但也存在不附条件直接交易、发行债券、外汇掉期交易和吸收定期存款等其他形式，由成员国央行通过快速招标或双边程序实施。微调操作所使用的交易工具要结合交易类型和具体的操作目标来选择。

（4）结构性操作。结构性操作通过发行债券、回购交易和不附条件直接进行交易。这类操作在欧洲央行希望调整欧元系统头寸结构时通过金融部门定期或不定期进行。通过发行债券和回购交易等形式进行的结构操作，由成员国央行通过标准招标进行；通过不附条件直接交易进行的结构操作，则通过双边程序进行。与美联储在纽约联邦储备银行实施公开市场操作不同，欧洲中央银行将其公开市场操作分散到若干个国家的中央银行进行。

但是，欧元区货币政策也存在制度性缺陷，其货币政策与财政政策存在不对称性。欧元区实行由欧洲中央银行实行的统一的货币政策，但由于各国的反对，没有实行统一的财政政策。这种制度缺陷使得欧元区成员国无论是从客观上还是主观上都有增加财政赤字的动力，导致了赤字大幅上升和债务累计，最终引发了葡萄牙、意大利、爱尔兰、希腊、西班牙等"欧猪五国"过度举债的主权信用危机。公共开支巨大、公共债务债台高筑，GDP增长抵不上债务增长幅度，财政长期性的入不敷出是深层次原因。

从客观上看，在经济周期的不同阶段，需要运用不同的财政政策和货币政策来对国民经济进行宏观调控。按照凯恩斯的理论，在经济整体出现下滑甚至衰退时，需要使用扩张性的财政政策和货币政策。但是加入欧元区的国家，缺少独立的货币政策，货币主权不完整，使得成员国无法及时、有效地利用货币政策进行宏观经济调控。在经济出现问题时，欧元区成员国就只能通过扩大财政支出来促进经济增长和就业。"欧猪五国"在陷入债务危机后，政府无法通过货币贬值或降低利率等货币政策手段来刺激本国经济，也不能通过发行货币的方式来缓解偿还债务的压力。为防止经济过快下滑，五国政府只能通过扩大财政开支以刺激经济，这进一步导致了主权债务的过度膨胀。

7.2.3 日本央行的公开市场操作推动货币政策落实，但监管不力导致市场信心缺失

公开市场操作在日本起步较晚，操作相对不成熟。1962 年日本央行开始通过公开买卖债券的方式调节货币供给，1972 年后积极开展票据买卖，1981 年开始短期证券交易。1986 年以来，随着日本公开市场的发展和健全，公开市场操作成为日本央行货币政策日常操作的重要工具。20 世纪 90 年代初期，日本房地产泡沫破裂，经济增速严重下滑，整体经济陷入衰退。2001 年 3 月至 2006 年 3 月，日本央行在全球率先使用量化宽松货币政策。然而，日本经济并没有起色，核心通货膨胀率及国内生产总值水平始终在零附近徘徊。2010 年 10 月，日本央行再次出台量化宽松货币政策，截至 2013 年 3 月，日本银行累计购买金融资产 72 万亿日元，这些金融资产包括政府债券、贴现票据、商业票据、公司债券、交易所交易基金（ETF）和房地产投资基金（J－REITs）等。

与美国相似，日本银行以同行业市场短期利率作为其公开市场业务的操作目标，并设置了货币政策会议定期宣布央行关于短期利率的决策，以此实现货币政策具体目标的选择。日本央行设立了明确的隔夜市场利率水平，称为目标利率。在一般情况下，日本央行的公开市场操作目标是保持活期贷款利率在每周一确定的目标利率范围内。从 2001 年 3 月起，日本央行开始采取新的操作方法，将金融机构在中央银行的活期存款余额（准备金和超额准备金）作为操作目标。这是因为日本零利率政策已经很难反映市场资金供求状况。但是日本央行宣称，当消费者物价指数上涨幅度超过零后，将恢复原有做法。

日本央行每天在公开市场、通过市场手段进行多次操作，操作方法主要包括回购交易和不附条件直接交易。回购交易的操作工具包括政府债券和商业票据等，不附条件直接交易的操作工具有政府债券和贴现票据等。

相对而言，美联储和日本央行使用的交易工具都较为广泛，除进行回购交易外，现券买卖交易在这两个央行也开展得较为活跃。不同的是，美联储主要通过公开市场业务买入短期国债，用来满足市场的流动性需求，一般很少在二级市场卖出其持有的债券。日本央行则将现券买断作为主要的投放基础货币的交易工具，不仅日本央行总行，日本全国范围内的各家分行均可以开展现券买断交易，现券卖断则由总行来进行。此外，日本央行采用以现金作抵押借入政府债券的方式实现投放基础货币、调节流动性的目的。

但是，虽然日本在 1991 年泡沫经济破灭后实施了扩张性的货币政策，但由于货币乘数、货币流通速度降低、货币供给量减少等各种因素的影响，日本的货币政策没有有效地增加货币供给量，即日元供给量并没有按照预期速度增长，货币供给量并不能满足经济活动的需求，从而减弱了日本的货币政策效果。数据显示，2016 年日本国内负债率高达 255%，泡沫经济破灭后日本货币政策持续失效，表明了货币政策的局限性，即货币政策在治理经济萧条与通货紧缩时的作用有限。日本货币政策局限性的一大原因在于日本央行对日本金融市场关注度与洞察力不足，忽视了对外投资上升、银行储蓄减少等市场现象对于货币政策传导机制的影响，导致了货币政策的实施不利。

另外，日本政府对 20 世纪 90 年代初泡沫破灭后的反应速度太慢、救助力度太弱，没有及时阻断资产价格、银行信贷、物价水平等的螺旋式下降进程，也未进行系统改革，导致危机迅速蔓延并不断深化。危机发生后，日本政府未能果断地对陷入困境的金融机构进行救助，致使信贷快速收缩，流动性枯竭，M2 同比增速从 1990 年的 11.5% 快速下降到 1992 年 9 月的 -0.5%。

7.2.4 总结

美联储、欧洲央行和日本央行在货币政策有效性的发挥上都具有相同的特征，即以公开市场业务为其主要的货币政策工具，保持对金融市场的中立态度，相机进行货币政策操作。美国的货币政策能有效发挥作用，关键在于拥有独立的货币主权，并拥有完整的货币政策工具，既可以有效应对金融危机，也可以使用各种货币工具在通过市场操作来保障经济政策目标的实现。但是，欧元区货币政策与财政政策的分离使得对金融环境的调控产生严重问题，出现了部分国家过度举债的信用危机，这从反面再次印证了掌握货币主权、严控债务规模的重要性。日本由于对市场的关注度与洞察力不足，没有尊重市场规律，没有及时剥离、重组大型金融机构的债务问题，导致市场对日本央行失去信心，货币政策有效性也大打折扣。

综上所述，从美国、欧洲、日本三大央行关于货币政策的实践经验我们可以看出，只有拥有高度的货币主权，并在此基础上根据各自金融制度以及金融市场的发展状况，协同财政政策与宏观经济目标，基于对市场流动性水平的有效预测与管理选择适合其自身需要的操作策略和工具组合，严控政府债务规模，加强财政纪律，才能令货币政策的有效性得以充分发挥，达到理想的调控效果。

7.3 中国的货币政策目标

7.3.1 树立明确的货币政策目标，目标选择要公开透明，加强跟市场的沟通，通过市场工具、市场操作实现调控目标

货币政策的制定与实施，首先需要设立明确的、透明的货币政策目标，例如，设置明确的通货膨胀目标、物价水平目标等，这是一种事先承诺。提高货币政策目标的透明度对于有效引导公众预期、提高政策可信度具有至关重要的意义。隐蔽性曾是一些国家央行长期坚持的原则，认为保持神秘感可以减少市场波动，并减少政府对市场的过度干预。然而，日本、美国、欧盟等国家和地区在提高货币政策透明度后都获得了较为理想的调控效果，通货膨胀水平和经济发展情况总体良好。一向以发言"晦涩难懂""模棱两可"著称的美联储原主席格林斯潘也认为，"公开不仅有助

于经济运行向好的方向发展，而且更是一个中央银行应该承担的责任"。西方发达国家的中央银行都对货币政策实施逐渐采取了更加积极、透明的态度。

近年来，中国货币政策的透明度不断提高，目标明确性不断增强，除定期公布货币政策委员会的决策声明、货币政策执行报告以及统计数据外，中国人民银行还经常发表具有引导性的讲话，释放相关信息和信号，体现了中国货币政策逐渐走向透明、宏观调控理念不断进步的变化趋势。但是，中国正处于经济转型的关键时期，国内国外形势复杂交织，在提高透明度方面还面临一些障碍，在一定程度上阻碍了货币政策的有效实施。

7.3.2 加强财政纪律，尤其是地方政府需要加强预算约束

当前，中国的财政项目主导了经济资源的分配，地方政府经济发展"锦标赛"的机制容易给地方政府带来沉重的债务负担，并且，在政府信用扩张的同时，各类政府融资平台、国有企业债务融资和股权融资平台的加速发展，使得地方政府的债务率和杠杆率高企，在一定程度上限制了货币政策的有效实施。因此，为防范化解金融风险，保障货币政策的有效落实，必须严肃财政纪律，划定地方政府举债"红线"，对存量地方政府债务进行清理和甄别，明确地方政府与企业的责任，从妥善处理地方政府存量债务、加强限额管理、建立健全风险防控机制等方面对地方政府债务进行规范，避免"欧猪五国"的类似问题发生。

7.3.3 坚持市场化原则，充分发挥市场作用

目前，公开市场操作已经成为中国人民银行主要的对冲工具。坚持市场化原则是中国金融改革的大势所趋和客观要求，要积极稳妥推进利率市场化改革，完善货币政策传导机制，充分发挥市场在货币政策调控中的作用，积极开展公开市场操作工具创新。要打破银行刚兑和隐形担保，让金融机构自主经营风险，破产处置必须坚持市场化原则，减少行政干预，加强市场纪律，完善监管体制和公开市场业务操作机制。

7.3.4 重视数字货币对货币主权的影响

自 2019 年 6 月 18 日脸书旗下加密项目 Libra 正式发布白皮书后，其以一篮子主权货币作信用支撑的野心，引起全球对此保持高度警惕和关注。近年来，各个国家央行及货币当局均在对发行央行数字货币展开研究，瑞典央行和新加坡央行等已经率先开始相关试验。中国人民银行在 Libra 发布其后的 7—8 月通过不同形式对数字货币密集表态。

在 7 月 8 日举办的数字金融开放研究计划启动仪式暨首届学术研讨会上，中国人民银行研究局局长王信曾透露，国务院已正式批准央行数字货币的研发，目前央行正在组织市场机构从事相应工作。8 月 2 日，中国人民银行在 2019 年下半年工作电视会议中强调，中国要加快推进法定数字货币研发步伐，跟踪研究国内外虚拟货币趋势：8 月 10 日，原中国人民银行支付结算司原副司长穆长春正式出任央行数字货币研究所所长，中国人民银行数字货币研究所旗下公司深圳金融科技有限公司一直在招兵买马组建数字货币团队，在中国金融四十人伊春论坛上穆长春称，"央行数字货币可以说是呼之欲出了"；8 月 18 日，中共中央、国务院发布关于支持深圳建设中国特色社会主义先行示范区的意见，提到支持在深圳开展数字货币研究等创新应用，备受关注的央行数字货币正式发布迫在眉睫。中国央行展开这一动作的战略目标是让中国与世界其他地区更紧密地融合，数字货币只是让人民币更加国际化的手段之一。

此前央行官方微信发布央行副行长范一飞刊载在媒体上的文章《关于央行数字货币的几点考虑》提出，中国央行数字货币应采用双层运营体系。他表示，大国发行央行数字货币是一个复杂的系统性工程。尤其中国人口众多，各地区经济发展、资源禀赋和人口受教育程度差异较大，在设计和运营央行数字货币过程中，要充分考虑系统、制度所面临的多样性和复杂性。

中国将成为全球首个央行正式发布数字货币的国家。央行数字货币初期将向中国银行、中国工商银行、中国农业银行、中国建设银行、阿里巴巴、腾讯以及银联七家机构发行。上述几家机构将负责把央行数字货币推向大众的相关业务，新发行的数字货币受众并非局限于几大机构本身，而是 13.95 亿中国公民。旧数字货币将对商业银行以及有支付业务会有影响。对于商业银行来说，央行发行的数字货币，可能会对商业银行的一些业务造成冲击。数字货币的探索本身就是对货币体系的延展探索。所以对传统货币创造的银行体系来讲，如果不提升银行科技就会出现体系冲击。对于有支付业务的企业来说，如果可以使用央行的数字货币，就不用对接商业银行系统，效率会大大提高。

央行货币的数字化有利于优化央行货币支付功能，提高货币政策有效性。央行数字货币可以成为一种计息资产，满足持有者对安全资产的储备需求，而第三方支付平台微信和支付宝在法律地位和安全性上，达不到和央行数字货币同样的水平。同时，央行可通过调整央行数字货币利率，影响银行存贷款利率。

央行数字货币标志着其成为新的货币政策工具。中国主权数字货币可以降低传统纸币发行和流通的高成本，提升经济交易活动的便利性和透明度，提升央行对货币供给和货币流通的控制力，更好地服务实体经济，助力普惠金融的实现。纸币被新技术、新产品取代是大势所趋。传统的主权货币已经无法跟上全球经济发展的节奏。中国人民银行具有货币政策独立性，中国人民银行发行的数字货币是法定货币的另一种表现形态。而商业机构发行的数字货币，以 Libra 为例，其加密性质和点对点支付能绕过资本管制，削弱跨境资金监管的有效性，它可以在全球各地进行支付和交易，这意味着在非储备货币国家可以随意使用 Libra 进行支付，这会影响非储备货币国家的货币主权地位，容易对整个经济体系造成混乱。

总体来说，中国人民银行发行的数字货币及未来央行数字货币的发展和应用代表着法定货币数字化的融入，会加速人民币国际化推进进程，使人民币在全球具有影响力，奠定中国主权信用在全球的政治和经济地位。

第三篇

国家治理现代化与货币主权

8 强化地方政府预算的硬约束

2019 年正值欧债危机 10 周年，政府债务危机尤为关注。有关中国地方政府债务问题讨论已久，而西方媒体对于中国地方政府债务更是各种渲染。在外部需求疲软、贸易保护主义盛行和地方面临下行压力的背景下，地方政府债务凸显。尽管地方政府债务率和赤字率处于国际警戒线范围之内，但是债务风险与金融风险具有内在联系，要构建金融强国，中国就必须强化地方政府预算硬约束，管住地方政府举债发展的冲动，严控地方债风险。

债务是制度经济学关注的问题，康芒斯在《制度经济学》中指出，"实际上，债务或所有权都不是财富。它们是制度。我们从数量观点把它们叫作资产和负债。我们认为这是商人的资本的意义"。他进一步深刻地指出，"银行家买进一项债务时，并不是买一种具体的物资，而是买进叫作债务的制度"。[①]

从国际经验来看，地方政府债务预算软约束是影响货币发行权独立性的重要原因，借鉴欧债危机 10 年的教训，深化地方政府改革，以防控地方政府债务风险与金融机构风险交叉加剧引发危机。地方政府债务风险转嫁给中央政府并由其兜底将导致财政与金融的风险，而地方政府隐性债务增加同样会引发区域性风险，并导致金融风险或引发系统性金融风险，因此地方政府隐性债务成为影响央行货币政策独立性的重要因素。

地方政府债务与金融机构紧密相连，需要防控地方政府债务可能引发的区域性债务风险和金融风险。目前中国债券市场上，最大比例的债券正

---

① 约翰·康芒斯. 制度经济学 [M]. 北京：商务印书馆，2009：63.

是地方政府债,而地方政府债的购买方多数是银行等金融机构,如果地方政府隐性债务高企,地方政府债务风险将直接引发金融机构风险,由此需要加强对地方政府预算的硬约束,防控地方政府债务风险,而控制地方政府债务风险的关键在于推进和加强地方政府改革。深化现代财政体制,构建中国人民银行独立的货币发行权。

深化现代财政制度建设必须要研究地方政府债务与央行货币发行权独立性之间的关系,首先要明确为什么一定要加强地方政府预算硬约束,严格控制地方政府债务风险,进而防止地方政府债务引发区域性风险和系统性金融风险。

8.1　中国地方债务发展历程与变化情况

8.1.1　国际上政府性债务及其分类

国际上一般采用世界银行的汉娜财政风险矩阵法（Fiscal Risk Matrix）进行测算①。在此风险矩阵中,政府债务按不同标准各分为两类。从负债的法律强制性角度来看,分为显性债务和隐性债务。显性债务是有政府特定的法律或合同所带来的负债,而隐性债务是基于道义或预期的政府责任,它并不是建立在法律或合同的基础上,而是建立在公共预期、政治压力的基础上。从负债发生的条件来看,分为直接债务和或有债务。其中直接债务不需要特定事项的发生任何情况下政府都要承担支付责任,而把有可能发生的债务称为或有负债,或有负债是基于特定事件所发生的政府负债。

---

① 刘尚希. 财政风险:一个分析框架 [J]. 经济研究,2003 (5):23-31.

显性债务	1. 国家债务（中央政府借款
1. 国家的债务担保	和发债支出）
2. 国家对贷款的保护性担保	2. 预算涵盖的开支（非随意
3. 国家对贸易汇率的承诺担保	性支出）
4. 国家对私人投资的担保	3. 法律规定的长期性支出
5. 国家保险体系	（公务员工资及养老金）
或有债务	直接债务

1. 地方政府或公共实体、私营	1. 未来公共养老金（与公务
实体非担保债务的违约	员养老金相对的）
2. 银行破产	2. 法律硬性规定以外的社会
3. 实行私有化的实体债务清偿	保障计划
4. 非担保养老就业社会保障基	3. 法律硬性规定以外的未来
金的破产	保障融资计划
5. 中央银行可能的负净值或对	4. 公共投资项目的未来日常
所承担义务不能履行	
6. 其他紧急财政援助	
7. 环境、救灾、军事拨款	
隐性债务	维护成本

图 8 - 1　汉娜财政风险矩阵

资料来源：Hana Polackova Brixi and Allen Schick（2002），World Bank。

8.1.2　中国地方政府债务的规模和增长情况

在中国政府性债务的概念范畴中，地方政府性债务宽口径主要分为三种类型：负有直接偿债责任的债务、负有担保责任的或有债务以及负有救助责任的或有债务。2015 年《预算法》执行，规定地方政府举债的唯一合法途径就是发行地方政府债券，负有直接偿债责任，属于第一象限的直接显性债务，并分为一般债券和专项债券两类。本书所说的窄口径的地方政府债务指地方政府债券。

表 8 - 1　　　　　　地方政府一般债券与专项债券对比

	筹资对象	还本付息	财政管理
一般债券	没有收益的公益性项目	一般公共预算收入	列入财政一般公共预算，进行政府赤字管理
专项债券	有一定收益的公益性项目	政府性基金或专项收入	不计入赤字计算

数据来源：World Bank。

（1）中国地方政府显性债务规模总体可控

根据财政部公开的历年财政决算报告，截至 2018 年底，全国各级地方政府负有偿还责任的债务为 18.4 万亿元，其中一般债务余额为 11 万亿元、专项债务余额为 7.4 万亿元，控制在全国人大批准制定的债务余额限额内。自 2015 年制定债务余额限额以来，历年显性政府债务规模都处于可控状态（见图 8 – 2）。

图 8 – 2　2014—2018 年全国地方债务（窄口径）余额

资料来源：财政部历年财政决算报告。

（2）中国地方政府债务增速加快

近几年，面临外部不确定性和经济下行压力，中国采取了积极的财政政策和稳健的货币政策的逆周期宏观调控政策，自 2016 年以来，中国政府债务余额增速明显加快，特别是 2017 年以来债务增速甚至都超过了 GDP 增速，债务扩张的势头越发明显，而无法准确测算的隐性债务部分更是逐渐膨胀（见图 8 – 3）。

（3）中国地方政府隐性债务规模大、增速快

对比债务余额的增长和负债率的变化，不难发现中国政府在经济高增长的背景下降低负债率、防范债务风险的努力，但 2017 年以后债务风险逐渐升高，要警惕地方负债膨胀的危机。

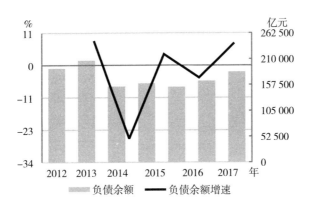

图 8 - 3　2012—2018 年全国地方政府债务（窄口径）余额及增速

资料来源：财政部历年财政决算报告。

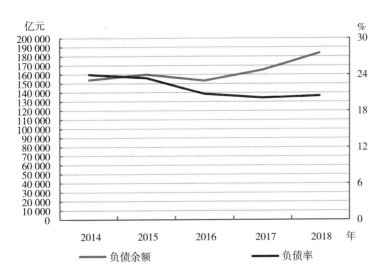

图 8 - 4　2014—2018 年全国地方政府负债余额（窄口径）及负债率

资料来源：财政部历年财政决算报告。

　　中国隐性债务规模的数据，无论是根据国际清算银行（BIS）对中国 2017 年底隐性债务的 8.9 万亿元规模的估计数据，还是国际货币基金组织（IMF）对中国截至 2016 年底的 19.1 万亿元，其规模都不低于显性债务。由此，中国需要防控地方政府债务风险。据此推算，中国 2017 年底的地方政府隐性债务余额约为 33 万亿元，其中通过银行贷款、发行债券和非标融资流入地方融资平台的资金分别约为 17 万亿元、7 万亿元和 7 万亿元。

8.1.3 中国地方政府债务发展历程①

第一阶段：1949—1978 年，从暂时发行地方债稳定经济形势到"既无外债也无内债"。新中国成立伊始，经济社会面临重建，经济形势不容乐观，为稳定经济社会局面，中央政府陆续批准东北、安徽省人民政府发行公债，以"折实公债"和"地方经济建设公债"作为雏形。50 年代后期，高度集中统一的计划经济体制为集中财力提供了制度保障，发行公债融资的方式便逐渐淡出历史舞台。1968 年还清所有债务后，中国进入长达 10 年"既无外债也无内债"的时期。

第二阶段：1978—1994 年，经济体制转轨严格限制地方债。经济转轨的前期阶段继续沿袭计划经济体制的框架进行大规模的政策调整，局部突破计划经济体制。在中央仍然执行相对统一的经济和财政政策情况下，地方举债受到较为严格的限制。1985 年 9 月 9 日，国务院发布《关于暂不发行地方政府债券的通知》，提出发行地方债将会扩大固定资产投资总规模，继续加大固定资产投资规模。为控制通货膨胀和固定资产投资增速过快，国务院要求暂停地方债发行。

第三阶段：1994—2009 年，分税制下地方债政策收紧。1994 年"分税制"财政体制改革造成了"财权上移，事权下移"的局面。地方政府可选的融资手段有限，唯有不规范地进行负债，这与地方政府自主权扩大与地方政府官员晋升机制等因素结合在一起，进一步推动地方债务迅速膨胀，地方债务问题开始凸显。1997 年东南亚金融危机爆发，中央政府采取积极的财政政策应对时局，更加快了地方债务的膨胀。1994 年的《预算法》第二十条明文规定，地方各级政府预算按照量入为出、收支平衡的原则编制，不列赤字；第二十八条规定，除法律和国务院另有规定外，地方

---

① 刘飞扬、付志宇. 中国地方政府债务发展的历史变迁与现实启示［J］. 江苏科技大学学报（社会科学版），2019（6）：74 – 81.

政府不得发行地方政府债。同年颁布的《担保法》明确规定地方政府及其职能部门无权对经济合同进行担保。①

第四阶段：2009—2015 年，从"代发代还"到"自发代还"再到"自发自还"的地方债。欧洲债务危机的爆发给中国敲响了警钟，中国政府开始更为重视地方债务。从 2009 年财政部印发《2009 年地方政府债券预算管理办法》提出地方债由财政部"代发代还"开始，到 2011 年财政部印发《2011 年地方政府自行发债试点办法》启动"自发代还"模式，再到 2014 年财政部印发《2014 年地方政府债券自发自还试点办法》进行地方债"自发自还"模式，地方政府债经历了不同模式下的逐步规范和逐渐完善过程。

第五阶段：2015 年至今，"自发自还"模式下地方债逐渐成为中流砥柱。2015 年新《预算法》实施，规定地方政府通过发行债券的方式举债，对于存量债务要以发行债券的方式偿还。同年开始正式发行置换债，用于置换存量非政府债券形式债务。同年 3 月和 4 月财政部出台地方政府一般债券和专项债券发行管理办法，将地方政府债券按照偿债来源进行分类，并在后续将专项债逐步细化为各类项目收益债券，延长期限，进一步细化地方债的作用，为地方债财政和基建的推手作用奠定基础。2019 年地方债放开商业银行柜台销售，发行认购逐步多元化，地方债投资结构将逐步改善，配置价值也将更加凸显。②

与此同时，地方政府债券发展沿革与国内外金融形势紧密相关。为应对 1998 年亚洲金融危机，中央政府国债转贷地方。2009 年财政部代理发行地方政府债券作为建立规范地方政府举债融资机制的破冰之举，支撑地方政府平稳度过国际金融危机。2011 年，地方政府自行发债试点开启，由财政部代办还本付息。建立债券信用后，2014 年地方债开始"自发自还"，《预算法》也为规范地方债券管理保驾护航，限定举债主体只能是政府及其部门、以政府债券为唯一融资方式、允许置换存量债务、实施分类管理与规模控制等。

① 中央财经领导小组办公室课题组. 中国经济中长期风险和对策（六）——中国地方政府债务风险和对策 [J]. 经济研究参考，2010（14）：2 – 28.

② 明明 CITICS 债券研究. 地方债理论与实践研究 [J]. 中信证券研究所，2019（6）.

8.2 中国地方政府债务结构与风险分析

8.2.1 中国地方债务的地区结构差异显著

（1）中国地方政府债务地区规模与增进差异大

从各省债务规模来看，江苏省债务规模最大，达到 12 026.28 亿元；西藏自治区的债务规模最小，仅 98.64 亿元，但其地方政府债务发行的增长速度最快，达 70%。从全国来看，仅湖南省和湖北省在规模和增速上均超过全国平均数。从发行债券数量上看各省市分布较为均衡（见图 8 – 5）。

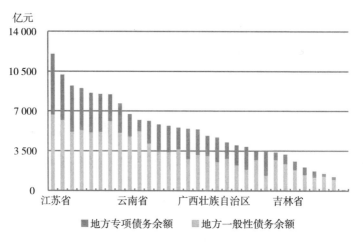

图 8 – 5 2017 年各省市政府债务规模（窄口径）

资料来源：财政部历年财政决算报告。

（2）地方政府债务风险比较分析

从各省地方政府债务的风险比较分析来看，其中贵州的负债率高达64%，约为全国平均水平的 3 倍，债务率更是超过国际警戒线 100%。从全国各地方政府债务风险分析来看，负债率超过 60% 警戒线的省份只有贵州省，但从债务率数据来看，低于 100% 警戒线的省份有北京市、上海市、广东省和西藏自治区（见图 8 – 6）。

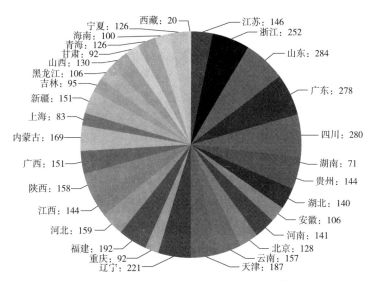

图 8 - 6　各省市发行债券数量结构图（单位：只）（截至 2019 年 7 月）

资料来源：财政部，Wind。

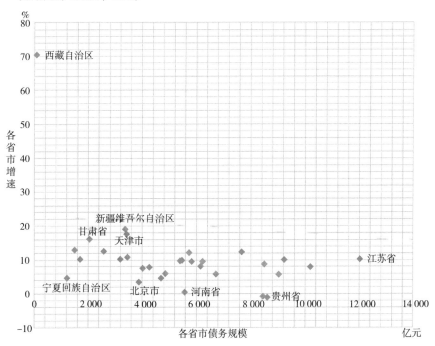

图 8 - 7　2017 年各省市债务规模及增速（窄口径）散点图

资料来源：财政部历年财政决算报告。

147

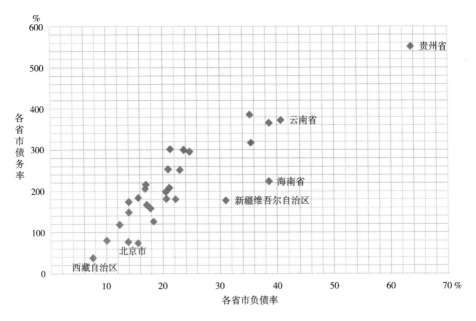

图 8-8 2017 年各省市债务风险（窄口径）散点图

资料来源：财政部历年财政决算报告。

以债务增速最高的 5 个省份为例，西藏自治区债务规模较小，相对当地 GDP 和综合财力来说比例不高，但高增速带来的债务膨胀会在未来更加明显地体现。新疆维吾尔自治区与天津市相似，债务规模较大但风险处于可控水平（见图 8-9）。

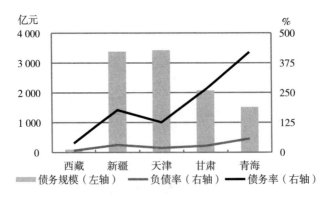

图 8-9 五省市地方政府债务规模情况

资料来源：财政部。

(3) 中国地方政府债务债权人结构分析

从 2013 年国家审计署公布的政府性债务统计数据分析来看，举债主体包括七大类，其中融资平台公司作为第一大举债主体，占全部债务总额的 37.45%；其次为政府部门和机构，占 28.38%；最后为经费补助事业单位，占 16.32%，三大举债主体累计占全部债务总额的 82.15%。对于宽口径政府性债务来说，融资平台公司也是首要举债主体（见图 8–10）。

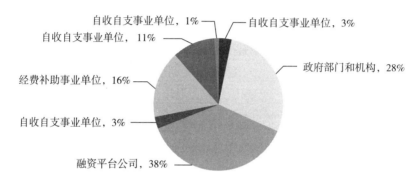

图 8–10 地方政府债务（窄口径）举债主体占比结构

资料来源：审计署 2013 年第 32 号公告《全国政府性债务审计结果》。

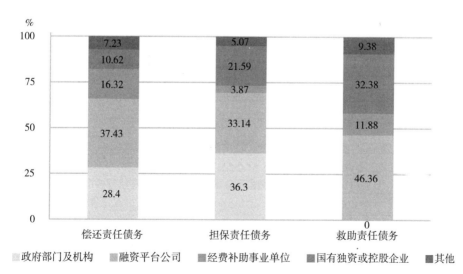

图 8–11 全国地方政府性债务（宽口径）举债主体占比结构

资料来源：审计署 2013 年第 32 号公告《全国政府性债务审计结果》。

从各省份首要举债的主体来看，以政府部门和机构为主的省份有 12 个，主要分布在中西部地区；而以融资平台公司为主的省份有 17 个，以东部省份居多；以经费补助事业单位为主的只有北京市（见表 8 - 2）。

表 8 - 2　　　　　　　　各省市主要举债主体统计表

融资平台公司	津、辽、苏、沪、浙、皖、闽、赣、鲁、鄂、湘、粤、桂、琼、渝、黔、新
政府部门和机构	冀、晋、蒙、吉、黑；豫、川、滇、陕、甘、宁、青
经费补助事业单位	京

数据来源：审计署 2013 年第 32 号公告《全国政府性债务审计结果》。

从债权人的分析来看，银行贷款仍是债务融资的主要来源，占全部债权人的 50.76%。而 BT、发行债券分列第二、第三位，前三大债权人占比超过 70%。而宽口径下担保和救助责任债务向银行贷款的比例更高，均超过 50%（见图 8 - 12）。

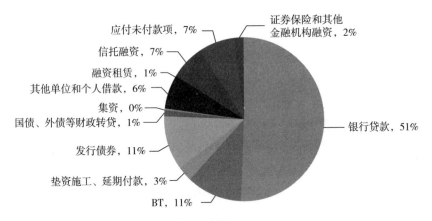

图 8 - 12　全国地方政府债务（窄口径）债权人占比结构图

资料来源：审计署 2013 年第 32 号公告《全国政府性债务审计结果》。

从中国各地方政府的债务分析来看，其中以银行贷款为主，占比都超过一半。银行贷款在地方政府负有偿还责任债务中占比为 50.76%，在负有担保责任的地方政府债务中占比为 71.6%，在负有救助责任的地方政府债务中占比为 61.87%。地方政府出现债务风险，最直接和影响最大的是银行机构，地方政府债务风险容易引发金融风险，进而引发系统性金融风险（见图8-13）。

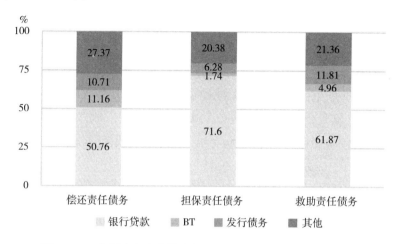

图8-13 全国地方政府性债务（宽口径）债权人占比结构图

资料来源：审计署2013年第32号公告《全国政府性债务审计结果》。

从各省主要债权人来看，大部分第一债务来源于银行贷款，其中有14个省份的银行贷款比重低于50%，且有越来越依靠非银行系统的趋势。贵州省债务的第一融资来源为BT，而内蒙古自治区的第一融资来源为应付未付账款（见表8-3）。

表8-3　　　　　　　　　　　各省市债权人统计表

银行贷款（超过50%）	津、辽、苏、沪、浙、粤、桂、琼、渝、黑、京、青、吉、滇
银行贷款（低于50%）	冀、晋、豫、川、陕、甘、宁、皖、赣、新、闽、鄂、湘、鲁
BT	黔
应付未付款项	蒙

数据来源：审计署2013年第32号公告《全国政府性债务审计结果》。

8.2.2　中国地方债务隐性债务风险及其评估

（1）区域性风险：中国地方政府债务风险的地区差异较大，部分地区面临较大债务风险约束。

从预算内地方政府债务的窄口径来看,地方城府债务的区域性差异较大。中西部如贵州、青海等省份债务规模明显高于其他地区,而东部地区如广东、北京、江苏、上海等发达地区债务风险则非常有限。2017 年贵州和云南两省的预算内地方政府债务占 GDP 的比例分别达到 64% 和 41%,占本级财政收入比例分别高达 551% 和 371%,贵州和云南政府债务风险明显高企。而广东、北京、江苏和上海等地预算内地方政府债务占 GDP 的比例在 2017 年仅为 10%、13.8%、14% 和 15.6%,地方政府债务占本级财政收入的比例同样分别仅有 79.7%、71.4%、147.2% 和 70.7%。地区间债务负担不均衡体现债务风险差异。[①]

(2) 流动性风险:主要表现为投资者相对单一,流动性不足。

地方债目前投资者结构还较为单一,但随着鼓励多元化认购,地方债流动性不足问题开始出现改善趋势。地方债持有投资者仍以商业银行为主,占比为 87%,其次为政策性银行,占比为 9%,因此地方债的投资严重依赖银行的配置能力,这也反过来导致地方债非银类机构配置力度较小,流动性能力不足。

2019 年 3 月,财政部发布《关于开展通过商业银行柜台市场发行地方政府债券工作的通知》,规定地方政府公开发行的一般债券和专项债券可通过商业银行柜台市场在本地区范围内发行。这拓宽了地方债的发行渠道,丰富了银行间债券市场的业务品种,满足了个人和中小机构投资者的投资需求。随着地方债市场多元化认购增多,部分地方债流动性不足问题逐步得到改善。另外,国家开发银行参与对江苏镇江的政府债务化解,建设银行对有些省份的地方政府债务化解和置换工作、地方政府债务流动性问题有所缓解。

中美贸易摩擦久拖不决,外部环境复杂多变,国内经济下行压力加大,房地产不作为短期刺激经济的手段,土地财政或面临问题,要加强对地方政府债务的流动性问题风险关注和有效防控。

---

① 杨业伟. 地方政府债务系列报告之一:地方政府债务面面观 [J]. 西南证券研究发展中心,2018 (9).

（3）道德风险：置换债券模糊债务现状易产生道德风险。

地方政府置换债券的发行基本告一段落，从市场角度来看，是中央政府为地方政府解决债务困境提供的一种救助机制。如果这种地方政府债券置换机制一旦成为常态化措施，无形中会激励地方政府过度举债的机会主义行为，并通过置换债券的方式掩盖和延迟可能出现的债务危机。

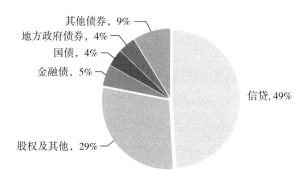

图 8-14　中国政府资产配置结构（截至 2016 年末）

资料来源：财政部，Wind。

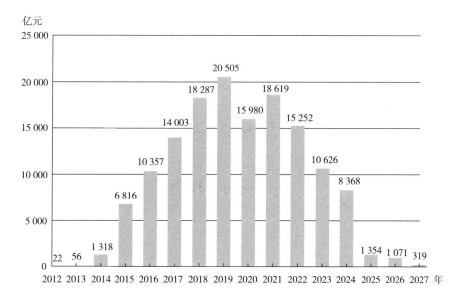

图 8-15　2012—2027 年中国城投债到期量

资料来源：财政部，Wind。

153

（4）信用风险：部分地方政府债务面临偿还能力问题

数万亿元地方政府债券的发行尚未对中国社会融资成本造成明显上升压力。但从局部债券市场的利率结构变化来看，债券主要集中于 5～10 年期的中长期债权，这直接推升了中长期利率水平，令收益率曲线变陡。这给私人部门中长期投资带来一定潜在抑制效应，推升了社会中长期融资的成本。

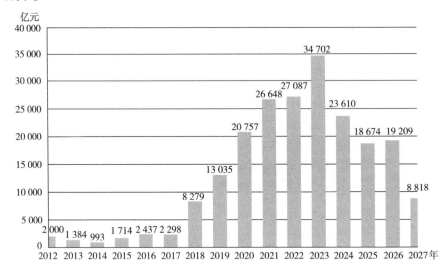

图 8－16　2012—2027 年中国地方政府债到期量总和

资料来源：财政部，Wind。

从统计数据分析来看，经过历时 10 年的地方政府债务管理以及债务置换，地方政府债务和城投债的到期高峰期推至 2021—2023 年，偿债压力持续时间延长，兑付金额数目巨大。关键是要加强地方政府的改革，有效规范和利用地方政府债券发行与资金使用。适度加强财政与货币政策的协调配合，适时适度加大社会中长期资金的供给。

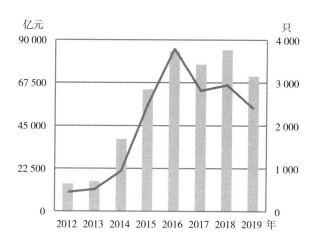

图 8 - 17 2012—2019 年全国政府债券发行数量及发行金额

资料来源：财政部，Wind。

8.3 规范地方政府举债行为

8.3.1 地方政府债务存在的问题及加强管理的原则

地方政府发债而非融资平台等方式融资，不仅是低成本、低风险，而且是实现国家治理现代化的需要。地方政府适度规范举债即能够弥补建设资金不足，也是国际通行的符合代际公平原则的做法。尽管不可否认地方政府长期以来通过融资平台公司等方式举借政府性债务，为促进经济社会发展起到了积极作用，但与此同时，由于未赋予地方政府规范举债权限，缺乏全面系统的管理机制，难以有效发挥政府信用低成本融资的比较优势，债务资金使用效益不高，存在局部地区风险，长期来看难以持续，尤其不能适应转变发展方式、稳定经济增长和完善国家治理的需要。

地方政府债务和融资平台在 2014 年之前主要存在四个方面的问题。一是地方政府举债缺乏明渠，普遍存在一些地方违法违规融资。二是债务管理的"借、用、还"脱节现象，重借不重还，存在多头举债、债务资金不纳入预算管理，借用缺乏人才和社会的有效监督。三是政府与企业举债不分，有些地方政府主要通过企业举债，导致政府信用之外融资，融资成本高企。四是部分地区地方政府债务增长过快，隐形债务累积，债务风险高企等。这些地方政府债务隐患可能导致金融风险，进而带来区域性和系统性风险发生。

在建立规范的地方政府举债融资机制上，需要做好三个方面工作。一是通过明确地方政府举债主体、规范举债方式、严格举债程序等措施，解决好"怎么借"的问题。二是通过控制地方政府举债规模、限定债务用途、纳入预算管理等措施，解决好"怎么管"的问题。三是通过划清地方政府偿债责任、建立风险预警、完善应急处置等措施，解决好"怎么还"的问题。

在地方政府债务的管理上需要坚持五项基本原则。一是坚持疏堵结合。修明渠、堵暗道，开好前门、堵住后门。赋予地方政府依法适度举债融资权限，加快建立规范的地方政府举债融资机制。同时，坚决制止地方政府违法违规举债。二是分清责任。明确区分地方政府与企业的责任，政府债务不得通过企业举借，企业债务不得推给政府偿还，切实做到"谁借谁还、风险自担"。政府与社会资本合作的，按约定规则依法承担相关责任。三是规范管理。对地方政府债务实行规模控制，严格限定政府举债程序和资金用途，把地方政府债务分门别类纳入全口径预算管理，实现"借、用、还"相统一。四是防范风险。牢牢守住不发生区域性和系统性风险的底线，切实防范和化解财政金融风险。五是稳步推进。加强地方政府债务管理，既要积极推进，又要谨慎稳健。

8.3.2 建立健全规范的地方政府举债融资机制

一是建立规范的地方政府举债融资机制。地方政府举债采取政府债券方式。分类举债，没有收益的公益性事业发展确需政府举借一般债务的，由地方政府发行一般债券融资，主要以一般公共预算收入偿还。有一定收益的公益性事业发展确需政府举借专项债务的，由地方政府通过发行专项债券融资，以对应的政府性基金或专项收入偿还。

二是推广使用政府与社会资本合作模式。鼓励社会资本通过特许经营等方式，参与城市基础设施等有一定收益的公益性事业投资和运营。政府通过特许经营权、合理定价、财政补贴等事先公开的收益约定规则，使投资者有长期稳定收益。投资者按照市场化原则出资，按约定规则独自或与政府共同成立特别目的公司建设和运营合作项目。投资者或特别目的公司可以通过银行贷款、企业债、项目收益债券、资产证券化等市场化方式举债并承担偿债责任。政府对投资者或特别目的公司按约定规则依法承担特许经营权、合理定价、财政补贴等相关责任，不承担投资者或特别目的公司的偿债责任。

三是赋予地方政府依法适度举债权限，加强政府或有债务有效监管。地方政府举债可以通过发行地方政府债券方式，鼓励政府与社会资本合作方式参与地方基础设施建设等有一定收益性的公益。彻底剥离融资平台公司的政府融资职能，融资平台公司不得新增政府债务。地方政府新发生或有债务，要严格限定在依法担保的范围内，并根据担保合同依法承担相关责任。明确划清政府与企业界限，政府债务只能通过政府及其部门举借，不得通过企事业单位举借。

8.3.3 对地方政府债务实行规模控制和预算管理

首先，要加强地方政府债务的规模控制。对地方政府债务规模实行限额管理，地方政府举债不得突破批准的限额。地方政府一般债务和专项债务规模纳入限额管理，由国务院确定并报全国人大或其常委会批准，分地区限额由财政部在全国人大或其常委会批准的地方政府债务规模内根据各地区债务风险、财力状况等因素测算并报国务院批准。

其次，要严格限定地方政府举债程序和资金用途。地方政府在国务院批准的分地区限额内举借债务，必须报本级人大或其常委会批准，地方政府不得通过企事业单位等举借债务。地方政府举借债务要遵循市场化原则，建立地方政府信用评级制度，逐步完善地方政府债券市场。地方政府举借的债务，只能用于公益性资本支出和适度归还存量债务，不得用于经常性支出。

最后，要把地方政府债务分门别类纳入全口径预算管理。地方政府要将一般债务收支纳入一般公共预算管理，将专项债务收支纳入政府性基金预算管理，将政府与社会资本合作项目中的财政补贴等支出按性质纳入相应政府预算管理。地方政府各部门、各单位要将债务收支纳入部门和单位预算管理。或有债务确需地方政府或部门单位依法承担偿债责任的，偿债资金要纳入相应预算管理。

8.3.4　控制和化解地方政府性债务风险

一是要建立地方政府性债务风险预警机制。财政部根据各地区一般债务、专项债务、或有债务等情况，测算债务率、新增债务率、偿债率、逾期债务率等指标，评估各地区债务风险状况，对债务高风险地区进行风险预警。列入风险预警范围的债务高风险地区，要积极采取措施，逐步降低风险。对债务风险相对较低的地区，要合理控制债务余额的规模和增长速度。

二是要建立地方政府债务风险应急处置机制。地方政府对其举借的债务负有偿还责任，要硬化预算约束，防范道德风险，中央政府实行不救助原则。各级政府要制定应急处置预案，建立责任追究机制。地方政府出现偿债困难时，要通过控制项目规模、压缩公用经费、处置存量资产等方式，多渠道筹集资金偿还债务。地方政府难以自行偿还债务时，要及时上报，本级和上级政府要启动债务风险应急处置预案和责任追究机制，切实化解债务风险，并追究责任。

三是要严肃地方政府的财经纪律。建立对违法违规融资和违规使用政府性债务资金的惩罚机制，加大对地方政府性债务管理的监督检查力度。地方政府及其所属部门不得在预算之外违法违规举借债务，不得以支持公益性事业发展名义举借债务用于经常性支出或楼堂馆所建设，不得挪用债务资金或改变既定资金用途；对企业的注资、财政补贴等行为必须依法合规，不得违法为任何单位和个人的债务以任何方式提供担保，不得违规干预金融机构等正常经营活动，不得强制金融机构等提供政府性融资。地方政府要进一步规范土地出让管理，坚决制止违法违规出让土地及融资行为。

四是完善地方政府债务配套制度。完善债务报告和公开制度。建立地方政府性债务公开制度，加强政府信用体系建设。各地区要定期向社会公开政府性债务及其项目建设情况，自觉接受社会监督。建立考核问责机制，把政府性债务作为一个硬指标纳入政绩考核。明确责任落实，强化教育和考核，纠正不正确的政绩导向。对脱离实际过度举债、违法违规举债或担保、违规使用债务资金、恶意逃废债务等行为，要追究相关责任人责任。强化债权人约束，金融机构等不得违法违规向地方政府提供融资，不得要求地方政府违法违规提供担保。金融机构等购买地方政府债券要符合监管规定，向属于政府或有债务举借主体的企业法人等提供融资要严格规范信贷管理，切实加强风险识别和风险管理。向金融机构等违法违规提供政府性融资的，应自行承担相应损失，并按照商业银行法、银行业监督管理法等法律法规追究相关机构和人员的责任。

8.4　地方政府债务风险与货币独立发行权

8.4.1　地方政府举债的客观规律、经济冲动和政治竞赛

（1）从纳瑟姆曲线解释中国地方支出膨胀的背景

改革开放 40 多年来，工业化和城镇化加速推进，纳瑟姆曲线能够解释地方债高企，总结发达国家城市化进程经历的正弦波曲线上升过程，有两个拐点：一个是城市化水平不足 30% 时，经济发展以农业为主，发展速度较慢；而当城市化水平提高到 30% 时，第一个拐点出现，经济发展以工业为主，经济增长进入高速阶段；而当城市化水平提高到 70%，第二个拐点

就会出现，经济发展进入现代化的平缓增长的成熟阶段。中国目前正处于从第一个拐点向第二个拐点过渡的阶段，城市化水平向 70% 逐步靠近，城市化加速提升，地方政府加速投资，财政支出增长阶段。

（2）从瓦格纳法则来看地方政府债务问题

德国以严守财政纪律、稳健财政状况著称，德国经济学家阿道夫·瓦格纳（Adolf Wagner）在对 19 世纪的欧洲国家以及美国、日本等国家的经验性材料分析基础上提出了当国民收入增长时，财政支出会以更大比例增长的瓦格纳法则。随着人均收入水平的提高，政府支出在 GNP 中的占比将会提高，这就是财政支出的相对增长法则（见图 8 - 18）。

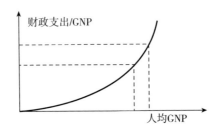

图 8 - 18　瓦格纳法则示意图

新中国成立 70 年来，中国用数 10 年时间走过西方国家数百年的工业化、城市化进程，特别是改革开放以来，中国不仅工业化快速发展，城镇化进程也以一年一个百分点速度提高。而地方政府在推进城镇化和工业化过程中又有"政治锦标赛"的内在驱动，内在的经济冲动和政治驱动地方政府积极主动投身于工业化和城镇化进程，而这个进程恰恰符合纳瑟姆曲线和瓦格纳法则，伴随中国城镇化的不断提高、人均 GDP 的不断提升，存在地方政府债务增长的客观规律，为此地方政府的投资冲动在助推经济增长的同时，实际上助推了地方财政支出的大幅增加。

伴随着工业化、城镇化以及人均 GDP 的提高，地方政府债务会不断增加，而且其中隐性债务增加明显，存在区域性风险。因此对地方政府的举债行为需要规范管理，规范地方政府举债，将其纳入政府预算管理当中，所有地方政府债务都要通过发债来融资，杜绝通过其他途径融资支持地方政府，做到地方政府债务显性化，地方政府量入为出，严格遵守财经纪律，规范举债行为，严格防控债务风险。

（3）地方政府辖区竞争与超额负债的"囚徒困境"

地方政府债务高企的政治因素，包括长期以来以 GDP 规模和增长速度为导向的地方政府官员的考核，导致地方政府官员不顾风险而大举举债，甚至通过行政命令和所谓的窗口指导等方式，让更多金融机构为地方政府提供资金支持，而在面临外部冲击或者经济出现下行压力时，地方政府债务因流动性风险而出现债务违约，进而导致债务风险，引发金融机构风险，如果中央财政不足以兜底，为防止引发系统性金融风险，最终只能通过央行发行货币来解决，而这种被动发行货币的方式不仅造成了货币贬值、信用缺失，还干扰了货币发行的独立性。

自新中国成立以来，中央政府主导的优先发展重工业的赶超战略转变为改革开放后"放权让利"的赶超战略，地方政府利用行政动员的高效率来替代市场配置资源，政府与市场的关系尚未界清，地方政府不愿从竞争领域退出，官员为了地方发展和政绩需要开始进行辖区竞争。地方政府在 GDP 锦标赛的考核机制下，难免会有投资冲动进而举借债务，导致地方政府一味地重视投资拉动地区经济增长，甚至挤出民生方面的投资。[①]

8.4.2　地方政府举债的体制性与政策性因素

（1）地方债预算软约束的制度环境

地方政府债务风险的根源在于政府预算的软约束，这是造成地方债高企的制度性因素，预算软约束还体现在企业尤其是国有企业的预算软约束上。企业的预算软约束是指政府常通过追加投资和贷款、提供补贴和减税等手段弥补企业的亏损，使其不把债务负担当作提高效率的压力和动力。[②]

---

① 王彩霞. 中国地方政府举债的内在逻辑与完善路径 [J]. 当代经济管理, 2016（12）: 91 – 96.

② 欧阳日辉. "软化"制度环境中地方政府行为的影响分析 [J]. 经济学动态, 2008（2）: 25 – 29.

在建立现代化经济体系过程中，地方政府需要加强改革，地方政府在参与资源配置的过程中，要争取处理好在市场资源中的缺位、错位、越位问题。而地方政府的预算软约束问题，加剧地方政府在合法融资渠道不畅的情况下，通过攫取国有银行的"金融租金"进行大量隐性融资，积累巨额隐性债务。

（2）财政分权与行政垂直集权的冲突

1994 年中国分税制改革存在中央与地方的财权事权定位不明晰的问题。就财权收入而言，较好的税基和税种如消费税及大部分增值税归属中央，而地方税规模较小，税收结构松散，财权集中于中央。就事权分配而言，本应由中央政府提供的义务教育、医疗卫生、社会救助及社会保障等具有很强外溢效应的全国性公共事务，长期以来都由地方政府承担支出责任。[1] 为促使地方经济增长并筹措资金，地方政府不得不寻求更多预算外收入。

（3）《预算法》限制地方政府正当举债及担保行为

2014 年以前的《预算法》明确指出"地方政府不得列赤字"，原则上禁止地方政府直接举债。《银行法》规定中国人民银行不得向地方政府提供贷款。《担保法》第八条规定，"国家机关不得为保证人，但经国务院批准为使用外国政府或者国际经济组织贷款进行转贷的除外"。这两部法律基本"掐死了"地方政府的正当资本需要和融资路径，地方政府的举债权处于"封堵"状态。因此各级地方政府纷纷设立融资平台公司，绕过《预算法》及《担保法》，向金融机构贷款或发行企业债券，大肆投资地方公共基础设施和公益性项目。

8.4.3　地方政府债务对货币政策与宏观调控构成干扰[2]

（1）预算内外部门的激励不相容问题

---

① 冉富强. 中国地方政府性债务困境解决的法治机制［J］. 当代法学，2014（3）：25 - 29.
② 欧阳日辉. "软化"制度环境中地方政府行为的影响分析［J］. 经济学动态，2008（2）：25 - 29.

预算外资金赋予地方政府很大的实际自主权，削弱了中央政府协调和控制宏观经济的能力。地方政府依赖预算外资金破坏了总预算约束，损害了支出和政府优先事项之间的关系，扭曲了激励机制，加大了预算管理的成本。预算外资金的出现造成了体制内很强的激励不相容问题。

（2）削弱预算内资金引导消费和投资的能力

预算外资金对政府预算资金产生了"挤出"效应。由于其分散管理及追求短期利益的特性，大部分预算外资金被转移到消费领域，使得社会团体和个人的非理性消费被扩大。此外，预算外资金已经成为地方基础设施建设和其他发展支出投融资的重要来源。由于缺乏一般科学管理和政绩的需要，预算外资金常被投入到具有短期效益的快捷工程上，重复建设和盲目建设乱象十分普遍，投资方向被扭曲，削弱政府引导投资的能力。

（3）削减货币政策调控力度，阻碍货币政策传导机制

地方政府为攫取金融租金，会展开争夺货币资源的竞争，最终导致所有地方政府都选择超额负债，流通中货供给币量成倍增加，扭曲中央政府实施货币政策的效果。在中央政府实施扩张型货币政策时进一步放大扩张力度；在中央政府实施紧缩型货币政策时阻碍收缩力度，影响货币政策的传导机制。

8.4.4 强化预算管理制度改革，硬化地方政府预算约束

规范深化预算管理制度改革，硬化预算约束。党的十九大报告明确提出要建立全面规范透明、标准科学、约束有力的预算制度。按照《深化财税体制改革总体方案》要求，在推进预算公开、改进预算控制方式、加强地方政府债务管理等方面实施一系列制度规定，形成了预算管理体系。要严把支出政策关，严控预算执行中调整，坚决遏制地方政府债务增量，积极稳妥消化债务存量，在推动落实过紧日子要求、强化预算刚性约束等方面发挥了重要作用。

要增强预算法治意识，深化地方政府预算管理改革。一是不断完善财政预算法律和制度体系，尽快完成预算法实施条例修订工作，健全"横向

163

到边、纵向到底"的基本支出标准体系，分类研究明确财政保障政策。二是强化预算编制和执行管理，推进全口径政府预算管理，加快统一预算分配权，严格控制年初代编预算范围和规模。三是持续深入推进预、决算公开，不断扩展和规范公开的内容、范围和方式，提高预、决算透明度，主动接受监督，通过公开透明和强化监督，倒逼各级政府转变"花钱"的理念。四是加快推进财政信息化建设，对标先进经验，查找存在的差距，坚持目标导向和问题导向相结合，按照已经印发的工作方案，扎实做好财政核心业务一体化系统建设等工作，为强化预算管理提供有力技术保障。

8.4.5 加强地方政府改革，构建均衡央地财政关系

要加强地方政府预算硬约束，构建规范科学的中央和地方财政关系，必须清晰划分财政事权和支出责任，其次是要有合理的财力配置和明确的目标导向，这不仅关乎地方政府债务风险和金融风险，更是中国防风险的首要任务，关乎中国经济增长和国家的长治久安。

首先，处理好政府与市场关系。要深入推进市场化改革，加快转变政府职能，简政放权，发挥市场在资源配置中的决定作用。地方政府尤其要厘清政府与市场的边界，严控政府对当地企业的预算软约束，引导市场主体企业公平竞争、顺应市场发展趋势。地方政府既不能"缺位"也不能"越位"，PPP模式和政府购买公共服务应主要集中于基础设施建设和基本公共服务领域，对于竞争性领域的政府投资，要完全交给市场去调节，政府有限的资金要优先保障和改善民生，为人民群众谋福祉。此外，为了防止辖区竞争演变为"举债竞赛"，晋升地方政府官员的标准要从GDP和单一的经济体量标准转到辖区内的居民福利和公共服务水平提高等方面来，转到为居民提供公共服务的绩效上来，以提高地方政府提供公共服务的质量。

其次，构建和谐的中央和地方政府财政关系。央地关系中权责清晰是

前提，财力协调是保障，区域均衡是方向①。权责清晰，就是要兼顾政府职能与行政效率，实现权责利相统一，而且要激励地方政府主动作为。财力协调，就是要形成中央与地方合理的财力格局，为地方政府履行财政事权和支出责任提供有力保障，规范中央地方政府的财政收入责任与支出责任，从根本上改变地方政府入不敷出转而借债的窘境。

再次，加强预算硬约束。建立全面规范透明、标准科学、约束有力的预算制度，全面实施绩效管理。要建立内容完整科学、执行规范监督有力、讲求绩效和公开透明的现代预算制度。采用平衡预算原则，分开管理资本账户与经常账户，将发行地方债筹措的资金划归资本账户。增强预算执行刚性约束，提高财政资源配置效率。全面规范透明推进全口径政府预算管理，全面反映政府收支总量、结构和管理活动。要约束有力，严格落实预算法，切实硬化预算约束。坚持先预算后支出，年度预算执行中，严格执行人民代表大会批准的预算，严控预算调整和调剂事项，强化预算单位的主体责任。严格依法依规征收财政收入。构建管理规范、风险可控的政府举债融资机制，明确各级政府对本级债务负责，增强财政可持续性。地方政府一律采取发行政府债券方式规范举债，强化地方政府债务预算管理和限额管理。层层落实各级地方政府主体责任，加大问责追责和查处力度，完善政绩考核体系，做到终身问责，并倒查责任。

最后，推进地方政府改革的同时完善税制。深化税收制度改革，健全地方税体系。深化税收制度改革。要围绕优化税制结构，逐步提高直接税比重，加快健全地方税体系，提升税收立法层次，完善税收法律制度框架。积极稳妥地推进健全地方税体系改革。调整税制结构，培育地方税源，加强地方税权，理顺税费关系，逐步建立稳定、可持续的地方税体系。

---

① 肖捷. 加快建立现代财政制度［N］. 人民日报, 2017 - 12 - 20（7）.

8.4.6　规范地方政府发债维护货币发行权独立性

（1）地方政府债务膨胀对央行货币独立发行权的侵蚀

尽管地方政府没有货币发行权，但由于其过度举债最终会影响国家货币的整体信用及中央政府的统治合法性，因此地方政府的财政及债务危机往往能促使中央政府实施紧急财政援助举措，影响中央银行的货币政策。这会透支中央政府的货币发行权。[①]

地方政府债务膨胀对中央银行货币发行权的侵蚀主要通过两条路径。一是地方政府攫取金融租金，通过行政权力向金融机构大举借债，打破金融机构资产负债平衡，加剧风险，甚至引发金融危机，从而迫使央行出手救市，被动调整货币发行量。二是地方政府由于投资冲动与辖区竞争造成借债投资的"囚徒困境"，货币需求量大增，加剧了通货膨胀压力，而在面临外部冲击或者经济出现下行压力时，地方政府债务因流动性风险而出现债务违约，进而导致债务风险，引发金融机构风险，如果中央财政不足以兜底，为防止引发系统性金融风险，最后，只能通过央行发行货币来解决，央行扮演着最后贷款人的角色，而这种被动发行货币的方式不仅造成了货币贬值、信用缺失，也干扰了货币发行的独立性。

（2）吸取国际经验教训，严格地方政府债务管理，维护货币发行权独立

欧盟财政纪律的约束框架主要体现在《马斯特里赫特条约》的超额赤字程序以及预算黄金法则（Gdden Rules）。黄金法则既是政府举债的前提，即税收收入基本能支撑经常性开支，又约束了政府举债只能在投资性项目中使用。然而该框架过度强调年度财政纪律的重要性，忽视了对政府债务的长期调整和监督，且各国经济周期与政策偏好不一致也使得财政纪律执行力较差。而德国不仅在应对联邦、州、市级地方债务管理上采用了"互

---

① 冉富强. 中国地方政府性债务困境解决的法治机制［J］. 当代法学，2014（3）. 46－55.

助机制"，其黄金法则等严肃财政纪律都用《基本法》来限制。①

　　在应对政府债务风险挑战中，提高财政资源的配置效率，英国预算有两条基本法则：一是黄金法则，在经济周期内，政府借钱只是为了投资，而不能因为经常项目支出。二是永续投资法则（Sustainable Investment Rules），是指公共部门净债务占 GDP 的比应在一个稳定、审慎的水平上。两条财政基本法则包括，不仅要将经济周期考虑在内，而且适用范围所有公共部门，区分经常开支和资本支出，强调可持续性，保持审慎性。

　　地方政府违反了财政纪律是违法行为，因此，德国能够躲过金融危机和欧债危机，在欧债危机 10 年里也对其他欧元区国家的财政纪律进行控制，要求其遵守《马斯特里赫特条约》，将赤字率和债务率控制在 3% ~ 60% 的警戒线水平内。同样经过欧债危机洗礼的法国，针对令人担忧的财政赤字及债务状况，也在其宪法修正案中提出明确提出以"黄金法则"为原则的公共财政平衡的宪法案。用宪法来规范财政行为，不仅体现了财政领域内经济政治矛盾，而且明确了财政平衡法律重塑财政支出平衡财政收支行为，并建立起稳定有效地控制财政赤字及公共债务的财政机制。

　　总之，地方政府要深化改革，树立正确的政绩观，处理好政府与市场的关系，划清政府与企业的边界，让地方政府只做该做的事情，只有强化地方政府预算硬约束，严控地方政府债务风险，才能有效防控金融风险，助力中国人民银行拥有独立的货币发行权。需要防控地方政府隐性债务累积风险，防控地方政府债务风险引发金融风险，防控区域性和系统性风险发生的底线。只有地方政府深化改革强化预算约束，规范地方政府举债行为，才能防止央行为救市而通过发行大量货币来刺激经济。为此，必须深化地方政府改革，严控地方政府隐性债务，规范地方政府举债行为，防控地方政府债务风险，从而确保中国人民银行具有人民币的独立货币发行权。

---

①　孙海霞、朱钧钧、杨玲玲. 欧债危机最新演进及制度设计争论 [J]. 经济学动态，2013（1）：140 – 150.

9 打破银行理财刚性兑付

银行理财作为中国金融机构资管产品中份额最大的类型，对中国社会融资具有重要作用。但由于银行理财来自银行方面的隐形担保以及存在的刚性兑付，给中国金融系统的稳定带来了巨大的风险，有必要打破刚性兑付，拆除绑在银行身上的不定时炸弹。既要发挥银行渠道通过理财方式筹集资金投向实体经济、满足社会融资的需求，也要尽量满足广大投资者通过银行获得实现资产保值增值的产品，其核心是加强银行系统的稳健性，推动资金流入方提升经济效率和实力，增强理财资金投向的资产安全性和收益率，使银行有效发挥风险识别和管理功能；同时强化投资者的风险自负意识，从整体上实现风险和收益的平衡，使银行在尽职免责的基础上更好地引导资金的增值和合理投向，为持有者带来更好的收益，提升中国货币的吸引力。

9.1 国内金融机构资产管理业务概况

当前，中国金融机构资产管理业务发展迅速，规模不断提升，成为社会融资的重要来源。其中，银行理财成为份额最大的一个类型，其投向中的非标资产，存在的问题较为严重，成为 2019 年监管部门关注的重点。

9.1.1 国内金融机构资产管理整体发展情况

中国人民银行、中国银行保险监督管理委员会、中国证券监督管理委员会、国家外汇管理局于 2018 年 4 月 27 日联合印发的《关于规范金融机构资产管理业务的指导意见》（银发〔2018〕106 号）指出，资产管理业务是指银行、信托、证券、基金、期货、保险资产管理机构、金融资产投资公司等金融机构接受投资者委托，对受托的投资者财产进行投资和管理的金融服务。其中，金融机构为委托人利益履行诚实信用、勤勉尽责义务并收取相应的管理费用，委托人自担投资风险并获得收益。

近年来，中国金融机构资产管理业务快速发展，规模不断攀升，截至2017年末，不考虑交叉持有因素，总规模已达百万亿元。其中，银行表外理财产品资金余额为22.2万亿元，信托公司受托管理的资金信托余额为21.9万亿元，公募基金、私募基金、证券公司资管计划、基金及其子公司资管计划、保险资管计划余额分别为11.6万亿元、11.1万亿元、16.8万亿元、13.9万亿元、2.5万亿元。同时，互联网企业、各类投资顾问公司等非金融机构开展资管业务也十分活跃①。

资产管理业务在满足居民财富管理需求、增强金融机构盈利能力、优化社会融资结构、支持实体经济等方面发挥了积极作用。但由于同类资产管理业务的监管规则和标准不一致，导致监管套利活动频繁，一些产品多层嵌套、风险底数不清，资金池模式蕴含流动性风险，部分产品成为信贷出表的渠道，刚性兑付普遍，在正规金融体系之外形成监管不足的影子银行，在一定程度上干扰了宏观调控，提高了社会融资成本，影响了金融服务实体经济的质效，加剧了风险的跨行业、跨市场传递。

9.1.2　重点是银行理财和信托产品

表 9 – 1　　　　　　　2017 年末金融机构资产管理产品情况

序号	金融机构的资产管理产品	2017 年末余额 （万亿元）	在金融机构资产管理产品 资金余额的比例（%）
1	银行表外理财产品	22.2	22.2
2	信托公司受托管理的资金信托	21.9	21.9

① 中国人民银行. 中国人民银行有关负责人就《关于规范金融机构资产管理业务的指导意见》答记者问［EB/OL］.（2019 – 11 – 15）. http://www.pbc.gov.cn/goutongjiaoliu/113456/113469/3529603/index.htm.

续表

序号	金融机构的资产管理产品	2017 年末余额 （万亿元）	在金融机构资产管理产品 资金余额的比例（%）
3	公募基金	11.6	11.6
4	私募基金	11.1	11.1
5	证券公司资管计划	16.8	16.8
6	基金及其子公司资管计划	13.9	13.9
7	保险资管计划余额	2.5	2.5
	合计	100.0	100.0

中国金融机构的资产管理产品中，银行表外理财产品余额最大，占比为 22.2%，与排名第二的信托公司受托管理的资金信托余额一起，几乎占据了半壁江山。它们规模大，投向非标资产的比例较高，资金池运作较多，影子银行特征明显，风险较难以衡量，容易发生流动性风险，是刚性兑付的集中爆发地。

人民币银行理财产品走入大众视野是在 2004 年，彼时光大银行推出第一支人民币理财产品。自此以来 14 年间，商业银行理财业务规模经历了高速增长，产品资金余额从 2007 年末的 0.53 万亿元增长到 2017 年末的 29.54 万亿元，再到如今资管新规后的规模调整和收益下滑①（见图 9 - 1）。

理财产品推出伊始，理财收益略高于储蓄存款利率，各家银行根据不同规模、不同期限的资金，设置不同的预期收益率。

除了在收益端的刚性兑付，在资金端的投入，理财资金也从债券、票据等收益率稳定的资产向非标准化资产、资金池等方式转变，成为类信贷的"影子银行"。银行理财产品的收益也越来越高，2008 年前后，理财产品平均收益率都在 5% 以上，有的甚至达到 9% ~ 11%。其间监管连续发文监管，银监会在 2010 年前后连发 10 个文件规范，业内统称银信合作"十道金文"。而为应对监管，银行也采取了应对办法，做大理财资金分母，

---

① 姜鑫. 资管行业蝶变 [N]. 经济观察报，2018 - 09 - 28.

扩充投资非标额度或是以机构间"互买""过桥"等方式，将超额非标从理财账户向自营账户转移。在几年间，理财产品平均逾期收益保持相对稳定，根据中债登披露的数据，2015年，银行理财市场累计兑付客户收益8 651.0亿元，比2014年增长了1 529.7亿元，增幅达21.48%。

图 9－1 银行资管业务四个阶段理财产品余额

资料来源：中国理财网，华泰证券研究所。

2016年底，全行业理财规模创出了30万亿元的新高，一年半时间增长10万亿元。新的一轮监管自此开始，资管新规明确提出"非保本""净值化""破刚兑"，对包括银行理财产品在内的资管产品提出了严格的要求，倒逼进行转型。

自1979年10月中国国际信托投资公司成立，中国信托业发展已近40年。截至2017年末，中国信托业的资产管理规模达到26.25万亿元，规模仅次于银行理财，在整个资产管理行业中排第二位（见图9－2）。

信托业的发展以2007年为分界线分为前后两个阶段：第一阶段是早期发展阶段（1979—2007年），乱象丛生，多次整顿。1979年中国国际信托投资公司成立后，全国兴起了信托热，1988年最高峰时共有1 000多家信托公司成立，但是随之而来的行业无序发展和恶性竞争，在经历过监管部门对信托业的六次大规模的清理整顿后，信托公司业务发展逐步规范信托公司数量稳定在60家左右。

第二阶段为规范发展阶段（2007年至今），尽管依然存在许多问题，但是信托行业整体的监管框架已经搭建完成，不断朝专业化和规范化迈进。

但在近两年，随着金融监管方向发生变化，信托业发展也发生了变化。

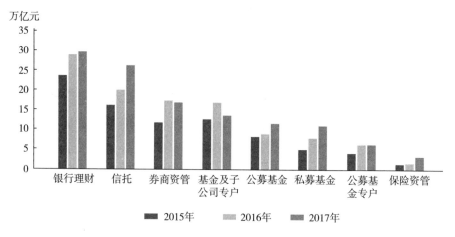

图 9 - 2　资管细分领域规模情况

资料来源：Wind，中国保险资产管理业协会，恒大研究院。

信托业资产管理规模两年内首次出现负增长。数据显示，截至 2018 年第一季度末，信托业资产规模为 25.61 万亿元，较上季度末下降 6 400 亿元，降幅为 2.41%，为近两年来首次负增长（见图 9 - 3）。

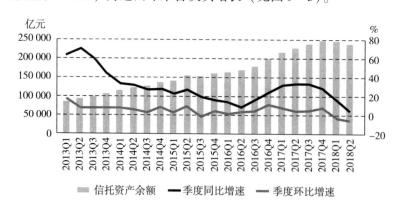

图 9 - 3　信托业管理资产规模增长情况

资料来源：中国信托业协会。

特别是 2018 年以来，新增信托贷款整体也呈现负增长，2018 年 6 月更是减少了 1 623 亿元，而这与房地产行业、地方违规举债融资行为的逐渐规范和银行理财资金投资限制相关。

目前，信托行业正从偏通道业务、依赖融资发展向主动资产管理转变，其中的探索领域之一便是家族信托。截至 2017 年末，有近 30 家信托公司开展家族信托业务，存量规模合计超 500 亿元，存量产品数近 3 000 单。总体来看，目前家族信托发展仍处于初级阶段，纳入家族信托的资产类型以现金为主业，功能上以实现财富传承及增长为主。

9.1.3 关键是银行理财产品问题严重

2013—2017 年的 5 年间，银行理财规模增长了近两倍，达到 29.54 万亿元，成为金融市场最重要的投资力量之一①。

从银行理财资金投向来看，债券及货币政策工具、非标资产、现金及银行存款和权益类资产是理财产品配置的主要四类资产。过去 5 年，这四类资产的绝对值都在增加，但占比呈现两升两降，其中债券和权益资产占比上升，现金和非标资产占比下降（见表 9－2）。

表 9－2　　　　　　　2013—2017 年银行理财资产投向变化趋势

年份	理财余额（万亿元）	四类资产（%）	债券货币工具		现金银行存款		非标资产		权益类资产	
			占比（%）	余额（万亿元）	占比（%）	余额（万亿元）	占比（%）	余额（万亿元）	占比（%）	余额（万亿元）
2013	10.24	97.89	38.64	3.96	25.62	2.62	27.49	2.81	6.14	0.63
2014	15.02	97.46	43.75	6.57	26.56	3.99	20.91	3.14	6.24	0.94
2015	23.67	96.94	50.99	12.07	22.38	5.30	15.73	3.72	7.84	1.86
2016	29.05	97.91	56.80	16.50	16.62	4.83	17.49	5.08	7 *	2.03 *
2017	29.54	94.78	55.18 *	16.3 *	13.91	4.11	16.22	4.79	9.47	2.80

注：* 表示 2016 年权益类资产占比和余额没有公布，表中数字为推算。2017 年统计口径发生变更，只公布了债券占比为 42.19%，为统一口径，表中数字为加上同业理财 11%（实际）和同业存单 2%（估算）后的数字。

数据来源：中国银行业理财市场年度报告，债金所整理。

---

① 一文看懂过去五年银行理财投向和变化趋势！．载搜狐网［EB/OL］．（2019－11－15）．https：//www.sohu.com/a/225713319_99979199.

可以看出，非标资产是银行理财产品除传统的债券及货币政策工具之外占比最高的投向。2013—2017 年，银行理财产品对非标资产的配置余额由 2.8 万亿元增长至 4.8 万亿元，增长了 71.4%；占比由 27.5% 降至 16.22%。非标资产中，理财产品最青睐的是收益权、信托贷款和委托贷款三种。

表 9 - 3　　　　　　　银行理财产品投向的非标资产细分变化　　　　单位：万亿元

年份	非标资产	收/受益权	信托机构	委托贷款	交易所委托债权	带回购条款的股权性融资	信贷资产转让	应收账款	私募债权	票据类	其他非标
2015	100%	29.35%	16.63%	9.00%	7.7%	6.3%	2.86%	0.9%	0.6%	0.2%	26.4%
	2.81	0.82	0.47	0.25	0.22	0.18	0.08	0.03	0.02	0.01	0.74
2016	100%	33.18%	16.45%	13.9%	6.31%	7.33%	6.7%				15.8%
	3.14	1.04	0.52	0.44	0.20	0.23	0.21				0.50

注：2017 年起不再公布非标资产的细分数据。

数据来源：中国银行业理财市场年度报告，债金所整理。

然而，还是有一些银行理财直接或通过银证、银信通道等非银行金融机构、交易平台等间接投资于非标资产业务。一些商业银行在业务开展中，通过跨业交易、跨机构合作进行风险资产腾挪或转移，规避了贷款管理和相关监管要求，部分产品成为信贷出表的渠道。商业银行由此放大的信贷投放，可能对冲了国家宏观调控政策及货币政策的力度。由于银行理财业务规模巨大，过快扩张容易引发系统性风险。

一些银行仍存在不规范的资金池业务。所谓不规范的资金池理财业务是指不同类型、不同期限的多支理财产品同时对应多笔资产，无法做到每只理财产品的单独规范和管理一些银行在理财产品业务中，通过滚动发行、集合运作、期限错配、分离定价等方式，将募集的低价、短期资金投放到长期的债权或股权项目，以寻求收益最大化，到期能否兑付依赖于产品的不断发行能力，一旦难以募集到后续资金，可能会发生流动性紧张，并通过产品链条向对接的其他资产管理机构传导。如果产品层层嵌套，杠杆效应将不断放大，容易造成流动性风险的扩散。

9.2 打破银行理财产品刚性兑付

为了促进银行理财业务的发展，当理财产品出现不能如期兑付或兑付困难时，银行给投资者返还本金以及原先的预期收益，进行刚性兑付。这有利于维护社会稳定，维护银行等机构的信誉，但也破坏了金融产品的风向和收益挂钩的基本原则，增加了市场风险，给中国的金融系统稳定带来了严重威胁，因此必须打破银行理财产品的刚性兑付。

9.2.1 刚性兑付的起源

刚性兑付是理财等产品到期后，银行给投资者返还本金以及原先的预期收益，当理财产品出现不能如期兑付或兑付困难时，银行兜底处理。

刚性兑付的初衷是推动银行理财产品的发行和销售，减少投资者的疑虑，也是为了维护金融和社会稳定，防止因理财产品投资亏损引发对银行等金融机构的不信任感，避免产生金融机构声誉风险，防止兑付风险扩散蔓延，诱发群体性事件等。

9.2.2 刚性兑付的问题

刚性兑付并不是法律法规所规定的，甚至违反了监管要求。但是在商业银行维护自身信誉而进行刚性兑付的市场环境中，刚性兑付成了中国金融市场资产管理产品运行的一大潜规则，投资者默认银行会对其发行的理财产品按照预期收益率进行兑付，甚至在购买产品时提出保本要求。

在投资者的刚性兑付期待下，银行理财无疑成为居民代替存款进行投资理财的良好标的，其提供比存款高得多的收益率，同时有银行信用作为背书，风险极低。在中国可投资产品种类十分匮乏的金融环境中，大量资金涌入银行理财，推动了银行理财规模的快速增长。但是同时，以刚性兑付为背景的行业发展伴随着诸多问题，刚性兑付所带来的负面影响日渐显现。

（1）扭曲金融市场运行规律，降低市场效率

"刚性兑付"导致市场参与者存在隐性担保预期，只考虑收益而不考虑风险，使"风险自担"成为合同的软约束。只有参与者风险意识增强，金融市场才能有效率，才能更好地发挥市场配置资源的作用。中国金融市场面对违约事件时，如果一味地由政府和金融机构进行兜底，既损害了市场化机制的正常运行，也影响了市场配置资源的效率，同时助长了道德风险，还抬高了市场的无风险资金定价。

（2）破坏市场风险缓释机制，增加市场风险

在"刚性兑付"市场环境中，收益率高的产品自然受投资者欢迎，银行从而依靠发行高收益率产品来吸引客户，但是，在计算资本充足率时，这部分金融产品的风险并没有纳入统计口径，一旦遇到金融冲击，理财产品的巨大亏损会传导至信托业等其他领域，引发系统性风险。同时，"刚性兑付"的实质是银行无法将资产的实际收益情况传递给负债方，相当于银行对金融产品进行了信用增信，使得从资产端到负债端之间的重要风险缓释机制缺失，风险不断积聚在银行。一旦信用风险上升，自有资金使用了较高杠杆的银行将面临无法偿付的风险，演变成为"击鼓传花"游戏，导致金融市场将按信用风险、流动性风险和市场风险的路径进行风险传递。

（3）导致"劣币驱逐良币"

"刚性兑付"背景下，收益高、质量差的项目支持的产品发行快，金融机构赚取的相关服务收入高，导致质量高、收益低的项目被挤出市场。在银行理财市场，"刚性兑付"使资金热衷于流向高收益产品，那些低风险、低收益的产品因无法给出较高的"无风险收益率"而吸引不到资金，导致由低质量项目支撑的高风险、高收益产品充斥市场。

（4）降低投资者的风险意识

在成熟的金融市场中，高收益必然伴随着高风险，这是金融市场健康

运行的必然规律，也是市场投资者需要建立的基本风险意识。银行对理财一味进行刚性兑付，会使一些金融专业知识较薄弱的市场投资者无法准确认识银行理财的本质，忽视投资风险，形成思维惯性，将银行对理财产品进行刚性兑付当作必然和应然；而一些较为专业的投资者虽然认识到理财所存在的风险，但仍然会抱着侥幸心理，认为银行会为其产品进行兜底。这样的投资者心态会反过来进一步给予银行刚性兑付压力，使刚性兑付现象不断恶性循环，愈演愈烈。

刚性兑付偏离了资管产品"受人之托、代客理财"的本质，抬高无风险收益率水平，干扰资金价格，不仅影响发挥市场在资源配置中的决定性作用，还弱化了市场纪律，导致一些投资者冒险投机，金融机构不尽职尽责，道德风险较为严重。打破刚性兑付已经成为社会共识。

9.2.3 银行理财刚性兑付给中国金融系统的稳定带来严重威胁

目前来看，刚性兑付已初步具备了系统性金融风险特征。

一是刚性兑付与庞氏融资遵循同一演化路径。庞氏融资发展前期也沿袭刚性兑付规则，不管收益率多高，都要按照事先约定兑付本息，完全无视金融投资事实上存在的风险。在这一点上，银行理财刚性兑付与庞氏融资并无实质差异。

二是充分掩盖实体经济运营风险。一些银行理财产品对应资产为实体企业与项目，本身存在很大经营风险。而刚性兑付虽然能够暂时掩盖实体经济运营风险，但不能阻止其向金融领域进一步传导与扩散。

三是刚性兑付牵涉面广。目前已出现兑付危机并进行刚性兑付的风险案例，均涉及多家金融机构，社会负面影响较大。

四是刚性兑付降低金融机构项目管理动机。以通道业务为代表的跨行业金融合作，依据合同约定没有一家金融机构需要承担法定的赔付风险，在一定程度上降低了相关金融机构加强项目管理、及时进行风险处置的主动性，大大增加了金融风险。

五是打破刚性兑付短期内或将引发系统连锁反应。一旦刚性兑付被打破，金融市场以借新还旧为特征的资管产品发行规模将骤减，发行收益率也将急剧上升，并很快影响到实体企业或项目的资金链条，进而危及正规金融领域和金融市场流动性，有可能进一步演化成局部或区域性金融风险。

正因为刚性兑付初步具备系统性风险特征，一旦出现兑付危机，相关金融机构不得不进行兜底，虽然能够暂时停止兑付风险传染与扩散，但并不能真正缓释相关金融业务本身所隐藏的高风险，反而会助长业务规模非理性增长与金融风险进一步聚集，加剧实体经济运行"空心化"问题，给中国金融系统的稳定带来严重威胁。

9.3　如何打破银行理财刚性兑付

要打破银行理财产品的刚性兑付，大型银行的产品数量多、类型多、操作空间比较大，可以其理财产品为突破口；近期成立的不少银行理财子公司，从产品初始的设计、发行就考虑打破刚性兑付，加强投资者对投资风险的教育；此外，还可以强化投资过程中的合规性和信息沟通，转移银行对理财产品的隐形担保，使银行摆脱对理财产品的刚性兑付。

9.3.1　以大型银行的理财产品为突破口打破刚性兑付

《商业银行理财业务监督管理办法》（中国银行保险监督管理委员会令　2018 年第 6 号）明确指出，理财产品是指商业银行按照约定条件和实际投资收益情况向投资者支付收益、不保证本金支付和收益水平的非保本理财产品。即银行理财产品是指非保本型理财产品，不再刚性兑付。

建议首先从大银行的理财产品打破刚性兑付为突破口，给投资者警示投资和理财产品风险，使商业银行摆脱流动性风险的桎梏，降低系统性风险。这是因为一是大银行的理财产品客户众多，风险警示教育的面比较大，效果显著；二是大银行理财产品数量多，类型多样，打破刚性兑付的操作空间比较大。

大银行打破刚性兑付的措施可以有以下几种：一是全面停售或开发保本型理财产品，除为接续存量理财产品所投资的未到期资产、维持必要的流动性和市场稳定、发行老产品对接外，销售、发行的理财产品应全部为非保本性理财产品，向投资者做好信息披露，充分提示产品风险；二是根据理财产品投向的标的资产运营情况，实事求是地向投资者返回相应的本金和收益，而非刚性兑付的预期收益率，即在银行充分揭示风险、勤勉尽责的情况下理财产品并未达到预期收益率，并向投资者披露相应信息，支付对应的本金和收益，从而推动投资者实行"买者自负"的投资原则。

（1）推动理财产品转移到理财子公司，完成风险切割

2019 年，几大商业银行的理财子公司陆续完成筹建，正式开业，从而拉开了银行理财子公司以独立法人地位的资产管理子公司开展银行理财业务的大幕，实行银行理财业务的单独核算、风险隔离及归口管理等。

银行理财子公司所具有的独立性和自主性可以有更好的激励机制，进一步增强在人、财、物资源配置上的自主权。而且理财子公司将理财产品从银行业务中剥离出来，还会有更好的风险控制效果，从法律层面进一步与银行撇清关系，可将破产风险控制在银行外部。此外，较高的独立性也有利于银行理财业务真正回归本源，打破刚性兑付。

（2）转移隐性担保的对象和强度

要从根本上解决理财业务中银行的"隐性担保"和"刚性兑付"问题，促使银行信誉的隐形担保由传统的对理财产品本金和收益率刚性兑付，转向对理财产品的业务合规性、信息披露真实性、标的资产的可靠性，落实好理财产品的风险承担主体，使得风险和收益真正过手给投资人，从而更好地化解银行理财业务的潜在风险，推动理财业务向真正的资产管理业务转型，实现理财业务的稳定健康发展。

9.3.2 核心是增强银行体系的稳健性

打破银行理财的刚性兑付，核心是加强银行体系的稳健性，提升对中国金融体系稳定的贡献。根本手段就是从银行资产端和负债端两个方面下

手。资产端,加强地方政府扩张的手,强化地方政府预算硬约束,提升其财政实力;提升国有企业效率,提升银行资产的收益,从而不断增强银行为社会提供优良融资能力的水平。负债端,则是银行发展高水平、低成本负债能力,减少银行将扩大理财产品规模作为揽收存款的依赖。

(1)管住地方政府扩张的手

中国地方政府的企业化运作是中国经济增长的重要解释之一,其中最重要的方面就是中国地方政府在基建上的投入。然而在基建上的巨大投入也形成了债务的快速增长,特别是隐性债务的增长,进而使得中国的宏观杠杆率较高。根据国际货币基金组织(IMF)的估算,截至 2017 年底中国地方政府隐性债务约为 24.8 万亿元。考虑到资产端形成的跨年度性,估计实际形成的隐性债务约为 33 万亿元。

2009 年以来,地方政府通过银行理财等各种影子银行体系的债务扩张不太透明,融资和资金使用过程缺乏有效的监督,形成了实际上的预算软约束。

正是由于中国地方政府债务的隐蔽性,目前 33 万亿元的隐性债务通过债券市场发行的约为 5.5 万亿元,80% 通过非公开市场融资导致其融资成本偏高。据华创证券测算,2017 年政府债务付息支出达到 1.9 万亿元,已经占到名义 GDP 增量的 22.8%。导致地方政府更加依赖银行理财等影子银行,为了继续让玩法玩下去,只能继续维持理财产品的刚性兑付,不断向地方政府输血。而这一源头来自地方政府不断扩张的手。只有关注地方政府扩张的手,才能把银行理财募集来的资金真正投到能产出实效的实体经济中。

(2)提升国有企业效率,提升银行资产水平

银行理财产品为了提高资金的安全性,有倾向地把资金投向有中央政府担保的央企、地方政府担保的地方国有企业。根据代理—委托理论,一般来说,相较于民营企业,在决策和流程方面国有企业的效率相对较低。银行理财资金投向低效的国有企业,扭曲了金融秩序,从而拉低银行的资产水平,降低了银行资金配置效率,也拖累了经济潜在增速,并导致宏观

杠杆率的进一步攀升。

需要进一步提升国有企业效率，矫正扭曲的金融秩序，有效提高银行资产水平，降低银行的资产风险，为银行和投资者带来合理的收益，为金融体系的稳定和风险防控带来扎实的实体经济基础。

（3）发展特色业务，增强低成本负债能力

银行理财业务存在较大风险的缘由之一是有的商业银行还把理财作为揽存的管理，甚至作为流动性的管理，把银行理财当作简单的高息揽存和变相房贷的工作。银行理财是银行的表外业务，本质是代客理财。这需要商业银行练好内功，发展特色业务，增强低成本负债能力，做好表内业务，不要在这方面与银行理财产生勾连。

一是加快发展零售业务，强化负债能力。提高零售营业收入占比，布局消费金融、小微金融等收益率较高的零售业务，在一定程度上提高生息资产收益率，加强获取低成本负债的能力。

二是提升主动能力，瞄准资本市场合适的窗口，通过发行金融债等方式提高负债的灵活性和主动性，有选择、有弹性地调整负债的金额、期限和成本，提升抗风险能力。

三是强化核心资本补充，加强盈利能力的修复，运用多种渠道补充资本，有利于存续在表外的非标投资"回表"。

10　深化落实国企改革

中共十九届四中全会提出，推动经济高质量发展，必须坚持社会主义基本经济制度，充分发挥市场在资源配置中的决定性作用，全面贯彻新发展理念，深化国有企业改革，完善中国特色现代企业制度，形成以管资本为主的国有资产监管体制，有效发挥国有资本投资、运营公司功能作用。深化国资、国企等重点领域改革，需要加快完善市场机制，聚焦突出矛盾和关键环节，健全与高质量发展相适应的体制机制，进一步激发市场主体活力、增强内生发展动力，进而提升抵御系统风险能力、增强独立货币主权基础，为推动中国特色社会主义制度更加完善、国家治理体系和治理能力现代化水平明显提高提供有力保障。

国资国企改革是深化改革的重头戏。国有企业在中国经济中长期占据主导地位，但应该看到，有不少国有企业的经营效果不理想，甚至沦为"僵尸企业"；还有一些国企在报表上光鲜亮丽，实际经营业绩则差强人意；有些国企的经营业绩主要是通过大量的贷款来维持，有些国企则沦为了贷款的"掮客"，利用国企身份从国有银行获得优惠贷款以后再转贷给那些贷款无门的民营企业，赚取差价，成为制度套利者。①

这部分国企占用了大量的社会资源，尤其是投入大量资金之后，在会计账本上形成了巨大规模的固定资产，而实际产生的效益却很难通过市场化方式来实现。从资本经营的角度来说，这是资本的浪费，导致大量资金被消耗之后，只是在报表上形成了资产，在名义上产生了 GDP，而代价却

---

① 王文、周洛华. 用"四个自信"确立货币主权［EB/OL］. http：//www. guancha. cn/WangWen/2019_08_07_512583_s. shtml.

是在实体经济中消耗资源，在金融体系内积累风险。如果任由这些现象蔓延，势必拖累中国的货币发行机制，动摇市场对中国货币体系的信心。

10.1　国企分红对公共财政贡献有待提高

中金公司研究数据显示，2018 年国企分红对公共财政的贡献为 2.4%，非金融国企仅贡献了 0.5%。中国作为一个以公有制经济为主体的社会主义国家，如果国企实际分红率提升至 2020 年目标 30%，可以增加 0.5 个百分点 GDP 规模的财政开支或者税费减免；如果提升至国际普遍水平 50%，这一比例将升至 1.2 个百分点。①

20 世纪 90 年代第一轮国企改革之后，国企数量急剧下降，根据财政部统计，截至 2015 年末，全国各级国有企业法人共 16.7 万户。其中，中央企业 5.6 万户、地方国有企业 11.1 万户。在国有企业总资产中，约有 40% 归属于中央企业，而央企所拥有的资产中，又有 2/3 以上归属于 112 家由国资委主管的大型央企。②

在金融领域，国有银行和其他国有金融结构也占据主导地位。据财政部数据显示，截至 2017 年末，金融企业国有资产总额为 241 万亿元，负债总额为 217.3 万亿元，形成国有资产 16.2 万亿元。在全国金融企业集团中，中央国有金融企业资产总额为 149.2 万亿元，国有资产为 10.2 万亿元。地方金融企业国有资产总量相对较少，地区分布不均。地方金融企业资产总额为 65.5 万亿元，国有资产 3.2 万亿元。从行业布局来看，银行业金融机构占比最大。中央层面，银行业金融机构资产总额、国有资产分别占 84.8%、65.3%；证券业分别占 0.6%、1.8%；保险业分别占 3.7%、3.2%。地方层面，银行业金融机构资产总额、国有资产分别占 89.1%、

---

① 中金. 国企分红知多少？[EB/OL]. https：//zhihutai.com/s/1185885.
② 北京大学国家发展研究院、OECD. 中国国有企业改革：国内与国际视角 [EB/OL]. ht-tp：//www.ccer.pku.edu.cn/attachments/5362c95504f7488ebdcb1a64c06b95dc.pdf.

54.2%；证券业分别占4.4%、12.6%；保险业分别占2.8%、3.1%。[①]

国有企业经营状况持续改善，但全民未能从分红分享这一红利。中金公司研究显示，国有企业（不含金融）利润总额占GDP的比例从1998年最低0.2%持续上升至2007年的6.5%，利润总额占公共财政收入的比例从2%上升至34.1%，国有企业净资产利润率从0.4%上升至12.5%。2018年中国国企实际分红率为16.1%，非金融国企只有5.8%，在国际比较中显著偏低。

国有企业帮助中国迈入了中等收入国家之列，但也带来其他国家在跨入中等收入国家阶段时曾经面临的问题。在2013年12月召开的中央经济工作会议上，习近平主席分析了当前国有企业存在的主要问题：一些国企市场主体地位未真正确立，现代企业制度尚不健全，国资监管体制需要完善，国有资本运行效率有待进一步提高，内部人控制、利益输送、国有资产流失严重，企业办社会职能和历史遗留问题还很多。其中，最大的问题就是借改制名义侵吞国有资产。2014年8月18日，习近平在中央全面深化改革领导小组第四次会议上再次明确指出，中央管理企业存在薪酬结构不尽合理、薪酬监管体制不够健全等问题，在一定程度上影响了社会公平正义。

此外，国有企业垄断上游产业挤压下游产业利润，国有企业和私人部门竞争资源，尤其是金融资源，都是不争的事实。从上述分析中可以看到，在国有企业迈向高质量的发展过程中，的确存在一些必须高度重视的突出问题，应当得到有效解决。

10.2　深化国企改革进入深水区

国资国企改革，是经济体制改革的重要环节，事关中国经济未来。改

---

① 刘昆.国务院关于2017年度金融企业国有资产的专项报告［EB/OL］.http：//www.mof.gov.cn/zhengwuxinxi/caizhengxinwen/201810/t20181025_3054216.htm.

革开放 40 多年来，在迈向更合理的微观经济结构进程中，公开数据显示国企产出占比呈现出下降的发展态势。这表明，深化国有企业改革的任务仍然艰巨，一方面，相对于其他所有制企业，国有企业低效率、低回报率问题并没有得到根治；另一方面，在近期国家大力"去杠杆"的政策背景下，国有企业资产负债率存在逆势上升、居高难下的情况。

表 10 - 1　2008—2017 年国有及国有控股企业主要经济指标占比变化　　单位:%

年份	资产	营业收入	利润
2008	43.78	29.5	29.66
2009	43.7	27.96	26.89
2010	41.79	27.85	27.78
2011	41.68	27.19	26.81
2012	40.62	26.37	24.51
2013	39.36	24.86	22.22
2014	38.81	23.73	21.29
2015	38.83	21.77	17.25
2016	38.47	20.62	17.14
2017	39.19	23.42	22.98

数据来源:《中国统计年鉴》。

10.2.1　国有企业经营负债高企

国有企业在长久的发展过程中，许多企业都处于高负债经营的状态，对于企业的长远发展来讲具有非常严重的威胁，同时国企进行改革所面临的困难以及阻碍非常多，国企经营负债高企成因:

（1）国有企业的公益性质影响。国有企业除经济和社会责任外的公益行为，从某种意义上还有一种责任可称为政治责任。当前，空前广泛的社会变革在带来巨大活力的同时，也带来各种各样的矛盾和问题。有的国有企业投资项目具有公益性质，随着投资规模的增大，负债率逐渐攀升。如农网投资项目属于公益性项目，据国务院新闻办消息，2016 年以来，加上 2019 年的计划，农网改造升级的总投资将达 8 300 亿元，其中中央预算内投资 435 亿元，带动企业资金、银行资金以及地方财政资金等投入约 7 870 亿元。① 农网投资项目属于公益性项目，目的在于杜绝无电村，保证家家户户有电可用，改善农村居民生活用电质量。地方电网公司承担着国家每年投资农网改造项目的实施，而投资的 20% 由国家财政资金解决，80% 由企业政策性贷款解决。农网线路长、损耗大，农村居民用电量小，维护成本大、收益小，往往容易出现投资回报远远低于融资成本的情况，造成负债率逐渐攀升。

（2）不合理、不节制借贷，盲目追求规模扩张。国有企业在发展过程中，对资金需求越来越多，有的国有企业除了进行内部融资，还进行外部融资，且大多数外部融资是通过借贷实现，有的国有企业甚至利用国有企业较容易获得银行贷款授信的优点，通过贷款片面追求规模扩张，导致资产负债率高企。在经济全球化发展背景下，以及市场经济发展体系下，如果不能进行创新，且管理水平低下，企业投资收益率低将大大降低其偿还能力，有些投资项目最后变成不良资产。以央企中钢集团为例，中钢集团销售收入从 2004 年的 201 亿元增至 2010 年的 1 860 亿元。"中钢模式"还一度受到国资委认可。当 2008 年国际金融危机来临时，中钢原来躺着赚钱的产业也进入了寒冬。而"四万亿"刺激计划更使得中钢集团走上了疯狂的产能扩张之路。当时中钢集团各下属公司之间业务重叠屡见不鲜，成员公司各自谋生，"能做什么就做什么，做什么能赚钱就做什么。"在做大规模后，中钢集团开始受困于产能过剩等行业困境。2008 年之前粗放式扩张埋下了资金风险隐患。数据显示，自 2009 年以来，中钢资产负债率超过 90%；在业绩方面，2013 年中钢集团实现主营业务收入 1 400 亿元，较 2010 年的 1 845.66 亿元大幅缩减；2012 年其资产总额为 1 091.44 亿元，较 2010 年的 1 258.35 亿元也明显缩水。② 这种快速业务扩张依赖高负债实现，而高负债的依托是国企背景信用。中钢集团财报印证了其经营所面临的

---

① 第一财经. 新一轮农网改造纵深推进，总投资将达 8 300 亿元 [EB/OL]. https：//www. yicai. com/news/100241979. html.

② 新华网. 中钢"危"局 [EB/OL]. http：//www. xinhuanet. com/fortune/gsbd/88. htm.

压力。

（3）盲目投资、收购民营企业。有的国有企业在投资前，对被投资企业的尽职调查不彻底，导致被投资企业涌现大量的呆账、坏账，债务诉讼等。以湖南有色（湖南有色金属控股集团）为例，2004年赴香港上市后，该公司在湖南省内相继控股湘东钨矿、衡阳川口钨矿、瑶岗仙钨矿、新田岭钨矿等重要矿山资源，并整合郴州市、衡阳市、常德市等相关区域的矿产资源。2007年，湖南有色又在西北地区获得了多达46座矿山的控制权，并将触角延伸至西藏的锑资源和吉林延边的钼资源。在海外市场，湖南有色的资源版图也同样在扩张。2006年9月，湖南有色收购澳大利亚上市公司堪帕斯资源公司，并合作成立了各占一半权益的合资公司。两年后，湖南有色又成功收购一家澳大利亚金属勘探公司——爱博矿业70%的股权。由此获得其拥有的铅、银、锌、铜、金矿床等资源，及其位于西澳大利亚中部至西部地区的周边 South Bangemall 项目。随后，湖南有色再下一城，将澳大利亚皇岛白钨矿有限公司收至麾下，2009年11月又拿下了加拿大水獭溪锑矿公司100%的股权。一系列大手笔收购后，湖南有色俨然成了一个有色金属产业的巨人，它被冠上了中国硬质合金航母、中国最大的铅锌航母、中国氟化盐航母、中国铋业航母等诸多大头衔。然而，从2008年10月起，全球有色金属等大宗商品市场经历了一轮惨烈下跌，行情的急转直下，加之大肆扩张导致的资金链紧张，湖南有色贪大求全的战略方向将自己推向了一片沼泽地。2009年8月，湖南有色公布的半年报显示，截至2009年6月30日，湖南有色上半年的营业额比2018年同期下降了30%，缩水金额达26.64亿元人民币。公司毛利润与2008年同期相比更是减少了64%，仅为3.88亿元人民币。金融危机下，湖南有色位于郴州几大矿业公司碰到的问题基本相同，如铅锌价格跳水、钨矿大幅跌价等。除此以外，持续几年的盈利问题也一直困扰着湖南有色旗下的其他上市公司。其附属公司＊ST中钨（000657.SZ）此前由于持续三年亏损，彼时也曾一度面临被证监会摘牌的危险。据不完全统计，从赴港上市到2009年，湖南有色在海内外矿业投资项目，以及通过增资原有项目股权或购买新项目股权，总耗资金额近 100 亿元人民币，但其从资本市场募集的资金则不超过 60 亿港元，资金链的严重短缺让这家此前雄心勃勃的有色大鳄陷入了始料未及的深渊。盲目的扩张收购兼并民企正是这家企业未来陷入深渊的原因，2009年 12 月，湖南有色与中国五矿集团签署战略重组协议书出让 51% 的股份，湖南有色最终成为央企阵营中的一员。

（4）经营不合理，经济效益较差。有些国有企业在经营过程中，受到各方面因素的影响，出现了严重的亏损情况，由于长期没有得到解决，只好借新债偿还旧债，企业债务越来越沉重。以中国东北地区国有上市公司为例，通过 2013—2017 年东北地区国有上市公司的相关数据发现，虽然规模性指标呈增长趋势，但效率指标逐年下降，运营能力也呈下降趋势。

图 10－1 表明东北地区国有企业的资本保值增值率从 2015 年起呈大幅下降状态，但总体还是保持增长的趋势，2017 年虽有所回升，但是增长幅度较缓慢。通过图 10－2 和图 10－3 可以看出，东北地区国有资本盈利能力在所有地区中最差，2014—2016 年呈下降趋势，2016 年净资产收益率几乎为零，2017 年略有上升但整体效益仍较差。

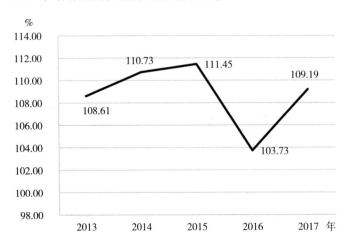

图 10－1 2013—2017 年东北地区国企资本保值增值率比较①

---

① 李泽 . 东北地区国有企业改革问题与对策研究 ［J］. 对外经贸，2018（5）：287.

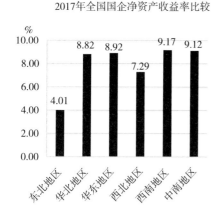

2017年全国国企净资产收益率比较

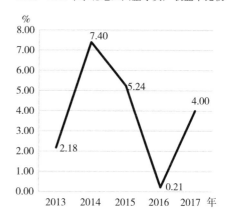

2013—2017年东北地区国企净资产收益率比较

图 10 – 2　国企净资产收益率比较

10.2.2　从"管企业"向"管资本"转变

改革开放是当代中国最鲜明的特色。国有企业是推进国家现代化、保障人民共同利益的重要力量。深化国有企业改革，做强、做优、做大国有资本，对坚持和发展中国特色社会主义、实现"两个一百年"奋斗目标具有十分重大的意义。习近平主席在党的十九大报告中强调，要完善各类国有资产管理体制，改革国有资本授权经营体制，加快国有经济布局优化、结构调整、战略性重组，促进国有资产保值增值，推动国有资本做强、做优、做大，有效防止国有资产流失。

（1）全面深化国有企业改革任务，提高国有资本效率和增强国有企业活力。国有企业作为独立市场主体，要在激烈的市场竞争中发展壮大，必须不断提高经营效率，增强内在活力。2013 年 11 月 12 日，中国共产党第十八届中央委员会第三次全体会议通过《中共中央关于全面深化改革若干重大问题的决定》（以下简称《决定》），为全面深化改革作出决定性的部署，其中首次提出将改革国有资本授权经营体制，组建若干国有资本运营公司，支持有条件的国有企业改组为国有资本投资公司。改组和组建国有资本投资公司和运营公司的主要目的：一是"以管资本为主"完善国资监管方式。二是加快国有经济布局结构调整，避免重复建设、恶性竞争，切实提高资源配置效率。三是重塑有效的企业运营架构，促进国有企业进一步转换机制。四是完善国有资本经营预算制度，提高国有资本收益上缴公共财政比例，2020 年提到 30%，更多用于保障和改善民生。

（2）推动国有企业完善现代企业制度。《决定》明确提出进一步深化国有企业改革，使得国有企业更加适应市场化、国际化新形势，以规范经营决策、资产保值增值、公平参与竞争、提高企业效率、增强企业活力，并承担社会责任为重点。2015 年 8 月出台的 22 号文《关于深化国有企业改革的指导意见》被视为本轮国企改革"顶层设计"，进一步提出国有资本投资公司和运营公司的运营模式：发挥国有资本投资公司和运营公司的作用，通过开展投资融资、产业培育、资本整合，推动产业集聚和转型升级，优化国有资本布局结构；通过股权运作、价值管理、有序进退，促进国有资本合理流动，实现保值增值。

10 月，22 号文的配套文件《关于改革和完善国有资产管理体制的若干意见》进一步明确了改组国有资本投资公司和运营公司的具体路径。其中，国有资本运营公司通过划拨现有商业类国有企业的国有股权，以及国有资本经营预算注资组建、提升资本运营效率和资本回报为主要目标，通过股权运作、价值管理、有序进退等方式，促进国有资本合理流动，实现保值增值；国有资本投资公司通过选择具备一定条件的国有独资企业集团改组设立，以服务国家战略、提升产业竞争力为主要目标，在关系国家安全、国民经济命脉的重要行业和关键领域，通过开展投资融资、产业培育和资本整合等，推动产业集聚和转型升级，优化国有资本布局结构。

（3）把"以管资本为主"作为全面深化国有企业改革的重要抓手。国有资产管理体制改革与国有企业改革之间联系紧密，对全面深化国有企业改革具有重要的指引作用。2015 年 6 月，习近平总书记主持中央全面深化改革领导小组第十三次会议，会议通过《关于加强和改进企业国有资产监督防止国有资产流失的意见》，为防止国有资产流失作出了如下部署：要强化国有企业内部监督、出资人监督和审计、纪检巡视监督以及社会监督，加快形成全面覆盖、分工明确、协同配合、制约有力的国有资产监督体系。2017 年 4 月 27 日，国务院办公厅转发《国务院国资委以管资本为主推进职能转变方案》的通知，提出推进国有资产监管机构职能转变，进一步提高国有资本运营和配置效率，按照深化简政放权、放管结合、优化服务改革的要求，加快实现"以管企业为主"向"以管资本为主"的转变。

10.3　资产效益、杠杆率和资产负债率

国有企业是推进现代化、保障人民共同利益的重要力量。但是，许多国企"大而不强"，存在"政企不分""政资不分"等问题，影响国企现代企业制度的完善和运营效率的提高。随着经济进入"新常态"，本轮国企改革的目的，旨在通过提高国有企业的运营效率和抗风险能力，提升国企资产的盈利能力和回报能力，来提高整个国民经济增长的质量。①

（1）国有企业资本结构理论研究

长期以来，关于国有企业经济效益不佳的成因，有一个普遍的看法，即国有企业资产负债率（以下简称负债率）过度或过高是主要成因之一，故国有企业背负着沉重的债务利息费用。

美国的诺贝尔经济学奖获得者莫迪利安尼（Modigliani）和米勒（Miller）两位经济学家于 1958 年共同提出的"MM 定理"，是现代资本结构的基石。MM 理论在没有税收、不含交易成本及个人和公司借贷利率相同的假设前提下的两个基本结论：①杠杆企业的价值与无杠杆企业的价值相等；②权益成本随财务杠杆的增加而增加。也就是说，企业价值的大小与资本结构无关，不存在能使企业价值达到最大的最优资本结构。

周洛华在《货币起源》一书中记录了 MM 定理的基本原理：企业资产

---

① 张国. 习近平有关国有企业改革的重要论述及其贯彻执行［EB/OL］. http：//www.cwzg.cn/theory/201902/47103.html.

负债表两端互不相关，融资成本和投资对象的盈利能力互不相关。无论一个企业的资金来自股东还是银行，都不会影响这家公司的价值。相应地，企业的价值不是由其融资方式和融资成本决定，而是由其资产的盈利能力决定。[①] 越是资产质量好、生产经营效率高、管理优秀、技术先进和公司治理透明的企业，其融资成就越低；反之，则越高。

对于国企而言，20 世纪 90 年代中期，曾经提出过类似扶贫帮困式的政策，让国有银行针对国有企业提供专项贷款，贷款封闭使用，而且利率很低，有的甚至是零利率贷款。但是从后来的效果看，这个政策没有达到振兴国企的目的，还使国企背上了不良贷款。问题的关键是要推进国企机制的改革，激发活力和创新能力，提升资产盈利能力。

（2）国有企业杠杆率和资产负债率指标出现背离

2018 年 9 月，中共中央办公厅、国务院办公厅印发的《关于加强国有企业资产负债约束的指导意见》指出，加强国有企业资产负债约束是打好防范化解重大风险攻坚战的重要举措。提出要通过建立和完善国有企业资产负债约束机制，强化监督管理，促使高负债国有企业资产负债率尽快回归合理水平，推动国有企业平均资产负债率到 2020 年末比 2017 年末降低 2 个百分点左右，使国有企业资产负债率基本保持在同行业同规模企业的平均水平。

近年来，中国非金融企业部门杠杆率快速增加，而企业资产负债率却呈下降趋势。从定义上理解，资产负债率指标即总债务/总资产，总债务/GDP 是宏观上的杠杆率指标，而 GDP/总资产反映的是总资产所创造的产品和劳务价值，实质就是以 GDP 增加值表示的资产效益。上述分解表明，资产负债率下降的同时宏观杠杆率反而上升，影响因素则是资产效益在下降。在国家大力"去杠杆"的政策下，国有企业资产负债率有逆势上升、居高难下的情况。这表明，国有企业低效率问题没有得到根治。

---

① 周洛华. 货币起源 [M]. 上海：上海财经大学出版社，2019：208 – 225.

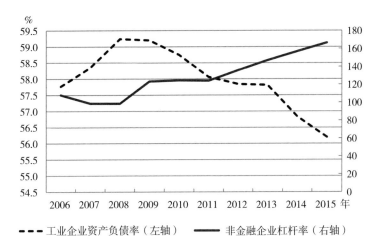

图 10 - 3 非金融企业部门资产负债率和杠杆率的背离

资料来源：BIS，国家统计局。

（3）中国联通混改经验

中国联通是第一家从集团层面启动混合所有制改革的央企。相较于中国移动和中国电信，在启动混改前，中国联通的移动用户数量和有线宽带数量均远远落后与其他两大运营商。2016 年，中国联通的净资产收益率（ROE）从平均 4% ~5% 断崖式下跌至 0.20%，资产负债率却从 2015 年的 61.96% 增长到 62.57%，净利润更是从 2015 年的 34.7 亿元"暴跌"至 1.54 亿元，整体来看，中国联通的资产盈利能力面临巨大的挑战。

2017 年，中国联通启动混改，资产盈利能力有了明显提高。其混改方案包括：首先，中国联通集团的上市公司通过定向增发吸引非国有资本参与。根据方案，联通集团引入了 BATJ、中国人寿、苏宁云商、光启互联、淮海方舟、兴全基金和结构调整基金等战略投资者。混改后联通集团持股比例下降到 36.7%，10 家战略投资者合计持股约 35.2%，员工持股 2.7%，公众股东持股 25.4%，形成了多元化的股权结构。这种多元化的股权结构打破了国有资本 51% 的限制，但在保持国有资本控制力、国有资产保值增值以及充分发挥企业骨干积极性等方面仍起到积极的作用。其次，通过选取四大互联网公司、垂直行业领先公司以及领先的产业集团、金融企业等投资人，中国联通实现了与产业实力强、合作潜力大以及业务互补的投资人合作，对于联通的发展起到了重要作用。再次，通过发行限制性股票，联通的核心员工可以用市场一半的价格来买入股票，虽然有短期内不能转让的限制，但联通这种长期激励的方式在调动员工积极性方面起到了很好的作用。最后，联通通过组织机构调整，人员精简；深化改革，让员工创新创业；实施"418"人才工程等也都为联通的深化改革转型调整助力。

净资产收益率

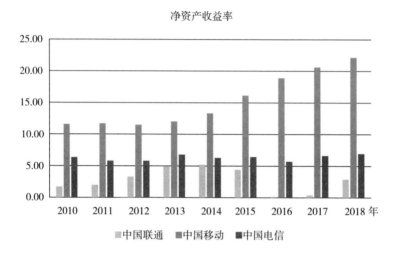

资产负债率

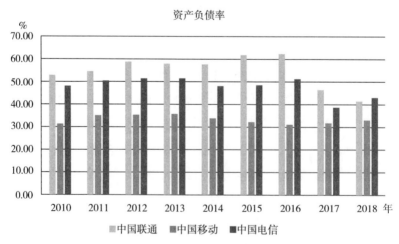

图 10-4 移动公司经营数据比较

资料来源：东方财富网。

中国联通在启动混改之后，资产盈利能力有了明显提高，2018 年的净资产收益率从最低的 0.20% 增长到了 2.86%，资产负债率从 2016 年最高的 62.57% 降低至 41.50%，低于中国电信的 43.06%。虽然从财务指标来看和两大运营商还有明显差距，其资产盈利能力已有很大提高。①

10.4　优化国有经济结构的政策启示

自 14 世纪起，欧洲有了较为完整的金融危机记载。当时英王爱德华三世由于战争失败而对意大利的银行家违约，从而造成了银行破产形式的金融危机。在之后的几个世纪里，总是周期性地发生各类危机事件，一些关于商业周期的思想也充斥在古典经济学家的文献中。

近年来，中国杠杆率特别是企业杠杆率高企，债务规模增长较快，债务负担日益沉重。应当看到，杠杆率和企业的负债融资结构，对货币政策传导机制和经济效率有着重要影响，与金融系统性风险密切相关。随着中国经济进入新常态，经济增速趋势性下降与周期性波动相互叠加，国内经济转型阵痛与国际经济环境复杂相互交织，一些企业经营困难加剧，债务风险进一步上升。党中央、国务院为此作出推进供给侧结构性改革、"去杠杆"等决策部署。人大重阳在深入研究国内外的相关理论和实践的基础上，提出如下几点政策启示：

（1）加强国资委对国企市值化管理。在国有资本管理从"管资产"向"管资本"的转变过程中，针对上市公司国有股权的市值管理，无疑是一项重要内容。加强国务院国资委对国企市值管理，有助于推动控股上市公司优化股权结构，完善公司治理、强化激励机制，提升价值运营能力，最终实现企业价值最大化。中央企业控股境内上市公司 290 户，市值达到了 11.1 万亿元，占境内 A 股市场总市值的 20.66%。另外，很多中央企业

---

① 东方财富网，http://f10.eastmoney.com/f10_v2/FinanceAnalysis.aspx?code = SH600050#zyzb - 0.

63.7%的资产和60.8%的净资产都在上市公司里面，通过市值管理来进行盘活企业的存量资产，提升资本收益和效益。

（2）规范国有企业的贷款管理。采取降低国有大型集团企业高负债率的过程中要注意几点：一是对贷款的性质进行分析，是属于企业经营性贷款，还是属于国家政策性贷款；二是对贷款的数量进行分析，是正常范围内的负债还是严重过度负债；三是对企业的经营状况进行分析，是保护发展的企业还是"僵尸企业"。

（3）增加国有企业对财政、社保和国资委上缴利润。经过连续几年的调整，国有资本收益收取比例已经从2007年设立之初的10%、5%、暂缓三年收取和免收四档，逐步提高到目前的25%、20%、15%、10%和免收五档，如果国企实际分红率提升至30%的2020年目标，可以增加0.5个百分点GDP规模的财政开支或者税费减免；如果提升至国际普遍水平50%，这一比例将升至1.2个百分点。增加国有企业利润上缴比例，一方面可以弥补减税降费带来的财政收支缺口，另一方面也有助于国企明确自身的企业定位，更好地发挥国有企业的社会责任。

（4）推广市场化并购。近年来，证监会持续深化并购重组市场化改革，大幅取消和简化行政许可，陆续出台了包括定向发行可转债、简化预案披露要求、"小额快速"审核机制、拓宽募集资金用途等在内的一系列新举措，监管政策逐步转向边际宽松。对政策的松绑是为了加快并购重组速度、提高效率，但并不意味着要放松审核要求。严格把控收购重组的质量，是能否筛选出真正可以促进企业转型的关键因素，有利于国企发展的并购重组不仅促进经济发展、激发资本市场活力，推动产业转型升级。

（5）实现国资委的资本预算管理。国资委作为国有资本出资人的代表，职能定位为对国有资本的监督管理，包括国有资本的产权监管、运营监管和国有资本总量与结构的调控管理，但不能直接干预企业的生产经营活动。国有资本经营预算反映的预算期内国有资本经营的目标，是国有资本经营计划的财务安排，也是国资委职能作用发挥的基础。

（6）实现国有企业的经营预算管理。国有资本经营预算是国家以所有者身份对国有资本实行存量调整和增量分配而发生的各项收支预算，是政府预算的重要组成部分。实现国有企业的经营预算管理对于发挥国有资本出资人职能、强化国有资产规范化管理、完善中国复试预算制度和加强国有资本所有者监管等方面具有重要的意义。

萨缪尔森经济学第 19 版最后引用了凯恩斯的话："企业在创造并增加世界的财富。当企业顺利运作时，无论人们是否节俭，社会财富都会随之积累起来；而当企业停滞不前时，无论人们如何节俭，社会财富也都会随之枯竭。"这句话启示我们，要充分利用人民给予的信任和借给的改革时间，深化国民经济重要力量的国企改革，进一步加强和完善针对国有企业的资本和经营预算，让国有企业向财政上缴利润，让国资委尝试市值化管理，让社保参与国有企业的公司治理，让市场在并购重组中发挥关键性作用，让国企减员增效。这些都有利于国有企业产生高效的资本回报，从而使市场对国有企业的市场价值建立信心，进而使央行可以放心调节其自身的资产负债表的资产端科目，摆脱外汇储备的约束，当出现特定情况时能够从容地购买本币标示的资产，最终使货币政策更具灵活性。

11　加快多层次资本市场的构建

金融学发展至今，与建筑学类似，已经构建了复杂的设计工具、严谨的论证体系、精细的施工技术，但建筑本身的技术含量与其价值并不存在必然联系。因此对于资本市场建设的研究而言，资本市场体系设计的原因和目的远比其设计内容细节更重要。特别是在人民币国际化趋势难以回避，而中国资本市场相对发展缓慢的情况下，面对当今世界前所未有之大变局，如何有效维护中国的货币主权保证中国金融发展的自主可控？

面对美元的霸权和中美贸易摩擦加剧，虽然货币主权的重要性已成为共识，但当前经济全球化发展和部分经济体逆全球化博弈并存，当如何应对？这是一个充满争论的问题。本章主要从宏观的视角论述两个问题：一是中国货币主权崛起与多层次资本市场的关系是什么。二是未来多层次资本市场建设的重点有哪些。

11.1　中国货币主权与多层次资本市场的关系

11.1.1　中国货币主权一开始就与西方国家不同

2019 年初，中国人民银行办公厅党总支理论学习中心组刊文对中国的货币主权进行了总结，指出"货币主权体现为自主选择权，而非某种特定的形式"。① 中国的货币主权一直保持着高度灵活的自主性。然而在不断变

---

① 中国人民银行办公厅党总支理论学习中心组. 货币主权论探析 [J]. 中国金融，2019 (5)：15 – 16.

化的国际经济体系中这种底气从何而来？

回溯历史可以看出，中国货币主权的基础一开始即与西方国家有很大的不同。温铁军和董筱丹等于2019年7月刊发的《土地改革与新中国主权货币的建立》一文首次论述了中国货币主权的起源。温铁军和董筱丹等发现，1949年后由于国内外的原因，导致中国国内经济形势恶化加剧，并且出现了严重的恶性通货膨胀。但是新中国成立后，全国的恶性通货膨胀不到一年就得到了彻底平复；而且在当时巨大的财政赤字压力的情况下，增发货币同时还成功控制了人民币币值的稳定①，这在全球金融史上都是比较罕见的。温铁军、董筱丹等的研究认为：

（1）"做多"上海，维护金融中心的枢纽功能。"做实"人民币，以强制措施确立人民币作为国家主权货币的唯一合法通货地位，集全国之力坚决、精确打击当时金融市场投机倒把行为。

（2）建立按实物折算的货币运行体系。先后推行了储蓄、公债、工资"三折实"的"浮动式"实物联系币制。温铁军、董筱丹等指出了其巧妙之处：

"即用实物的购买力来支撑人民币信用，又不采用限价等币值与物资的固定锚定方式，给增发人民币预留了充分的空间；货币贬值导致的损失仍用货币增发来弥补，并不增加额外的财政负担……在农业税实粮征收和劳动者折实工资之间建立对应关系，极大地缩小了社会游资冲击各个交易环节导致物价上涨的风险敞口；折实储蓄的实施，自法改革以来第一次使持有货币的财富效应由负变正，对回流社会多余资金具有重要作用；同理，折实公债也起到了减轻财政压力、回笼货币、抑制通货膨胀的作用……金融领域不忘初心地坚持'群众路线'，则是建立国家金融资本的信用基础。"

温铁军、董筱丹等根据史料分析认为，折实制度的成功，人民币作为

---

① 温铁军、刘亚慧、唐溧等. 土地改革与新中国主权货币的建立：建国初期"去依附"体制下的反危机经验研究［J］. 政治经济学评论，2019（4）：16-42.

主权货币能保持独立性，主要有三个关键点[①]。

（1）新中国的制度优势和组织领导力优势。新中国深得民心，强大的公信力，强有力的组织和领导能力是社会接受人民币的基础。

（2）土地改革后农村释放了巨大的生产力。土地改革形成了对占当时人口绝大部分的农民的动员能力，使新政权能够获得较为充裕的物资支持，为打击投机和实施货币折实制度提供了基本保障。[②]

（3）人民币确立了劳动本位（劳动吸纳货币）的币制内涵。折实制度的实质是用国民劳动所得来等比例吸纳货币增发，对冲掉货币贬值导致的损失。

因此，人民币作为主权货币的信用基础一开始就与其他货币有着很大的区别。特别是温铁军、董筱丹提出的上述第三点，人民币最初的"劳动本位"，与西方现代货币体系起源的以贵金属和相关资本体系为担保的货币发行机制在一开始就不一样。

但问题在于，新中国成立以来，特别是随着改革开放之后的高速经济发展，在原有的经济结构已有较大改变的情况下，怎样保持中国的制度优势，实现货币主权的与时俱进？通过对已有国内外研究文献的综合和对资本市场发展历史的探讨，本章发现独立的货币主权与多层次资本市场建设关系密切。

11.1.2 中国独立的货币主权发展与多层次资本市场建设相互促进

（1）中国特色的货币主权体系促进了中国经济金融取得跨越式发展。表 11-1 是 1978—2018 年国内生产总值及产业构成对比，图 11-1 是中国第一、第二、第三产业结构对比。通过对比可以发现，2018 年中国的国内

---

① 温铁军、刘亚慧、唐溧等. 土地改革与新中国主权货币的建立：建国初期"去依附"体制下的反危机经验研究 [J]. 政治经济学评论，2019（4）：16-42.
② 温铁军、刘亚慧、唐溧等. 土地改革与新中国主权货币的建立：建国初期"去依附"体制下的反危机经验研究 [J]. 政治经济学评论，2019（4）：16-42.

生产总值比1978年翻了244.7倍，而且产业结构也发生了重大变化，2018年中国第三产业占比已经超过了第二产业，在国民经济中的占比超过50%。

林毅夫对中国经济发展的成就进行了总结，主要有三个方面：一是中国经济快速发展，跨入中等偏上收入国家行列。改革开放40多年来，中国国内生产总值以年均接近两位数的速度增长，先后于1999年和2010年跨入中等偏下收入国家和中等偏上收入国家行列。2013年，中国进出口的贸易总量超过美国，成为世界第一大货物贸易国。二是人民生活水平大幅提高，减贫事业成就显著。城镇居民人均可支配收入和农村居民人均可支配收入分别从1978年的343.4元、133.6元提高到2017年的36 396元、13 432元。共有7亿多人口摆脱贫困，农村贫困发生率从1978年的97.5%大幅下降到2017年的3.1%，远低于世界平均水平。三是未出现系统性金融经济危机。迄今为止，中国是唯一没有发生系统性金融经济危机的新兴市场国家，而且在20世纪末亚洲金融危机和2008年国际金融危机爆发后，中国为世界经济复苏作出了重大贡献[①]。林毅夫所指出的中国经济发展成就第三条，"未出现系统性金融风险"是中国与其他新兴发展中国家经济发展最大的不同，这离不开中国牢牢把控的货币主权。

表11-1　　国内生产总值及产业构成对比（1978—2018年）

	1978年	2018年	增长倍数
国内生产总值（亿元）	3 678.7	900 309.5	244.7
第一产业（亿元）	1 018.5	64 734	63.6
第二产业（亿元）	1 755.2	366 000.9	208.5
第三产业（亿元）	905.1	469 574.6	518.8

资料来源：国家统计局。

① 林毅夫. 中国经济改革的成就、经验与挑战［N］. 经济日报，2018-12-29（3）.

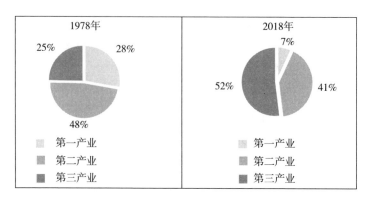

图 11 - 1　中国第一、第二、第三产业结构对比（1978—2018 年）

资料来源：国家统计局。

（2）中国当前资本市场规模列世界第二，货币主权发挥了重要作用。根据中国人民银行办公厅党总支理论学习中心的权威总结，其中人民币的自主选择权作为中国主权货币的重要能力对中国经济金融的作用主要体现在四个方面：一是基础货币发行始终服务于国家改革发展大局。坚持根据国内改革和发展的需要，决定基础货币的投放及汇率改革的方式、内容和时机。二是购汇投放基础货币并未导致中国信用过度扩张。人民银行在购买美元、卖出人民币的同时，通过提高存款准备金率、发行央行票据等方式，冻结或回收了一部分被动投放的人民币基础货币，使得货币信贷增长与本国经济发展需要基本适应。三是汇率改革有效拓展了货币政策自主空间。根据"不可能三角"理论，在开放经济中，提高汇率弹性能够增加货币政策的自主性。面对外汇市场的趋势性变化，中国人民银行坚持以市场化为导向，逐步退出常态化干预。四是货币政策有力促进了中国经济金融取得跨越式发展。近年来，中国在金融层面，金融业综合实力显著增强，成功抵御了 2008 年国际金融危机冲击及其深化影响，金融机构首次进入全球系统重要性金融机构名单，资本市场规模列世界第二位[①]。

（3）多层次资本市场的建设进一步强化中国的货币主权。中国资本市

---

① 中国人民银行办公厅党总支理论学习中心组．货币主权论探析［J］．中国金融，2019（5）：15 - 16．

场起源于 20 世纪 80 年代，建设发展于 90 年代，并随着中国经济的发展一直处于改革和调整的过程中。可以说，自 1978 年开始的中国经济改革是中国资本市场产生的前提条件，中国资本市场是中国改革开放逐步深化和经济进一步发展的产物。

表 11 - 2 是中国多层次资本市场的发展时间线，中国多层次资本市场的发展是一个渐进式的过程，在不断释放新的资本市场活力，从而进一步强化了中国的货币主权。以 A 股市场深市为例，截至 2018 年 6 月 30 日，深交所共有上市公司 2 114 家，其中主板 476 家、中小板 911 家、创业板 727 家，总市值 22.35 万亿元；挂牌债券（含资产支持证券）4 265 只，托管面额 17 901 亿元；挂牌基金 533 只，规模 1 424 亿元。2017 年，深交所 IPO 数量、股权融资金额、成交金额等主要指标位居全球交易所前列。资本市场的不断完善从而促进国内经济的发展，进而推动人民币影响力的提升，这是一个相辅相成的促进过程。另外，由于中国区域经济发展的不均衡性，资本市场的多层次化也是必然规律。

表 11 - 2   中国多层次资本市场时间线

市场	成立时间
沪深 A 股市场	1990 年 11 月、1991 年 4 月上海证券交易所和深证证券交易所先后成立
中国第一家期货机构广东万通期货经纪公司正式组建	1992 年 9 月
（旧）三板交易市场（股权代办转让系统）	2001 年 7 月 16 日
深市中小企业市场	2004 年 5 月
创业板市场	2009 年 10 月 30 日
新三板（中小企业股份转让系统）	2013 年 1 月 16 日
科创板	2019 年 6 月 13 日

图 11 - 2 是中国当前资本市场的结构。经过近 30 年的发展，中国已经初步建立了多层次的资本市场，大体由场内市场和场外市场两部分构成，场内市场包含主板、中小板、科创板和创业板，场外市场包括全国中小企业股份转让系统（新三板）、区域性股权交易市场、券商柜台交易市场

（包括天使投资、风险投资、股权众筹等股权投资市场）。此外，如图 11 -
3 所示，多层次资本市场的发展，也对人民币的国际化起到了重要作用，
同时也进一步促进了中国的科技创新和技术革命。

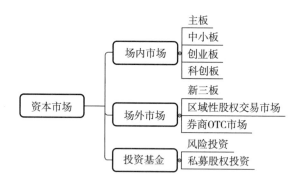

图 11 - 2　中国多层次资本市场结构（直接融资市场部分）

11. 2　多层次资本市场与人民币国际化和科技创新

关于多层次资本市场对人民币国际化和科技创新的影响，都是比较大
的研究课题，限于篇幅，本节只基于已有发展情况进行简要论述。

11. 2. 1　多层次资本市场的发展推动了人民币国际化

人民币的国际化，是人民币能否成为国际上有效的投资工具的过程。
其中有两个关键要素，一是要成为国际市场广泛使用的国际贸易结算货
币；二是要成为国际上具有强竞争力的存储货币。而人民币要实现以上两
点，成为国际上有效的投资工具，离不开资本市场这一载体。截至 2018 年
6 月末，境外机构和个人持有境内人民币金融资产总量增加至 4.89 万亿
元①。图 11 - 3 是 2017 年 1 月至 2018 年 6 月境外机构和个人持有境内人民
币金融资产。随着中国资本市场的逐步开放，人民币海外体量的不断加

---

①　境外机构和个人持有境内人民币金融资产总量达到 4.89 万亿. 新华财经网［EB/OL］.
(2019 - 08 - 16). http：//rmb. xinhua08. com/a/20180801/1771457. shtml.

大，对更多的资本市场出路的需求只会越来越强烈。国际化的多层次资本市场是人民币国际化的必经之路。本节以沪伦通和沪港通为例进行说明。

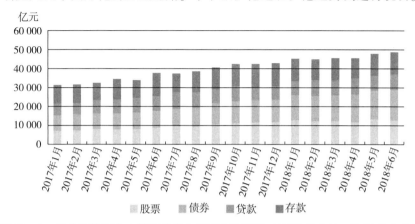

图 11 – 3　境外机构和个人持有境内人民币金融资产（2017 年 1 月—2018 年 6 月）

资料来源：新华财经。

（1）沪港通和深港通表明中国多层次资本市场的多管道建设自主可控。当前关于沪港通和深港通的研究比较多，综合来看已经展现出了三个方面的积极意义，一是推进了中国金融领域的供给侧结构性改革；二是推进了中国金融领域的开放；三是提升了上海作为国际金融中心配置全球金融资源的能级[①]。上海对外经贸大学方艳教授团队 2016 年对沪港通是否实现了中国资本市场国际化的初衷进行了系统实证分析，表明"沪""深""港""美"市场间确实一直存在动态相依性并随着市场的不断发展其相依性逐渐增强；但是沪港通的开启并未如预期那样在统计上明显增强沪深港美市场间的互联互通性，而且受中国国内资本市场体制改革的影响很大[②]。方艳教授的研究表明，沪港通和深港通的开通，并未有影响中国对自身资本市场的自主可控，如果要进一步加强"沪""深""港""美"之间的联

---

①　郭永博. 沪港通和深港通政策对沪深港三地市联动性的影响——基于深港通开通后的比较［J］. 河北金融，2018（12）：15 – 19.

②　方艳、贺学会、刘凌、曹亚晖. 沪港通"实现了中国资本市场国际化的初衷吗？——基于多重结构断点和 t – Copula – aDCC – GARCH 模型的实证分析［J］. 国际金融研究，2016（11）：76 – 86.

系，需要更加开放的资本市场政策。

（2）沪伦通加速了中国多层次资本市场国际化发展速度。沪伦通于
2019 年 6 月 17 日正式启动。综合当前以后的分析和文献，沪伦通是中国
在沪港通和深港通基础上进一步拓宽资本市场的有力措施。

沪伦通为中国 A 股更多上市公司到国外融资提供通道，并且有利于加
深中国资本市场与英国资本市场的融合互动，特别是监管制度的对接，可
以充分借鉴和吸收英国的丰富资本市场经验。此外，沪伦通也能积极推动
国内估值系统进一步加强与国际的联系，提供了多样化的资本市场选择，
分散投资者的风险，提振投资者信心。沪伦通项目采用的是产品交叉挂牌
模式，解决了跨时区互联的难题，而且沪伦通还推出了生成与兑回机制，
以实现存托凭证与基础股票之间的转换。而这一跨境转换业务仅限于符合
条件的做市商，能够有效控制跨境资本流动的风险，为沪伦通提供更加安
全可靠的投资环境。

按照金融服务于实体经济的要求，当前资本市场在广度和深度上还远
不能满足实体经济发展的需要，更满足不了手持大量资金投资者的投资需
要。如果能够进一步完善多层次的资本市场，进一步开放国内外的沟通，
国内外投资者将可以把更多的资金投向上市公司，这不仅能够解决融资难
和融资贵的问题，也能够有效提高全社会的投资回报率。

11.2.2　多层次资本市场的发展推动了科技创新革命

（1）技术、资本与制度的关系。对于金融资本与技术革命的关系，国
内外均有大量的研究，尼尔森（Nelson R. R.）的总结较为直观，主要存
在三个关系[1]。

一是技术变革产生于一系列重大创新形成的连续不同的革命，使整个
生产结构现代化。

---

[1]　Perez C., *Technological revolutions and financial capital*. UK：Edward Elgar Publishing, 2003,
p. 155.

二是金融资本和生产资本内在相互关联，但两者在功能上是分离的，各自以不同的方式追求利润。

三是与由竞争压力刺激并驱动（不断变革）的技术和经济领域相比，社会制度具有更大的惯性和对变革的抵制力。

如图 11 - 4 所示，技术、制度、经济在各自的框架内循环并相互影响。科技是资本的引擎，科技的变革不仅仅是科技本身发展的结果，更取决于经济和社会的强烈需求。社会需求促使资本与科技领域互动，同时冲击现有的社会制度关系，消解原有社会制度惯性和阻力，在动态的互动过程中发展。

（2）资本市场对于技术和制度变革的作用，在国内也是共识。沈阳工业大学李思璇对 2009—2017 年人工智能板块的上市公司进行了研究并得出结论：企业在资本市场融资更易于促进技术创新的发展；相对于在主板市场上市的企业，在中小板、创业板市场上市企业的融资对技术创新的促进作用更为显著[1]。马险峰、戴苏琳的研究表明，资本市场具有优化资源配置、价格发现、风险和收益共担等功能，可以促进高新技术企业发展，多层次资本市场建设是新时代全面深化资本市场改革的战略导向和任务目标[2]。许维鸿的研究表明，新技术、新产业、新业态、新模式的"四新经济"离不开多层次资本市场制度创新[3]。何阳认为，科创板开创了资本市场与科技联动的新局面，多层次资本市场改革的步伐进一步加快[4]。乔军华对资本市场作为战略性新兴产业发展的重要环境因素对科技研发活动的作用进行了实证研究，发现在多层次资本市场环境建设方面，应该加快构建和完善多层次资本市场环境，以适应不同层次企业的发展需要；注重发

---

[1] 李思璇. 中国资本市场对技术创新影响的实证研究 ［硕士学位论文］. 沈阳工业大学，2019：1 - 5.

[2] 马险峰、戴苏琳. 资本市场推动高新技术企业发展 ［J］. 中国金融，2018（20）：52 - 54.

[3] 许维鸿. 支持"四新经济"离不开多层次资本市场制度创新 ［J］. 中国中小企业，2018（5）：76 - 79.

[4] 何阳. 科创板：开创资本市场与科技联动新局面 ［J］. 信息通信技术与政策，2019（7）：1 - 5.

挥资本市场的融资功能和人才激励功能，创新各种金融工具、完善股权激励监管政策；同时，充分发挥市场的信息功能，提高资本市场的有效性，充分发挥其各项功能[①]。辜胜阻研究指出，中国进入经济发展新常态，经济增长动力从"要素驱动""投资驱动"转向"创新驱动"，需要通过金融创新突破金融体系的"短板"，重构多层次资本市场，完善股权投资链，大力发展天使投资，显著提升直接融资比重，助力创新驱动战略实施[②]。

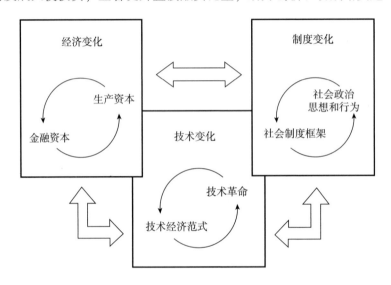

图 11 - 4　技术变革、制度变革与经济变革之间的关系

资料来源: Nelson R R. *Technological Revolutions and Financial Capital*: *Carlota Perez*, Edward El-gar, Cheltenham, UK, 2002, p. 156.

（3）多层次资本市场与货币主权之间的相互作用推动着中国科技创新的发展，并为人民币的国际化提供了通道、奠定了基础。图 11 - 5 是根据近 20 年来中国资本市场建设的发展历程和以后的公开研究综合会议的关系图。多层次资本市场的发展，对科技创新与革命有着积极的促进作用，而

[①]　乔军华. 中国多层次资本市场环境对战略性新兴产业研发活动的影响机制研究 ［博士学位论文］. 上海交通大学，2015：5 - 10.
[②]　辜胜阻. 实施创新驱动战略需完善多层次资本市场体系 ［J］. 社会科学战线，2015（5）：1 - 9.

资本市场与科技创新与中国总体经济发展关系密切，随着中国的经济发展，为人民币国际化打下了较为坚实的基础。人民币的国际化，是中国货币主权不断崛起的过程，随着国际社会用人民币作为投资工具的个人和组织越来越多，反过来为中国的科技发展提供了更宽广灵活的融资渠道，也进一步促进了人民币的国际化和中国资本市场与国际接轨。图 11 – 4 的四个要素之间的相互作用是一个正向的激励过程。但不可否认的是，中国多层次资本市场的发展还有很大的空间，而且由于发展不足，也存在一些问题。

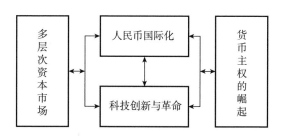

图 11 – 5　货币主权崛起关键要素互动图解

11.3　中国多层次资本市场发展面临的五大问题

通过对中国知网数据库截至 2019 年 8 月 15 日的 827 篇中文相关文献（按篇名搜索关键词"多层次资本市场"，其中期刊论文 580 篇，硕博学位论文 51 篇，报刊评论 196 篇）分析发现，如图 11 – 6 所示，"融资难、融资贵"的问题，依然是中国当前多层次资本市场发展首要的问题。其次多层次资本市场发展与经济、创新、中小企业和中国改革关系紧密关联，2016 年中央经济工作会议以来，中国加快了深化多层次资本市场体系改革的相关工作。综合以后研究，多层次资本市场发展的不足，主要会引起以下几个方面的问题。

一是直接融资比重依然较低。2018 年，社会融资规模增量的 19.26 万亿元中，直接融资规模增量仅为 2.85 万亿元，占比仅为 14.8%，非金融企业境内股票融资同比降低 2 个百分点，非金融企业利用直接融资的能力有下降趋势，而大部分 G20 国家的直接融资比例在 65% ~ 75%[①]。

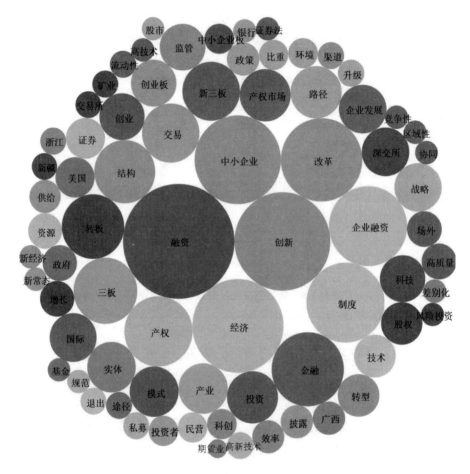

图 11 - 6　中国多层次资本市场研究热点问题词云（截至 2019 年 8 月 15 日）

二是资本市场的建设层次不足。资本市场层次不足会引发一系列问题，主要包括高成长型中小企业融资难、资金相对过剩和短缺长期并存、难以满足中国创业投资体系和科技创新需求、影响资本市场资源配置效

————————

① 陈晓雨. 中国融资结构不合理问题的影响及破解之道 [J]. 银行家，2019 (6)：114 - 115.

率、加剧区域经济发展不平衡等问题①。

三是资本市场风险集中度较高。以股票市场为例，呈现出投机度较高、股指波动幅度大、部分股票投资价值与价格严重背离等问题。

四是缺乏退出机制。截至 2019 年 8 月，中国还没有建立完整的资本市场退出机制，其中的原因有多个方面，如资本市场层次结构较少，股权流通困难等。

五是监管难度大于开放需求强的矛盾。国内企业在境外直接投资、并购以及发行债券等金融产品快速增长，境外投资者对人民币金融资产的需求日益增加。资本市场的开放，不仅会推动金融体系改革，对人民币国际化、新一轮开放以及配置全球资源，都具有极为重要的作用。而资本市场开放所面临的风险以及如何监管，也成为各界关注的焦点②。监管难度会随着资本市场的多层次化、国际化发展而不断增加。

11.4　美国多层次资本市场发展经验

2015 年，易纲在《伟大的博弈》一书的序言中写道，"在 20 世纪初期，处于南美洲的阿根廷是世界上最富有的 15 个国家之一，其人均国内生产总值水平与美国大致相当。2009 年，美国的人均国内生产总值达到了 46 381 美元，而阿根廷则停留在 7 726 美元。毫无疑问，美国在过去 100 多年里取得了非凡的经济成长。同样让人印象深刻的是，美国的金融体系中有世界上最为发达的资本市场……"③ 所以，谈及多层次资本市场时，美国成为各国发展中自身资本市场体系的首要研究范本。

---

① 胡海峰. 多层次资本市场：从自发演进到政府制度设计 [M]. 北京：北京师范大学出版社，2010：192 – 197.

② 陈琴. 资本市场开放：风险与监管 [J]. 新理财（政府理财），2016（8）：34 – 35.

③ 易纲. 发达的资本市场助力美国经济发展 [J]. 中国经济周刊，2015（27）：80 – 81.

11.4.1 美国多层次资本市场的构成及发展过程

美国的资本市场经过200多年的发展，已经有了较为完备的制度设计。包括中国在内的世界上许多国家都借鉴了美国多层次资本市场建设经验。如表11-3所示，在美国，资本市场分层在金融工具风险特征、交易组织形式、地理空间三个维度上同时展开，形成了由五个层次构成的金字塔结构的多层次资本市场体系，包括主板市场（纽约证券交易所）、创业板市场（纳斯达克市场）、新三板市场（OTCBB和粉单市场）、区域性交易所及私募股票交易市场①。

表11-3　　　　　　　　　　美国多层次资本市场体系

市场范围	名称	管理及上市标准	典型上市公司
全国性证券市场	纽约证券交易所	管理最严格，上市标准最高	全世界最大的公司
	全美证券商协会自动报价系统（NAS-DAQ）	按上市标准分为全球精选市场、全球市场和纳斯达克资本市场	科技类且具有高成长潜力的公司
	柜台公告板市场（OTCBB）	上市要求宽松上市时间和费用较低	主要满足成长型中小企业的上市融资需求
	粉单市场	提供交易报价服务	挂牌证券信用等级较低
区域性证券市场	费城证券交易所	纽交所和纳斯达克的区域交易中心	
	太平洋证券交易所		
	中西部证券交易所		
	波士顿证券交易所		

数据来源：刘文娟. 多层次资本市场建设的国际比较与经验总结［J］. 哈尔滨商业大学学报（社会科学版），2010（4）：13-18.

根据杰瑞·马克汉姆所著的《美国金融史》第1~6卷的内容，美国

---

① 刘文娟. 多层次资本市场建设的国际比较与经验总结［J］. 哈尔滨商业大学学报（社会科学版），2010（4）：13-18.

的资本市场发展是立法不断完善的过程①。1916 年的《克莱顿法案》对金融托拉斯的扩张和权利进行了限制；1933 年美国出台了第一部全国证券法《1933 年证券法》，明确规范了证券发行的信息披露工作；随后又进一步对操纵证券市场和欺诈行为进行了规范，出台了《1934 年证券交易法》。在银行治理方面，1935 年出台了降低银行进入联邦储备体系的《1935 年银行法》，促进了中小银行的发展。同年，还出台了对政府和公共服务机构监管的《1935 年公共事业控股法案》，完善了美国金融业的市场化发展环境。3 年后，在 1938 年，通过了《1938 年马洛尼法》，将场外交易纳入了监管，并建立了美国证券交易商协会，进一步加强了行业监管。之后在 1939 年至 1940 年，监管范围进一步扩大，相继出台了《1939 年信托契约法》《1940 年投资公司法》《1940 年投资顾问法》。在 20 世纪三四十年代，美国的资本市场监管法制体系基本成形，这是一个市场和政府相互作用的过程，并不是完全的市场化推动。因此，美国在"二战"之后资本市场发展的腾飞并不是单纯市场发展的结果，美国政府的推动不容忽视。

美国经验的启示：细看美国金融发展历史，清晰地表明美国的金融市场发展并不是单纯依靠市场驱动的。进入 21 世纪以来，美国不断要求其他国家开发资本市场、鼓吹自身资本市场自由的同时，并不会提及自身的资本市场发展也是在市场驱动、政府引导和监管的良性互动中发展起来的。资本市场的自由发展和政府的有效监管"两手抓、两手都要硬"才能推动多层次资本市场不断趋于成熟、发挥积极的作用。由此来看，我国渐进式的资本市场改革方式有着天然的制度优越性。

11.4.2　美联储把控货币总闸门的能力直接影响美国和全球资本市场

在美国多层次资本市场建设中，美联储的相对独立性非常重要。从特朗普与鲍威尔的"互怼"中就可以看出美联储对抑制通货膨胀、平衡美国

---

① ［美］杰瑞・马克汉姆（Jerry W. Markham）. 美国金融史（1～6 卷）［M］. 北京：中国金融出版社，2018.

资本市场发展的重要性。当时美联储的独立货币政策能力并不是一蹴而就的。这其中涉及几个关键变革。本章根据杰瑞·马克汉姆所著的《美国金融史》第2~6卷进行了提炼总结①。

（1）1942年开启的美联储可以依法持有美国国债促使美国开始逐步脱离金本位制。当时美联储持有大量黄金储备，黄金的资产量甚至超过了资产端的80%。但1942年，美联储可持有美国国债以后，资产就出现了一个大幅度的转变。此后黄金资产从高达80%以上的资产占比，一直锐减到了不足一半。而国债对中央政府信贷和资产类别，（就是美联储持有的国债的资产）一路飙升到接近50%。黄金与国债的持有量交替接棒，其实宣告了美联储的货币信用化。美国开始用主权国家的债权去支撑美联储的货币发行。同时美联储也可以通过购买国债的手段，去支持美国的财政，包括美国的战争财政。

（2）1951年《美联储－财政部协定》确立了美联储作为中央银行的独立运行机制。第二次世界大战后签署的该协定是美联储保证其作为中央银行独立性的重要基础，这决定了美联储可以不受财政政策、主权甚至政府的干扰，根据经济形势（货币政策目标）来实施货币政策，而不是受到财政政策的要挟，比如财政的支出压力、其他财政目标、经济目标，都会要求美联储放松货币政策，现在已不可行。美国总统可以对此施压，但是因为美联储和财政部的协定确定了美联储的货币政策独立性，使得美联储摆脱了财政部的控制。

（3）1977年美联储改革法案的公布，确立了美联储的货币政策目标。例如，1950—1970年任职的美联储主席马丁（William McChesney Martin），他在这21年间一直受到总统的干扰，被要求放松货币政策。由于20世纪60年代初的滞胀，1965年以后，马丁已经想要提高政策利率来遏制通货膨胀的趋势，但是却遭到了时任美国总统约翰逊的阻挠。约翰逊认为加息是

---

① ［美］杰瑞·马克汉姆（Jerry W. Markham）. 美国金融史（2~6卷）［M］. 北京：中国金融出版社，2018.

阻碍经济增长的一种做法，而愤怒的约翰逊甚至在一次私人的会面中把马丁推到了墙上，由此可以看出，当时美联储主席经常受到总统对联储货币政策的要挟。此外，结合尼克松总统时期美联储的另一位"糟糕"的主席亚瑟·伯恩斯（Arthur F. Burns）的情况来看，虽然美联储脱离了财政部的控制，但是没能完全脱离总统的影响。直到 1977 年的美联储改革法出台，明确规定了美联储的政策目标，增加了美联储对国会的透明度和问责制，才弱化了总统对美联储的权力。总统已经没有太多办法直接控制美联储的货币政策。

（4）2008 年国际金融危机以来美联储的金融工具创新对美国和全球资本市场影响重大。面对出现的流动性陷阱的问题，美联储开创了一系列新型的金融工具，比较有代表性的有量化宽松（Quantitative Easing，QE）等（说明：量化宽松发展到 2019 年已经不是新工具了）。由于美元的霸权地位，美联储对金融工具的使用不仅影响美国的货币市场，也对全球的资本市场有很大的影响。

也就是说，随着金融市场、商品市场的发展，全球产业链一体化的程度越来越高，鉴于美国的国际影响力，美联储实质上有全球央行的部分功能，但原则上服务于美国的利益。2008 年国际金融危机之后，美联储 QE 引发了其资产的大幅扩张。从美联储资产负债表的绝对规模来看（图 11 - 7），自 2007 年 8 月金融市场动荡开始以来，美联储的资产负债表规模不断扩大，成分发生了变化。美联储的总资产从 2007 年 8 月 8 日的 8 700 亿美元大幅增加到 2015 年 1 月 14 日的 4.5 万亿美元。虽然自 2017 年 10 月（联邦公开市场委员会）FOMC 资产负债表规范化计划开始以来一直在下降，但目前总量依然保持在 3.8 万亿美元左右。回看过去 10 年，如果一个国家没有较强的货币主权，而选择与美元挂钩密切的话，事实上是不得不为美国 2008 年的经济危机"埋单"的。

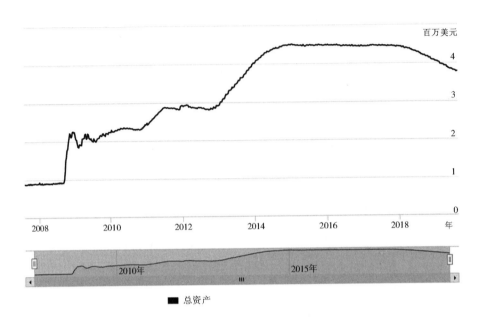

图11－7　美联储总资产走势（2007年7月1日—2019年8月13日）

资料来源：美联储①。

（5）强大的美联储，是美国资本市场全球影响力和美元霸权的基础。从历史来看，美联储今天的地位得益于三个关键：一是实现了与黄金的脱锚，完成了主权货币的信用化。也就是通过美国的主权信用，即美国国债支持美元货币的价值，而不是黄金，使美元成为全球货币。二是它脱离了财政与总统的直接干预，拥有了货币政策的独立性，而不再仅仅受制于总统的直接施压。美国通过美联储和财政部的协定，包括立法来限制财政和总统对美国货币政策的控制，实质上掐住了美国财政部的"钱袋子"，因而保证了较强的独立性。三是美联储不断发展除利率政策外其他多样化的政策工具，以维系其在美国国内和国资资本市场的影响力。自中国"811"

---

① FED. Total Assets of the Federal Reserve［EB/OL］. (2019－8－26). https：//www. federal-reserve. gov/monetarypolicy/bst_recenttrends. htm.

汇改①以来，美联储对中国资本市场和货币政策的关注越来越多，中国已成为美国和全球资本市场稳定的重要参考变量。

因此，中国未来央行应该怎样定位，如何保持相对的独立性，这些问题是未来中国多层次资本市场建设，人民币主权崛起需要进一步探讨的问题。中国多层次资本市场建设与央行的关系在本章中仅作为问题提出，因篇幅所限不展开讨论。

11.5　其他国家多层次资本市场发展经验

11.5.1　加拿大资本市场有严格的信息披露机制

基于王纯的研究，加拿大的资本市场主要包括多伦多证券交易所（TSX）、多伦多创业交易所（TSXV）、蒙特利尔交易所和温尼伯期货交易所（WCE）以及加拿大 CDNX 证券市场。其中，多伦多证券交所是加拿大最大的主板市场。创业交易所则类似于美国的纳斯达克。蒙特利尔交易所主要以期权交易为主。温尼伯（Win－nipeg）在历史上是加拿大最大的货物集散地，所以温尼伯交易是以期货交易为主。加拿大 CDNX 证券市场，1999 年 11 月 29 日温哥华与阿尔伯特证券交易所的合并标志着加拿大创业交易所（CDNX）正式启动。加拿大资本市场的世界领先地位，部分是源自其信息披露制度，因为这样更容易获得支持决策的信息。一系列重要研究表明，会计信息与投资者购买和出售决策息息相关。因此，会计信息和国内证券市场的发展的关系，对旨在为国家的经济增加更多资本流入的发展中的资本市场来说，是一个相当重要的政策问题②。

---

①　"811" 汇改指的是，2015 年 8 月 11 日，中国央行宣布调整人民币兑美元汇率中间价报价机制，做市商参考上日银行间外汇市场收盘汇率，向中国外汇交易中心提供中间价报价。这一调整使得人民币兑美元汇率中间价机制进一步市场化，更加真实地反映了当期外汇市场的供求关系。

②　王纯. 美、加资本市场发展对中国的启示 [J]. 当代经济（下半月），2008（5）：8－9.

11.5.2 日本的多层次资本市场建设的四点经验

李正全等对美国和日本的资本市场进行了比较研究，发现日本的多层次资本市场建设有四点启示①。一是紧密围绕服务实体经济的目标。二是交易所拥有较大的自主权进行变革与调整，以适应时代的变化。日本的证券交易所经过多次并购成立了日本交易所，提高了日本资本市场的国际竞争力。由于拥有较大的自主权，日本证券交易所还可以根据发展需要增设内部分层，如东京交易所先后设立了 MOTHERS 和 TOKYO PRO 板块。三是信息技术的进步推动了多层次格局的形成。四是开放监管理念是推动多层次格局形成的重要原因。多层次资本市场格局的形成及其演进，与金融监管体系变化密切相关。以日本为例，早期证券交易所主要依靠自律监管。2001 年，日本开始对金融市场进行统一监管，并重新明确和设立了相应的监管机构金融厅（FSA）。在 FSA 的监管下，原来缺乏透明度、非市场导向的日本资本市场越来越与国际标准接轨，逐渐建设成可与纽约、伦敦相匹敌的全球金融中心。

11.5.3 印度多层次资本市场发展有六大经验

徐洪才进行了系统的总结，一是严监管。印度证券交易委员会（SE-BI）是 1992 年开始运作的，证交会对证券交易所、经纪人、次级经纪人、投资银行、外国投资机构、投资基金和证券托管人等实施监管。二是提高上市公司质量。印度股市市值与公司经营业绩相关性较强，市场的融资功能和投资功能发挥得都比较好。三是建立和完善多层次的资本市场体系。印度证券交易委员会（SEBI）成立于 1988 年，于 1992 年成为法定监管机构，开始推动印度资本市场改革与发展。10 多年来，先后成立印度国家股票交易所（NSE），并对 21 家区域性交易所进行改革和完善。四是把支持

---

① 李正全、张河生、张晓春. 发达国家多层次资本市场体系研究——以美国和日本为例 [J]. 清华金融评论，2018（5）：43-47.

中小企业融资和促进高科技产业发展放在突出位置。五是发挥银行业与资本市场对经济发展的"双轮驱动"作用。六是稳步推进资本市场的国际化①。

11.6 国内外多层次资本市场发展的建议

11.6.1 国内外多层次资本市场发展的三大启示

（1）要让投资人放心投资。多层次资本市场的建立，多样化的风险对冲工具供给，使得资产价格波动的风险能够在金融市场上对冲、管控和消化，从而不会在金融机构内部累积，提前防范系统性风险。

（2）要让人民的储蓄更安全。多层次资本市场的建设，有利于解决非标资产质押物定价问题，大量交易标的物被做成标准化合约，使得金融机构，尤其是银行，管控非标资产的难度大大降低了。这可以让银行资产负债表健康起来。

（3）把控好货币总量闸门，用资产的波动性来提供市场的流动性。资本市场交易品种越是丰富，交易策略就越灵活，市场上流动性就越充足。最终提供市场充足流动性的，不是央行投放的基础货币，而是应该让央行靠后，成为"备用借款人"。这个转变的前提条件是有一个交易活跃、监管法治、品种丰富、产品创新的多层次资本市场。

11.6.2 对未来中国多层次资本市场发展的四项建议

（1）进一步完善转板机制和退出机制。流动性是资本市场的灵魂。对于多层次资本市场流动性有两个非常重要的构成要素：转板和退市。转板制度可以使资本市场形成一个有机整体，有利于形成升降有序的市场环境，通过市场选择指导企业合理定位，各个层次的市场和企业成长周期匹

---

① 徐洪才. 印度多层次资本市场发展的六大经验 [J]. 中国科技投资，2007（5）：78 - 79.

配，促进不同层次市场上市企业类型的标准化，为投资者提供更为科学的投资环境，实现资本市场资源优化配置效率的最大化①。同时，没有退出机制的资本市场是不完整的。在完善退出机制的时候，首先，要充分考虑退市标准与上市条件协调性；其次，要明确以量化因素与非量化因素综合评定的退市标准；风险程度越高的市场越应采取快速、严格的退市制度，以降低市场风险、维护投资者利益②。

（2）进一步完善监管制度。主要涉及四个方面，一是进一步提高监管部门的独立性，以提高监管效率。二是进一步完善中国先进性的资本市场监管法律体系。对资本市场参与者的行为进行规范立法，行政与司法应紧密配合，严格按照资本市场监管的法律法规进行执法，对违反法律法规的依法进行查处。同时也要完善行政复议、行政诉讼等法律程序，形成高效的争端解决机制。三是在行政关于和市场自由发展之间寻求有效动态的平衡点。过度的行政干预容易扭曲资本市场本身的功能。四是要健全资本市场的披露机制。资本市场的价格是市场上各类信息的综合反映，信息披露直接关系到资本市场的稳定性。因此在互联网高度发达的时代，应该采取更加多样化和高效的技术与管理机制来完善当前的信息披露机制，防止企业披露信息的各种违规行为③。

（3）进一步完善资本市场的层次构成。与美国、日本相比，中国各层级市场 IPO 企业的平均规模差异较小，层次界限相对模糊。在 IPO 企业规模上，中国各板块的差异明显小于美国和日本。中国的主板与二板市场 IPO 企业的平均规模之比为 1.7（主板 IPO 企业/二板 IPO 企业），远低于美国和日本。同时，中国中小板与创业板市场的公司存在严重的同质性，两板块 IPO 企业的平均规模的差距也是三国中最小。创业板在设立之初是

---

① 董安生、何以．多层次资本市场法律问题研究［M］．北京：北京大学出版社，2013：240.

② 董安生、何以．多层次资本市场法律问题研究［M］．北京：北京大学出版社，2013：242 - 243.

③ 吴志强．中国资本市场监管体制存在的问题和建议［J］．新乡学院学报，2018（11）：21 - 27.

要扶持中小企业，推动知识和资本的联动效应，是一个独立的市场。中小企业板则是作为主板市场的补充而存在，门槛的设置应高于创业板。但现阶段两板块上市的公司性质趋同，板块分界模糊①。

（4）有序开放金融衍生品，丰富交易品种，活跃资本市场。2015年9月17日，中共中央、国务院发布了《关于构建开放型经济新体制的若干意见》（以下简称《意见》）。《意见》中称将构建开放安全的金融体系，扩大金融业开放，其中特别强调要扩大期货市场的对外开放。《意见》指出："要推动资本市场双向有序开放……扩大期货市场对外开放，允许符合规定条件的境外机构从事特定品种的期货交易。"研究境内银行、证券公司等金融机构和企业在有真实贸易和投资背景的前提下，参与境外金融衍生品市场。在风险可控的前提下，研究逐步开放金融衍生品市场②。中金所总经理戎志平也于2018年底表示，在期货衍生品市场对外开放方面，金融期货慢了一拍，但境外投资者对参与境内金融衍生市场的需求较为强烈，尽快开放金融衍生品市场是优化股票、债券市场投资软环境非常必要的一项工作③。结合当前中金公司等国内数家重要金融机构的研究④，自2015年《意见》出台以来，目前金融衍生品有序开放的节奏有待进一步加速，主要有4点相关建议。

一是对内层面可能考虑引进国债期货新品种。二是引入银行和保险参与国债期货，放开参与者结构限制。三是尝试引入境外机构参与国债期货。对外开放方面，境外机构当前已可以通过特定渠道参与到现券市场，但缺乏有效风险对冲手段。而中国版原油期货成功上市，说明中国当前已具备引入境外机构投资者参与到期货市场的能力。四是推动外汇期货发

①　陈泽、肖星、李诗林等．中国多层次资本市场的发展与完善［J］．金融市场研究，2018（11）：38－51．

②　国务院称将扩大期货市场开放，逐步开放金融衍生品市场［EB/OL］．（2019－08－19）．http：//business. sohu. com/20150918/n421516155. shtml.

③　中金所总经理戎志平：有必要开放金融衍生品市场［EB/OL］．（2019－08－19）．https：//baijiahao. baidu. com/s? id＝1618623081258941808&wfr＝spider&for＝pc.

④　张继强、杨冰．金融衍生品在金融开放中可以更有作为［EB/OL］．（2019－08－19）．htp：//www. sohu. com/a/234300429_481793.

展。中国目前汇率风险管理工具仍以远期和掉期为主，在期货市场上仍是一页空白。积极推动外汇期货的发展无疑会为市场参与者提供更大的灵活性和便利性，有利于多层次资本市场的国际化竞争力的提升和投资者风险的进一步多元化分散。

（5）与国际对接要做好应对算法资本市场冲击的准备。从纽约到伦敦，从芝加哥到东京，从法兰克福到悉尼，全世界的资本市场自20世纪末以来已经历了革命性的变化。交易者购买和出售股票或其他金融工具的传统交易中心，如纽约证券交易所、伦敦证券交易所和芝加哥期货交易所等的交易大厅已经被算法交易和分布在全球各地的"数据中心"中的超级计算机所取代。交易变得越来越复杂和不透明，交易速度不再以分钟或秒来衡量，而是以超出人类感知的时间单位：毫秒（千分之一秒）、微秒（百万分之一），甚至纳秒（十亿分之一）来计算。人眼的眨眼时间大约需要400毫秒；与计算机主导的光速交易相比，人的神经脉冲在大约80毫秒的时间内到达大脑。强大的计算机和复杂的算法能够快速分析传入的新闻和交易数据，并以微秒为单位确定最佳交易策略。

21世纪初，纽约证券交易所是世界上最杰出的股票市场，上市公司来自全球各地。今天，纽约证券交易所不再占据主导地位。从21世纪第1个10年末开始，纽约证券交易所在国内市场的份额从80%下降到约20%。全球资本市场中心正在不可避免地向欧洲、亚洲部分地区分散。在这个超快速分散的全球市场中，算法的优势在不断快速迭代和进化中。其中复杂的交易超级计算机不仅涉及证券，而且越来越多地涉及资产类别，包括期货、固定收益、货币和商品，以及数百个市场和数十个国家。要理解这些市场的运作和相互影响，会变得越来越难。这是任何国家都不可回避的问题，在全球资本市场联系日益密切的情况下，更无法通过关门来实现资本市场的自我保护。因此，在全球资本市场本身受到全新挑战的时候，中国唯有进一步开放才能更为有效地抵御未来的新风险，抓住全球化未来的新机遇。

最后，回看历史，我们要时刻牢记中国资本市场建设最重要的宝贵经验——"不忘初心"，不能忘记人民币的诞生历程和中国资本市场发展的起源。将党的先进性融入多层次资本市场建设的制度供给，是防范系统性风险，进一步开放资本的前提。

12 以"四个自信"视角看货币主权

公元前 1 世纪，凯撒为远征高卢而筹措军费。当时，罗马帝国境内的银矿数量并不多，于是，凯撒下令将含银量将近 98% 的罗马银币重铸成含银量较低而面值不变的银币，以此兑付了军饷。但是，令人惊奇的是，当时罗马境内的物价水平不仅没有上升，反而出现了下降。罗马帝国的公民们愿意为这个节节取胜的帝国，这个给他们带来繁荣、安全和秩序的帝国承担暂时的困难。

这是货币史上一个著名的案例，它说明黄金和白银都不是货币真正的锚，货币真正的锚是人心。只有当人们对自己国家的体制缺乏信心的时候，真金白银才被用于货币发行的锚，以便重建人们对货币的信心。

12.1 货币发行的基础是人民对国家的信心

尽管"真金白银"曾经在很长一段时间里被认为是天然的货币，但是，人们对于贵金属的信任更大程度上却是源自人们对政府过度投放纸币的担心。如果没有这种担心的话，贵金属可能一文不值。"股神"巴菲特很早就说过，"如果火星人在观察地球的话，他们一定认为我们疯了，我们千辛万苦地把黄金从地下挖出来，然后再把它小心翼翼地运到另外一个地方埋起来"。

英国是世界上最早实行金本位的国家，但是，绝大多数英国民众并不理解所谓的金本位并不是基于黄金储备的规模而发行纸币，而是基于承诺和信任的一种机制。严格意义上的金本位指的是"见票即付"的承诺，即英格兰银行承诺向纸币持有人兑付法定数量的黄金。由于绝大多数民众都对英格兰银行的承诺深信不疑（英语中甚至有一句谚语，形容一个人可靠的时候，人们会说"他像英格兰银行一样可靠"）。所以，几乎没有人会去向银行申请兑付实物黄金，大家都安心持有英格兰银行发行的纸币。基于民众有些盲目的信任，英格兰银行实际发行的纸币规模远远超过其黄金储备量。到第一次世界大战前，由于长期穷兵黩武，扩军备战，英国发行的纸币规模约为其黄金储备量的5倍。

由此可见，支撑金本位乃至任何一个货币发行制度的基础并不是黄金，而是那些相信大英帝国能够给他们带来繁荣和尊严的民众对这项货币制度的信心。但是，人民的信心又是怎么来的呢？来自每天早晨他们去检查英格兰银行的地下金库中是否有足够的黄金储备吗？当然不是。两百多年前，人们就知道英格兰银行的纸币发行量大于其黄金储备。难道是因为民众相信大英帝国有足够的能力在未来获得更多的黄金储备以兑付现在过度发行的纸币吗？也不是。因为英格兰银行发行纸币的速度始终快于其积累黄金储备的速度。那样，人们信心的基础到底是什么呢？应该是对当时英国体制的信心。

尽管早在第一次世界大战之前，就已经有多种证据表明英国的黄金储备不足以兑付其纸币发行量，但是，人们仍然选择性忽略这些证据。在英国实行金本位制后近百年的时间里，英国曾经有过短期的资产价格下跌，也曾经有过个别金融机构的倒闭，但没有发生过大规模的金融危机。这些现象说明了人们对一个国家体制的信心是该国货币发行的根本，也是最可靠的基础。

公元前2世纪，迦太基英雄汉尼拔为父兄报仇，率军远征罗马，他一路势如破竹打到了离罗马城最近的波坦尼克镇。第二天早晨，镇上的居民按照原定计划拍卖了一个农场，在占领军的眼皮底下，这个农场居然叫出了"天价"。据说，汉尼拔得知此事以后，发出一声叹息，他感觉罗马帝国此刻仍然是不可战胜的，因为，罗马帝国的公民用这种方式表达了他们对罗马的信心。

纵观世界货币史，我们可以梳理出一个清晰的脉络：信心是资产定价和货币发行的根本基础。但是，信心不是一个虚无的东西，不是一个一经宣传就能够弥漫于社会、浸润于人心的信念。如果我们认为信心是可以仅仅通过宣传来建立的话，我们就违背了马克思主义的唯物史观。人们对货币发行体系的信心来源于事实，这些事实包括：我们的经济增长方式是符合人的本性的，我们满足了人的需求，提升了人的价值，捍卫了人的尊严，实现了人的梦想，我们所捍卫的体制、我们所信仰的理论、我们所遵循的道路和我们所倡导的文化，这些都能够化作实实在在的经济发展成就，给人们带来希望，并最终赢得人民的信任。总之，我们的自信是干出来的，不是说出来的。

金融体系中最核心和最基础的货币发行问题事关国之根本，其重要性远远超过了金融学的范畴。人民对我们体制的赞成和拥护是验证我们经济增长方式最好的办法，也是奠定货币发行体系最根本的保障。只要人民对货币发行体系有信心，货币的购买力就会保持稳定，整个社会的激励机制和价值观就会得到维护和捍卫，货币政策就能够发挥应有的作用，金融体系就能够防范和化解风险。从这个意义上讲，基于中国特色社会主义的道路自信、理论自信、制度自信和文化自信是我们整个金融体系的基础，尤其是我们建立独立的货币发行体系的基础。

12.2　发行货币是对人民的"负债"

早在 1958 年，弗兰柯·莫迪利亚尼和莫顿·米勒就提出了资产负债表两端互不相关的原理，简称 M&M 定理，该定理的第一推论指出了融资方式对于投资对象的估值没有任何影响，第二推论则指出了融资成本由投资对象的风险收益所决定。

对于任何一个国家的央行来说，资产负债表的负债端都是本币，这也就意味着央行在资产端投放基础货币的同时，在负债端增加了自身的负债。这个负债并不是会计学意义上的负债，而是具有政治意义的"负债"，它意味着对人民的"责任"（在英语中，"责任"与"负债"是同一个词，都是"Liability")。根据 M&M 定理的第二推论，央行的增加自身负债的融资成本绝对不是由所谓的"印钞成本"决定的，而是取决于央行资产端的资产质量，即央行投放了那些货币以后形成的资产的质量，包括其所取得的回报和所承担的风险。因此，我们不能简单地把货币视作资产，货币同时也是负债、责任、制度和秩序。中央银行确实可以随意创造出基础货币，但它创造货币的同时，也实实在在地创造了负债，这两者是同时发生的，而且都具有现实的政治意义和深远的社会影响。

即便对于拥有独立货币发行权的央行来说，投放大量基础货币也是有巨大融资成本的，这种成本就是对本币的信誉和汇率稳定的威胁。央行扩张资产负债表（俗称"印钞"）看似能够直接解决某些现实的、眼前的问题，但这种做法本身也会带来更长远和更深层的问题。发行更多的纸币，就相当于把现有纸币的持有人（绝大多数情况下是本国居民）在未来一段时间的购买力稀释了。因此，央行印钞票的核心是向本国居民借入了"时间"，印钞只是为解决短期和眼前的困难赢得了时间，央行和有关政府机构一定要在这段向民众借来的时间内，推动改革，鼓励创新，实现经济增长方式的转变，否则，一味依赖"印钞买时间"，民众就会逐步丧失对货币购买力的信心，长此以往，民众就不再愿意为国家承担经济转型的痛苦。一旦出现这样的情况，实体经济就会出现通货膨胀，资产价格就会出现泡沫，金融活动就会脱离实体经济而空转，最终，即便是拥有独立货币发行权的国家也将无可逆转地形成危机。

因此，央行在投放额外的基础货币时，一定要推动实体经济的转型，推动经济体制的改革，以期能够在未来形成更高回报的资产和更高效率的经济运行模式，否则，投放过多的货币绝对是一件坑火的事情。

当古罗马人相信凯撒的这次远征能够为帝国带来长治久安时，当他们心中期盼着凯旋的光环和战利品时，他们就乐于承担手中银币的含银量暂时被稀释的痛苦，确切地说，他们为凯撒的远征承担了融资成本，万一凯撒失败，罗马人手里货币的购买力有进一步下降的风险。只有当凯撒率军全力以赴去赢得胜利的时候，他才能为帝国赢得新的领地、资源和奴隶，才能让民众支持他的下一次冒险行动。同样的道理，如果央行在投放基础货币的过程中，推进各项金融体制和经济领域的改革，就会得到人民的支持和拥护，人民支持的从来就不是印钞，他们支持的是改革，他们期待的是胜利，任何一种货币发行体系的基础都是人民对国家的信心，一个国家货币主权基础并非来自主流媒体日复一日的说教式的宣传，而是来自人民对改革的期待，来自人民对更美好生活的向往，来自我们对这种期待的回应，来自我们对这种向往的承诺，来自我们对各项改革蓝图的落实。

人民对我们体制和道路的信心决定了人民币的短期购买力和长期的稳定性，这种信心既赋予了我们更大的货币政策操作空间，也赋予了我们更大的改革决心、责任和动力。因此，我们绝对不能错误地认为"印钞就能够带来稳定"，这种所谓的稳定是暂时的，是我们用稀释购买力的方法向人民借了一段时间用来改革，我们切不可辜负人民的信任，如果我们一味地强调维稳，而不是坚决落实中央关于全面推进改革开放的号召，不仅不会等来更好的改革窗口期，而且浪费了人民给我们的改革机遇期。

12.3　货币发行是对经济增长方式的适应

建立一个独立的货币发行体系，拥有完整的货币主权，其标志性的事件就是央行的资产负债表两端都实现本币化。对于许多发展中国家来说，其央行都把外汇作为发行本币的储备，"买入外汇，投放本币"是这些国家央行主要的货币投放渠道，这种货币发行方式也是对其现阶段经济增长方式的一种被动适应。从某种程度上讲，这些国家的央行并未拥有完整的货币主权。

欧元和日元相对于其他国家的货币来说，具有更大的自主性，其货币发行机制对美元的依赖度更低，其央行货币政策的空间也更大。从某种程度上说，欧元区和日本的货币主权更大，这是由其自身的经济规模和经济发展水平决定的。

有关货币政策和货币发行体系的问题平时总是被有关经济政策和经济

发展方式的讨论所掩盖，只有到了金融危机的时候，有关货币发行体系的讨论才突然来到舞台中央，引发大家的关注和重视。其实，一个国家的货币发行方式是由该国的经济增长方式决定的，这两者是统一整体的分别反映。

一般来说，一个国家根据自身在某一阶段的经济增长方式建立起相应的货币发行体系。当经济增长方式发生改变的时候，货币发行机制也需要相应作出调整。从历史上来看，许多发展中国家都曾经采取钉住美元汇率的货币发行机制，这和这些国家当时普遍采纳的出口导向型经济发展模式是一致的。这些发展中国家出口商品和劳务，获得外汇，其央行就相应地买入外汇来投放本币。为了确保出口行业的健康发展，这些国家可能在相当长的一段时间里保持汇率的稳定，从而使其央行丧失了部分货币政策的灵活性，有关内容在蒙代尔"不可能三角"的理论中有所述及。

对于大多数以美元为锚的发展中国家央行来说，维持本币兑美元的汇率稳定就在无形中创造了一项公共商品：稳定的汇率预期。这种汇率稳定的预期可以让产业投资者们放心大胆地投资新项目，而不用担心他们在这个国家的投资会被突如其来的货币贬值所吞噬。这样做的好处固然很大，但是代价也很明显。如果这个国家的央行脱离了美元独立投放纸币，就会被投资人认为该央行在某种程度上"违约"了。只有让投资人相信这个国家将继续保持和美元汇率的稳定，才能维持该国现有的经济发展模式。这就是许多发展中国家走过的道路，同时也是这些国家的央行曾经共同面对的困境。

当一个国家的经济增长方式逐步从外需出口主导转向更平衡的内外需共同驱动的时候，就需要建立一个独立于外汇储备规模、拥有自主政策空间的货币发行体系，这是与经济增长方式的转变相一致的。遗憾的是，许多发展中国家最终都未能实现该目标，这些国家并未能在经济转型过程中相应地建立起独立的货币发行体系，也未能拥有完整的货币主权。反过来看，这些国家转变经济增长方式的努力也最终受挫。历史经验表明，许多国家在试图建立自己的货币发行体系的过程中，往往陷入了所谓的"中等

收入陷阱""金融危机"和"增长困境"。

从某种程度上讲，在经济转型过程中建立一个独立货币发行机制事关如何建立一个现代化的国家治理体系，对此，传统意义上的金融学有点儿鞭长莫及了。但是，我们知道，一个国家选择的道路和体制是否能够顺利实现和建立，取决于这个国家的人民对道路和体制的信心。这种信心不是盲目和虚妄的，而是通过一个又一个里程碑式的胜利和成就来验证与巩固的，因此，人民对我们体制和道路的信心不仅值得我们为之奋斗，也值得我们倍加珍惜。

12.4 货币主权是战胜金融危机的关键

在军事对峙中，如果双方都拥有核武器，反而能够遏制战争，维持和平；如果其中一方没有核武器，那么，拥有核武器的一方往往容易"不战而屈人之兵"。美国前财政部部长保尔森在 2008 年处置金融危机时说过，"当所有人都看见你抱着火箭筒进入会议室的时候，分歧、争论和阻力会自动消失，你甚至连小手枪都不用掏出来了"。

保尔森所谓的"火箭筒"就是美联储所拥有的铸币权，也就是美国的货币主权。美国经济能够从 2008 年金融危机中复苏，并再次走上扩张的道路，在很大程度上依赖于其所拥有的货币主权，甚至在某种程度上讲，美国所拥有的货币主权不仅赋予了它在金融危机时扩张美联储资产负债表的权力，还赋予了它对全世界其他持有美元的投资人征收铸币税的特权。需要指出的是，美联储在上次金融危机中把资产负债表的规模从 8000 亿美元扩张到了 3 万亿美元，尽管投放了大量的基础货币，却没有引发美国的通货膨胀和美元的大幅贬值，更没有因此而引发资金外逃的恐慌，这足以说明拥有货币主权的国家能够熬过金融危机并实现经济复苏。从某种程度上讲，市场对于美国金融体系仍然有信心，否则的话，美联储如此大规模投放基础货币，必然引发货币贬值并进一步触发资产抛售风险。

还需要指出的是，美联储在次贷危机中完全可以用印钞的办法挽救雷曼兄弟和贝尔斯登，但却选择了见死不救，现在看起来，这样的做法也是为了维系和挽留市场对美国体制的信心，否则，美国将失去货币主权，无法应对下一次金融危机。对此，伯南克说过这样一句意味深长的话："没有破产的市场经济就像没有地狱的基督教。"

从第二次世界大战以后的历史来看，只有欧元区和日本先后拥有了独立于美元的货币发行体系，它们先后拥有了完整的货币主权。日本经历了资产价格泡沫破灭和之后漫长的经济衰退，但却没有出现金融危机；欧元区经历了欧债危机的阵痛，但没有滑入金融危机的深渊。

世界各国的央行都在依据本国法律发行自己国家的货币，却为什么不能称其为拥有独立货币发行体系呢？从央行的资产负债表来看，拥有完整货币主权国家的央行的资产负债表两端都呈现本币化特征，而其他没有独立货币发行权或者货币主权不完整的国家央行资产负债表两端则没有这个特征。如果一个国家的中央银行的资产负债表的左栏，其主要的资产是外汇储备；而在其资产负债表的右栏，负债则主要是本币。这种状态说明这个国家央行的货币发行机制并不独立，如果一个国家的货币投放依赖于贸易顺差或者外国直接投资带来的外汇流入，其央行的货币投放规模、渠道和方式乃至其货币政策都受制于其外汇储备的规模。

如果一个国家拥有独立的货币发行体系，该国央行在应对系统性风险的时候就拥有了充足的工具，既可以买入国债向市场注入流动性，也可以接受新类别资产作为抵押物向商业银行提供流动性，甚至可以直接入市购买本国资产或者给商业银行注资从而为市场注入流动性和信心。

守住不发生系统性风险的底线需要我们拥有独立的货币发行机制，这就相当于在发生金融危机时，我们拥有了能够自救的工具箱；在应对外部金融威胁时，拥有了核武器。我们能够用扩张央行资产负债表的方法来挽救陷入困境的金融机构，注入流动性重新启动交易，来挽回投资人信心使市场尽快筑底。我们这样做并不会引发货币贬值，这是因为我们拥有了完整的货币主权。与此同时，我们也很清楚，我们之所以能够这样做，是因为人民对我们体制和道路的信心，我们绝对不能辜负这种信任。我们必须意识到，央行扩张资产负债表的核心意义在于人民在关键时刻给了我们改革的时间，这样我们才能一面投放货币，一面又不触发货币贬值的风险。因此，我们可以用于改革的时间是借来的，是有限的，也一定是要用真抓实干和勇闯禁区的改革成就来偿还的。我们始终要牢记，拥有了货币主权并不会使我们一劳永逸地获得金融安全。人民对改革的期待是帮助我们保持当前稳定的基础，也是对我们继续前进的鞭策。

12.5　完善中国货币发行体系的几点建议

新中国成立 70 年来，中国建立了一套完整和独立的货币发行体系。为了更好地应对潜在的金融风险，守住不发生系统性风险的底线，我们有必要进一步完善和加强中国的货币发行体系，使之不再受制于外汇储备规模、贸易顺差、外资流入和其他一些情绪因素的影响。考虑到现阶段中国人民银行资产负债表的规模是全世界最大的，超过了经济总量第一的美联储，从某种程度上来说，我们确实是通过投放货币的方法借到了"时间"，为此，我们要有一种推进改革的紧迫感和实现复兴的使命感。

12.5.1　实现地方财政预算的硬约束

欧元区在 2010 年前后遭遇的挫折对于任何一个独立的货币发行体系来说，都是一次沉痛而及时的提醒。葡萄牙、西班牙、意大利和希腊的财政赤字超过了欧元共同条约的规定以后，未能及时加强财政纪律，改善财政状况，导致市场对欧元区的稳定性产生了质疑。

与欧元区个别国家的财政缺口相类似，中国有些地方政府的财政状况也不乐观，有些地方的政府债务以及或有债务的规模已经达到了该地区财政年度收入的数十倍之多。客观上，地方政府符合亚当·斯密在《国富论》中对经济人的论述，也具有自身的利益。在财政压力和追求政绩的冲动下，地方政府一定会想方设法加大投资，为自己创造"政绩工程"。而在其中负责具体事务的公职人员，也就有了大量机会来利用信息不对称而谋求个人利益。因此，一些地方政府会刻意绕开监管机构，利用各种名目变相举债。举债主体也呈现出多元化的趋势，尤其是城投公司等地方融资平台，承担的地方债务种类繁多，举债方式创新过度，其投资项目的质量良莠不齐，或有负债的规模可能更大。

地方债务的过快增长会对国家信用带来长久伤害。尤其当经济处于下行期，地方政府为了经济发展往往会加大财政刺激，形成更大的债务负担，以致财政收入难以持续，一旦发生违约，对银行等相关金融机构就会造成巨大冲击，甚至会造成系统性金融风险。在这种情况下，中央政府很可能不得不出手相救，将地方债务转移为中央政府债务。虽然中央政府因为拥有货币发行权而不可能发生违约，但是，如果通过多发货币为这些债务兜底，必然会导致公民对政府效能产生怀疑，伤害政府信用，自然也会对人民币信用造成极大的伤害。

地方债务的不断膨胀已经引起了中央政府的高度关注。2015 年以来，《中华人民共和国预算法》《国务院关于加强地方政府性债务管理的意见》《政府投资条例》等一系列法律法规相继出台，在一定程度上抑制了地方政府的投资冲动。但是，长期形成的惯性、考核机制的不完善以及较大的"权力寻租空间"，仍然对地方政府通过各种手段变相举债有巨大诱惑力，甚至恶意掩饰债务风险的情况也不少见。这对于人民币的稳定来说，是一种长期的隐患。

因此，加强地方政府的财政预算硬约束，同时也要下决心重建某些地方的财政收支，使之符合可持续发展的根本要求，成为当务之急。从某种程度上讲，要管住这些地方政府乱花钱的手，建立量入为出的财政纪律，就是不断增强民众对政府的信心，这也有利于市场保持对人民币货币发行机制的信心。

12.5.2　打破金融机构的隐形担保

时隔 30 多年，如果再次反思日本自"广场协议"以后陷入的资产泡沫破灭和经济衰退案例，我们就会发现很难把责任全部归因于日元升值。

日本在"广场协议"以后，建立了独立的货币发行机制，使得日本央行在国内资产价格泡沫破灭以后，可以用扩张资产负债表的方法挽救陷入困境的金融机构，从另外一个角度来看，这种做法本身掩盖了金融机构自身的问题，阻止了金融机构的优胜劣汰和市场的自然出清。

商业银行最重要的能力之一就是风险控制的能力，中国中小商业银行虽然经历了快速发展阶段，其资产占整个商业银行总额的比例已经超过了50%，为经济发展尤其是地方经济发展作出了重要贡献，成为中国金融体系中不可或缺的一部分，但是风控能力一直是其短板。银行不仅要识别业务中的风险点，还要能够通过丰富的金融产品，来对冲可能发生的金融风险，中小商业银行在这两方面都存在明显的短板，其投资的去向大多跟所在地的政府项目相关。

与美国的中小银行机构能够吸纳大部分的居民存款不同，中国中小商业银行吸纳存款的能力明显不足，中国居民更愿意把存款放在大型国有商业银行。5月发生的"包商银行事件"表明，由于缺少居民存款这种低成本的资金来源，中小银行机构大都要依靠同业存款补充流动性，资金成本的上升也会让它们更加追求高收益投资，甚至通过信托、券商等渠道投资大量非标业务，加上资产端风控不严，往往造成不良高企。

政府的隐形担保是造成中小金融机构忽视风险防控、不重视资产资料的重要因素。对金融机构的隐性担保看似能够维持金融体系的稳定，也保护了投资人或者存款人的利益，其实这种做法本质上是将风险后置，在某种程度上鼓励了金融机构放松对贷款的审慎态度，从而鼓励了金融机构盲目扩张并形成一大堆不产生实际效益的资产，形成了更大的潜在金融风险，最终损害货币发行体系本身。

日本值得我们吸取的教训也许不是任由本币升值，也不是提高利率打压资产价格，而是要及时打破市场对"金融机构有政府兜底"的错误预期，打消市场对于理财产品、信托等资管类产品的刚性兑付的错误预期，这些预期会成为我们改革的羁绊。

12.5.3   完善国有资产经营预算

现实的国情决定了国有企业在中国经济中长期占据主导地位。国有企业在解决就业、实现经济增长方面发挥了重要而关键的主力军作用。与此同时，我们也应该看到，仍然有不少国有企业的经营效果不理想，甚至沦为"僵尸企业"，这些企业存在的目的已经不是生产经营了，而是成了某些地方政府的融资平台和托底工具。还有一些国企在报表上光鲜亮丽，成绩喜人，但是实际经营业绩则不尽如人意。有些国企的经营业绩主要是通过大量的贷款来维持的，甚至有些国企沦为贷款的"掮客"，利用国企身份从国有银行获得优惠贷款以后再转贷给那些贷款无门的民营企业，赚取差价，成了制度套利者。

这部分国企占用了大量的社会资源，尤其是投入大量资金之后，在会计账本上形成了巨大规模的固定资产，但是其实际产生的效益却很难通过市场化方式来实现。从资本经营的角度来说，这就是资本的浪费，这将导致大量资金被消耗之后，只是在报表上形成了资产，在名义上产生了GDP，而代价却是在实体经济中消耗资源，在金融体系内积累风险。

如果任由这些现象蔓延的话，势必拖累中国的货币发行机制，动摇市场对我们货币体系的信心。因此，我们需要进一步加强和完善针对国有企业的资本和经营预算。让国有企业向财政上缴利润，让国资委尝试市值化管理，让社保参与国有企业的公司治理，让市场在并购重组中发挥关键性作用，让国企减员增效。这些都有利于国有企业产生高效的资本回报，从而使得市场对国有企业的市场价值建立信心，进而使得央行可以放心调节其自身的资产负债表的资产端科目，摆脱外汇储备的约束，当出现特定情况的时候能够从容地购买本币标示的资产，最终为货币政策赢得更多的灵活性。

12.5.4   建立多层次资本市场

美元作为国际货币的重要支撑是美国拥有世界上最发达的科技，其中大家耳熟能详的科技企业，包括微软、惠普、戴尔、谷歌等一批世界领先的科技巨头都诞生在硅谷，造就了被各国所推崇的"硅谷模式"。这实际上是风险投资、发达的资本市场推动科技创新发展的具体例子。从西方发达国家的经验来看，发达的资本市场有利于分散风险以及利益共享，并推动资源向能带来更大利润的高科技领域聚集，从而加速科技成果的转化，是实现科技创新战略的重要推手和途径。

经过 30 年的发展，中国已经建立起了包括主板、创业板、中小板、三板以及区域性资本市场在内的相对完善的多层次资本市场体系，不过由于相关法律法规、监管制度等尚不完善，以及市场机制发展的不成熟，人为的操纵和内幕交易等欺诈行为多有发生，使得中国的多层次资本市场的价值发现功能并没有体现出来，甚至出现了"劣币驱逐良币"的现象。百度、阿里巴巴等一批新兴科技公司远赴海外上市，不仅让国内资金失去了配置优质资产的机会，更从侧面反映美国证券市场对全球优秀企业的吸引力，以及投资人对美元信心的重要来源。

同时，在美国市场上，投资人不仅可以买到各类优质资产，更重要的是丰富的交易手段和风险对冲品种让投资人可以通过不同的产品组合对冲风险，从而长期安心持有用美元标示的资产，这种交易的便利性和安全性才是投资人甘心持有美元的关键因素之一。

所以，中国建立多层次资本市场的切入点不应该仅仅停留在降低上市公司门槛和为中小企业融资问题上，而是应该聚焦到通过资本市场促进科技创新发展以及化解金融体系风险的目标上来。科创板的开通将是迈向这个目标的重要一步，完善上市制度，充分调动市场主体的积极性，有助于市场资金配置效率的提高，从而催生出更多的优质公司。同时有必要加强在各交易所的衍生品交易，尤其是黄金、原油等国际大宗原材料商品的期货和期权交易。

12.5.5　明确的货币政策目标

拥有独立货币发行体系的央行同时也拥有了完整的货币工具，可以实施独立的货币政策。欧元创立之初就同时建立了以"通货膨胀—就业率—经济增长率"为政策目标的"三驾马车"机制。美联储的货币政策目标主要包括三个方面：经济增长、就业和通货膨胀，在 2016 年以后主要关注后两者。日本央行主要关注稳定物价和国际收支平衡。由此看出，拥有独立货币主权的国家大都有明确的货币政策目标。

1995 年颁布的《中国人民银行法》明确规定中国的货币政策目标是"保持货币币值的稳定，并以此促进经济增长"，但是在具体实践中，中国人民银行并没有清晰而稳定的货币政策目标或者指标体系，甚至存在争议。2016 年 6 月，中国人民银行原行长周小川在参加国际货币基金组织会议时，曾经提出中国人民银行实行的是多目标制，既包括价格稳定、促进经济增长、促进就业、保持国际收支大体平衡等四大年度目标，也包含金融改革和开放、发展金融市场这两个动态目标。

毫无疑问，实践中的货币政策目标涵盖了更多领域，不仅与法律规定相差巨大，还因为透明度差也容易导致市场对货币政策的解读出现混乱，削弱了中国人民银行的公信力。市场只知道如果通货膨胀率过高，中国人民银行可能加息，但是市场对于中国人民银行"多大幅度，多快进度"加息实际上是不明确的，这看似赋予了中国人民银行更大的自主权，其实限制了市场本身熨平波动的功能。中国人民银行的货币政策应该有明确的目标，相当于对控制通货膨胀率的一个承诺，这样一来，市场对中国人民银行的工具储备和政策目标都有明确的预期，这样反而能够增强市场对中国人民银行货币政策有效性的信心。

▷后 记

EPILOGUE

金本位时期，一个国家货币的发行量是由它的黄金储备决定的。之后，以美元为中心的布雷顿森林体系崩溃，美元不再跟黄金挂钩，金本位的时代彻底结束。然而，美元依赖其背后强大的国家实力，仍是事实上的国际货币，其他国家的货币跟美元挂钩，美元成为其他货币的"锚"。

最近十余年，经历了美国次贷危机、欧债危机和全球金融危机后，世界格局出现了显著变化，新兴经济体在全球经济中的地位快速崛起，发达国家掌控的世界经济话语权已经在下滑。世界经济来到了一个变革的路口，恰如习近平总书记所说：世界处于百年未有之大变局，无论是发达国家还是发展中国家，都需要加快自身改革，以适应未来的时代。

我国金融改革已经进入深水区，货币是金融的核心，只有在货币发行机制上进行改革以适应新的经济形势，货币传导机制才能更通畅，金融服务实体经济的能力才会更强。但国内研究货币主权和货币发行机制的学者并不算多。人大重阳之所以筹划这本书的写作，是因为我们感受到了强烈的使命感，中国经济在经过40年的高速增长之后，也开始面临下行的巨大压力：房价、债务率居高不下，民营企业、小微企业融资难问题难以彻底解决，新经济发展动能不够强劲……另外从最新的经济数据来看，2019年8月人民币汇率"破7"曾一度引发国际金融市场的恐慌，第三季度GDP增速6%是我国有季度记录以来最低值，因猪肉价格上涨导致的10月CPI达3.8%，创近7年最高……我国目前的金融改革仍然任重道远。

在使命感的驱使下，我们重新深入分析了东南亚、拉丁美洲以及俄罗斯经济危机之后的教训，也研究了日本和欧洲国家在建立货币主权过程中的经验，由此我们得到了一些新的观点和结论，那就是，全球化时代，任何国家的货币体系都无法完全独立存在，拥有强货币主权的国家总是拥有更强、更有韧性的金融体系，其中货币发行机制是拥有货币主权的核心。这些经验启示对我国防范金融风险、加快产业升级、实现"中国梦"具有重大意义。

我们认为，推动国企改革、优化地方债务结构、打破理财产品刚兑以及建设多层次资本市场是强化我国货币主权的重要条件，并以此分别提出了相关建议。同时，我们也欣喜地看到，在中共十九届四中全会报告中，明确提出要完善基础货币投放机制，这与本书的观点完全一致。

本书各章节分工如下：

前言：王文，第一篇：周洛华、关照宇、杨福鼎、刘典、张婷婷；第二篇：刘典、卞永祖、展腾；第三篇：刘英、曹明弟、杨凡欣、刘玉书、周洛华；后记：王文。

本书最后由王文、周洛华、卞永祖通稿。

中国人民大学重阳金融研究院图书出版系列

一、智库新锐作品系列

数字中国：区块链、智能革命与国家治理的未来. 王文、刘玉书 著. 中信出版集团. 2020 年 3 月

二、智库作品系列

开启亚欧新时代：中俄智库联合研究两国共同复兴的新增量. 王文、[俄] 谢尔盖·格拉济耶夫 主编. 人民出版社. 2019 年 11 月

大金融时代——走向金融强国之路. 王文 贾晋京 卞永祖等 著. 人民出版社. 2019 年 10 月

中国改革开放 40 年与中国金融学科发展. 吴晓求 主编. 中国经济出版社. 2019 年 9 月

最后一场世界大战. 美国挑起与输掉的战争. 格拉济耶夫 著. 世界知识出版社. 2019 年 8 月

强国与富民. 中国人民大学重阳金融研究院 主编. 中国人民大学出版社. 2019 年 8 月

强国长征路：百国调研归来看中华复兴与世界未来. 王文 著. 中共中央党校出版社. 2019 年 7 月

"一带一路" 这五年的故事 (7 本六大语种). 刘伟 主编. 外文出版社. 2019 年 4 月

货币起源. 周洛华 著. 上海财经大学出版社. 2019 年 4 月

别误读中国经济. 罗思义 著. 天津人民出版社. 2019 年 2 月

看好中国 英文版. 王文 著. 英国莱斯出版社. 2018 年 11 月

中国改革大趋势. 刘伟 主编. 人民出版社. 2018 年 10 月

造血金融与一带一路：中非发展合作新模式. 程诚 著. 中国人民大学出版社. 2018 年 8 月

新丝路、新格局——全球治理变革的中国智慧. 王利明 主编. 新世界出版社. 2018 年 6 月

富豪政治的悖论与悲喜. 陈晨晨 著. 世界知识出版社. 2018 年 4 月

"一带一路"民心相通. 郭业洲 主编. 人民出版社. 2018 年 1 月

看好中国：一位智库学者的全球演讲. 王文 著. 人民出版社. 2017 年 10 月

风云激荡的世界. 何亚非 著. 人民出版社. 2017 年 10 月

读懂"一带一路"蓝图. 刘伟 主编. 商务印书馆. 2017 年 8 月

金砖国家：新全球化发动机. 王文、刘英 著. 新世界出版社. 2017 年 7 月

全球治理新格局——G20 的中国贡献于未来展望. 费伊楠、人大重阳 著. 新世界出版社. 2017 年 7 月

"一带一路"故事系列丛书（7 本 6 大语种）. 刘伟 主编. 外文出版社. 2017 年 5 月

世界新平庸　中国新思虑. 何伟文 著. 科学出版社. 2017 年 5 月

一带一路：中国崛起的天下担当. 王义桅 著. 人民出版社. 2017 年 4 月

在危机中崛起：美国如何实现经济转型. 刘戈 著. 中信出版集团. 2017 年 4 月

绿色金融与"一带一路". 中国人民大学重阳金融研究院、中国人民大学生态金融研究中心 著. 中国金融出版社. 2017 年 4 月

破解中国经济十大难题. 中国人民大学重阳金融研究院 著. 人民出版社. 2017 年 3 月

伐谋：中国智库影响世界之道. 王文 著. 人民出版社. 2016 年 12 月

人民币为什么行. 王文、贾晋京 编著. 中信出版集团. 2016 年 11 月

中国—G20（大型画册）. 中国人民大学重阳金融研究院 著. 五洲传播出版社. 2016 年 8 月

G20 问与答. 中国人民大学重阳金融研究院 著. 五洲传播出版社. 2016 年 8 月

全球治理的中国方案. 辛本健 编著. 机械工业出版社. 2016 年 8 月

"一带一路"国际贸易支点城市研究（英文版）. 中国人民大学重阳金融研究院 著. 新世界出版社. 2016 年 8 月

2016：G20 与中国（英文版）. 中国人民大学重阳金融研究院 著. 新世界出版社. 2016 年 7 月

世界是通的——"一带一路"的逻辑. 王义桅 著. 商务印书馆. 2016 年 6 月

一盘大棋——中国新命运的解析. 罗思义 著. 江苏凤凰文艺出版社. 2016 年 4 月

美国的焦虑：一位智库学者调研美国手记. 王文 著. 人民出版社. 2016 年 3 月

2016：G20 与中国. 中国人民大学重阳金融研究院 著. 中信出版集团. 2016 年 2 月

"一带一路"国际贸易新格局："一带一路"智库研究蓝皮书 2015—2016. 中国人民大学重阳金融研究院 主编. 中信出版集团. 2016 年 1 月

G20 与全球治理：G20 智库蓝皮书 2015—2016. 中国人民大学重阳金融研究院 主编. 中信出版集团. 2015 年 12 月

"一带一路"国际贸易支点城市研究. 中国人民大学重阳金融研究院 著. 中信出版集团. 2015 年 12 月

从丝绸之路到欧亚大陆桥. 黑尔佳·策普－拉鲁什、威廉·琼斯 主编. 江苏人民出版社. 2015 年 10 月

财富新时代——如何激活百姓的钱. 王永昌 主笔＆主编. 中国经济出版社. 2015 年 7 月

生态金融的发展与未来. 陈雨露 主编. 人民出版社. 2015 年 6 月

构建中国绿色金融体系. 绿色金融工作小组 著. 中国金融出版社. 2015 年 4 月

"一带一路"机遇与挑战. 王义桅 著. 人民出版社. 2015 年 4 月

重塑全球治理——关于全球治理的理论与实践. 庞中英 著. 中国经济出版社. 2015 年 3 月

金融制裁——美国新型全球不对称权力. 徐以升 著. 中国经济出版社. 2015 年 1 月

大金融与综合增长的世界——G20 智库蓝皮书 2014—2015. 陈雨露 主编. 中国经济出版社. 2014 年 11 月

欧亚时代——丝绸之路经济带研究蓝皮书 2014—2015. 中国人民大学重阳金融研究院 主编. 中国经济出版社. 2014 年 10 月

重新发现中国优势. 中国人民大学重阳金融研究院 主编. 中国经济出版社. 2014 年 8 月

谁来治理新世界——关于 G20 的现状与未来. 中国人民大学重阳金融研究院 主编. 社会科学文献出版社. 2014 年 1 月

三、学术作品系列

中国绿色金融发展报告2019. 马中、周月秋、王文 主编. 中国金融出版社. 2019 年 12 月

轻与重：中国税收负担全景透视. 吕冰洋 著. 中国金融出版社. 2019 年 2 月

中国绿色金融发展报告2018. 马中、周月秋、王文 主编. 中国金融出版社. 2018 年 7 月

全球视野下的金融学科发展. 吴晓求 主编. 中国金融出版社. 2018 年 5 月

"一带一路"投资绿色标尺. 王文、翟永平 主编. 人民出版社. 2018 年 4 月

"一带一路"投资绿色成本与收益核算. 王文、翟永平 主编. 人民出

版社. 2018 年 4 月

中国绿色金融发展报告2017. 马中、周月秋、王文 主编. 中国金融出版社. 2018 年 1 月

互联网金融风险与监管研究. 刘志洋、宋玉颖 著. 中国金融出版社. 2017 年 9 月

从万科到阿里——分散股权时代的公司治理. 郑志刚 著. 北京大学出版社. 2017 年 4 月

金融杠杆与宏观经济:全球经验及对中国的启示. 中国人民大学重阳金融研究院 著. 中国金融出版社. 2017 年 4 月

DSGE 宏观金融建模及政策模拟分析. 马勇 著. 中国金融出版社. 2017 年 2 月

金融杠杆水平的适度性研究. 朱澄 著. 中国金融出版社. 2016 年 10 月

金融监管与宏观审慎. 马勇 著. 中国金融出版社. 2016 年 4 月

中国艺术品金融 2015 年度研究报告. 庄毓敏、陆华强、黄隽 主编. 中国金融出版社. 2016 年 3 月

四、金融下午茶系列

有趣的金融. 董希淼 著. 中信出版集团. 2016 年 7 月

插嘴集. 刘志勤 著. 九州出版社. 2016 年 1 月

多嘴集. 刘志勤 著. 九州出版社. 2014 年 7 月

金融是杯下午茶. 中国人民大学重阳金融研究院 主编. 东方出版社. 2014 年 4 月